问鼎

中国黄金工业发展述评

刘山恩◎著

中国财经出版传媒集团
中国财政经济出版社

图书在版编目（CIP）数据

问鼎：中国黄金工业发展述评 / 刘山恩著 . —
北京：中国财政经济出版社，2016. 10
ISBN 978 - 7 - 5095 - 6847 - 7

Ⅰ. ①问… Ⅱ. ①刘… Ⅲ. ①黄金工业 - 工业发展 - 中国 - 1949 - 2015 Ⅳ. ①F426. 32

中国版本图书馆 CIP 数据核字（2016）第 152522 号

责任编辑：杨　云　　责任印制：刘春年
责任校对：甄　飞　　版式设计：丁丁图文

中国财政经济出版社出版
URL：http://www.cfeph.cn
E - mail：cfeph@cfeph.cn

社址：北京市海淀区阜成路甲 28 号　邮政编码：100142
营销中心电话：010 - 88190406　北京财经书店电话：010 - 64033436
北京时捷印刷有限公司印刷　各地新华书店经销
787 × 1092 毫米　16 开　22.5 印张　297 000 字
2016 年 10 月第 1 版　2016 年 10 月北京第 1 次印刷
定价：58.00 元
ISBN 978 - 7 - 5095 - 6847 - 7 / F · 5505
（图书出现印装问题，本社负责调换）
本社质量投诉电话：010 - 88190744
反盗版举报热线：88190492　88190446

序

黄金是唯一兼具商品和货币双重属性的特殊产品，是最忠实的资产和现代信用货币的物质基础。无论过去、现在和未来黄金对人类经济社会发展都至关重要。在特殊状态下，黄金更是解救危难、保障安全的战略资源。

我国黄金行业的发展与新中国的诞生和国家崛起息息相关，黄金在我党夺取政权和执政过程中起到过难以替代的作用，新时期又赋予了黄金更加重要的使命，承担为人民币国际化“增信”的重任。

战争年代，我党曾通过秘密渠道从黄金主产区胶东转运大量黄金到革命根据地延安，用于开展贸易以获取急需的军用物资和药品；也曾通过抛售库存黄金，稳定东北解放区市场。

新中国成立初期，由于西方的封锁，国家急缺外汇，黄金成为我国唯一可以大量运用进口紧急物资、应付突发事件的硬通货，发展黄金生产换取外汇成为一项政治任务。

改革开放以后，国家发展急需引进国外技术、设备，外汇需求日益激增，为解决外汇急缺的问题，国务院颁发了《关于加快发展黄金生产的决定》，制定十二条措施，出台扶持黄金生产政策，鼓励多产黄金。在改革开放的头 20 年，全国累计产金 1400 吨，为国家换取了大量外汇，有力地支持了改革开放事业的顺利推进。

进入新世纪，黄金行业市场化改革步伐加快，2002 年 10 月上海黄金交易所正式开业，标志着黄金行业全面市场化时代来临，黄金行业发展格局也因此而发生了改变，一批大型黄金集团应运而生，黄金产量持续增长，2007 年我国黄金产量超越了百年之冠南非而成为全球第一产金国，至今已连续 9 年蝉联世界冠军。从 1949 年全国年产黄金 4.1 吨，至 2015 年 450.05 吨，中国改写了贫金的历史，由一个全球黄金跟随者成长为领军者。与此同时，黄金珠宝首饰业、黄金市场健康、迅猛发展，“西金东移”催生了一个中国黄金世纪，这是中华民族历史的重要一页。然而，中国从贫金到多金的发展历程并不是一路坦途，有成功也有困惑，有进步也有反复，这是一个不断努力、拼搏前行的过程。

刘山恩先生所著《问鼎：中国黄金工业发展述评》是目前唯一的对自 1949 年至 2015 年 66 年来中国黄金行业发展的全面评述的专著，它翔实地记录了黄金行业与共和国共同成长的历程。本书的可贵之处是没有局限于对历史的简单复述，而是以黄金独有的货币、金融和政治属性作为基本视点，去观察、认识黄金以及黄金工业对我国经济社会发展的影响，它对黄金行业的国家战略价值做出了深度诠释，并站在一个历史新的基点上对我国黄金行业的发展进行了前瞻性的论述。这是一次黄金文化财富的创建，也是本书呈现给读者的独到之处和重要价值所在。

本书作为一家之言对新中国黄金行业发展历程的得失、评述仍有讨论的空间，但无疑这是有益而具有挑战性的一次探索，它为新世纪我国黄金工业的发展提供了有价值的思想指引，具有很高的现实价值。

作者刘山恩先生是一个从事黄金经济与黄金市场研究 20 余年的老专家，做了许多开拓性工作，古稀之年仍笔耕不辍，近年来几乎年年有大作出版。在这里，我要祝贺《问鼎：中国黄金工业发展述评》一书的出版，并希望能看到作者更多的研究成果问世。

中国黄金协会会长
中国黄金集团公司总经理、党委书记　宋鑫

目　录

引　言

从2007年摘取世界黄金王冠说开去

在国人正以期待的心情迎接2008年北京奥运的前夕，2007年一个中华民族孜孜追求的愿望悄然变成现实，我国取代百年之冠南非成为近200年来的第五个黄金生产冠军国。

黄金作为人类的绝对财富，不仅使帝王们为之而疯狂，也为一般民众所青睐，披金挂银是富足的标志，但中国却长期是一个贫金的国家，大多数朝代每年的黄金产量仅有数万两，近代1911年15吨纪录竟成了66年后才得以超越的高峰。新中国成立之后，为了增加黄金生产，先后发起了四次全国动员，前后历经了半个多世纪。因而2007年270.491吨黄金产量绝对是中华民族黄金生产的历史高峰，我们应为这一进步欢欣鼓舞。

缺乏充分心理准备的登顶

虽然从1975年以来我国黄金生产已走上了稳定增长之路，产量迈上了百吨台阶，但与国际产金大国仍有差距，一直是一个后进的追赶者，因而我国成为全球黄金生产的领军者是在没有充分心理准备的情况下登顶为王的。

2006 年我国黄金产量为 240.08 吨，而当年南非产量为 291.8 吨，我国与之存在着 51.72 吨的差距。虽然从 2000 年开始我国黄金产量已连续 7 年增长，并有进一步增长的潜力。但 2007 年只有增长 20% 以上才有可能超越南非，所以居世界第四位的中国，2007 年在全球排序的努力目标是“争三望二”，即再升一位，进入世界前三，但也有可能上升两位，达到全球第二，而距离全球冠军之位起码还有一步之遥。所以当 2008 年初国外传来中国已成为全球黄金冠军国的消息之后，业内人士有一种“被冠军”的感觉而持怀疑的态度，也就是这一消息并未被当事者所认可。

消息来自于英国黄金矿业服务公司，这是一家国际著名的黄金专业信息咨询公司，其编辑出版的《黄金年鉴》于 1997 年就在中国发行了中文版。每年他们都根据自己的观察对全球各国的黄金产量进行排序。2007 年黄金矿业服务公司公布的我国黄金产量是 274 吨，而南非为 272 吨，因而认定我国超越了南非而成了新冠军。但是，中国黄金协会统计公布的 2007 年我国的黄金产量是 270.491 吨，因而认为我国黄金产量比南非不是多 2 吨，而是少 1.509 吨，所以南非仍是第一，而我国是第二。

之后发生的像是一个黑色的幽默，我国的黄金产量数据公布后，英国黄金矿业服务公司没有调整中国黄金产量数，仍为 274 吨，但下调了南非黄金产量数据 0.92%，由 272 吨下调到 269.5 吨。这样，南非产量比中国已公布的产量低 0.991 吨，而坐实了我国黄金冠军之位。因而，可以说 2007 年中国摘取世界黄金产量王冠是南非减产 7.64% 的结果，在我们看来是降低了我们这个世界冠军的含金量。我们的这一世界冠军创造了中国的历史高峰，但没有创造世界历史的高峰，因为在全球视野中我国黄金产量达到的水平仍不到世界历史最高峰的三成。

2007 年我国黄金产量 270.491 吨，只是创造了我国黄金产量的历史最高纪录，而南非 1970 年黄金产量达 1000 吨，这是至今仍未能超越的高峰，虽不可能再无来者，但短期内不会有超越者。从中国纵向比较我们看到的是进步，而横向的国际比较我们看到的是差距，所以我们虽为登顶夺冠而欢欣，但在登顶时刻没有忘形地欢呼。淡定是当时社会氛围的主调，不因进步而忘形这也是我们民族成熟的一种表现吧！能够清醒地定位、评价自己也是一个进步。民族的沉稳心态是可贵的。

20世纪：南非黄金的世纪

人类生产黄金已有数千年的历史，黄金产地的兴起与衰微总是和人类的文明史的发展密切相连。伴随着人类社会生产力的突破，19世纪后半叶黄金产量出现了大飞跃，其50年的产量超过了之前的5000年产量，达万吨。19世纪全球黄金生产出现了五大明星国，它们是俄国、美国、澳大利亚、南非和加拿大。相比较，南非并不是19世纪黄金生产力大突破的先行者，但是后来者的身份并没影响到其创造出一个南非的黄金世纪，树立了一个至今还无人超越的历史丰碑。

俄国、美国、澳大利亚、加拿大首先发现的都是砂金矿，因而在那里掀起了“群采”淘金潮，但潮起很快，退潮也快。淘金者如同“蝗虫”一般，很快吞噬了一片“绿洲”，便飞向另一片“绿洲”。所以砂金产量十分不稳定，生产衰退很快。俄国、美国、澳大利亚先后都曾成为世界黄金生产冠军，但很快掉下王位，而南非发现的是岩金，并是世界最大的岩金矿，所以当岩金选冶技术突破以后，南非黄金生产获得了持续发展的强有力的物质支撑力，而成为世界黄金生产百年之王，并把人类黄金生产力不断推向了高潮。

南非的黄金资源呈细微状，分布在极深的地下岩石中，蕴藏量巨大。从19世纪末到2007年已从这里开采出5万多吨黄金，约为人类到2007年数千年黄金总产量15.18万吨的三分之一，这是任何国家所不能比拟的，贡献独一无二，这也就为中国这个新的黄金生产冠军树立了一个难以超越的标尺。

因后来者南非发现的是大型岩金矿，所以一开始就是工业化规模生产，由国际性大矿业公司主导，这些大公司大多已是在钻石的开采上淘得了第一桶金，因而它们拥有雄厚的资金可以投资于大型金矿山的建设。1886 年南非发现金矿的第二年 1887 年的产量仅为 1.2 吨，而 10 年之后的 1898 年即达 120 吨，超过美国成为全球最大产金国，从此开始了南非百年黄金之冠的历程。南非开大型黄金企业发展之先河，从而也奠定了 20 世纪世界黄金生产的基本格局，大型岩金矿生产成为支撑全球黄金产量持续增长的主动力。

如果说 19 世纪人类黄金生产力发生了大突破，而 20 世纪人类黄金生产力则是在此基础上实现了大发展。20 世纪百年总计生产了人类 5000 年来总产量的 95.96%，为 11.58 万吨，十倍于 19 世纪。年度产量先后突破了 1000 吨、2000 吨，两个千吨大关，2000 年达到 2591 吨，而南非在 1910 年以后年度黄金产量即达全球总产量的三分之一，而 1970 年的产量更达 1000 吨，为当年全球总产量的近七成，是当之无愧的世界黄金的龙头老大，但 1970 年也是南非黄金生产的分水岭，从此便开始了产量不断下降的历程。

1970 年 1000 吨的黄金产量不仅创造了南非黄金生产的历史最高纪录，也创造了至今仍未被超越的人类黄金生产的历史高峰。之后 20 世纪 80 年代，南非黄金产量下降到 600 多吨；90 年代下降到 400 多吨；21 世纪第一个 10 年仅为 200 多吨，终于在 2007 年被我国超越走下了世界黄金生产的百年王位，到 2014 年黄金产量仅为 167.9 吨，而退居世界第六位，但无疑南非是 20 世纪黄金工业的佼佼者。

21 世纪应是中国的世纪

20 世纪黄金生产是南非的世纪，而中国则是 21 世纪迅速崛起的新星，从

2000 年至 2014 年黄金产量已实现了连续 15 年增长。年产量先后攀上了 200 吨、300 吨、400 吨、500 吨四个百吨台阶，2014 年黄金产量达到了 512.775 吨（包括使用进口料产量 60.976 吨），2015 年黄金产量达到 515.879 吨，虽然仅有 0.61% 增长，但仍是连续 16 年增长。从 2007 年以后已连续 9 年保持了黄金产量世界冠军的地位。2007 年我国黄金产量超过第二名不足 1 吨，而到 2014 年已达 240 多吨，在全球黄金总产量中的份额达到了 16.41%，是当今唯一黄金产量超 500 吨，占比超 15% 的国家，因而中国黄金生产世界冠军的含金量越来越高，我们已经实现了一次自我超越。在可以预见的未来，我国黄金产量仍有一定的增长潜力，可再创我国黄金生产历史的新高峰。

从全球的视野看，20 世纪重要的黄金生产国，即年黄金产量突破百吨的国家有 7 个，分别是南非、美国、澳大利亚、加拿大、俄罗斯、中国和印度尼西亚，这 7 个国家 2000 年的黄金产量总和超过了 1700 吨，为全球总产量的近七成，因而是 20 世纪世界黄金生产的主要推动力。但进入新世纪，南非、美国、加拿大、印度尼西亚、澳大利亚的黄金产量皆出现不同程度的下降，只有中国和俄罗斯是增长的，相比又以中国的黄金工业进步最为亮眼。2015 年全球黄金产量比 2000 年增长了 414.79 吨，而中国的贡献率占到了六成多，是新世纪全球黄金产量增长的主要推手。

20 世纪传统的产金大国多数在进入 21 世纪之后出现增长乏力，产量大幅下降或停止不前。中国是 20 世纪后期产金大国中 21 世纪前 10 年增长的排头兵；另一方面 21 世纪表现亮眼、进步很快的新兴国家的黄金生产规模仍与中国有较大差距，因而在国内黄金生产保持基本稳定的情况下，中国黄金生产世界冠军的地位可保持到 21 世纪第三个 10 年。这在一定意义上讲，今后中国黄金生产增长都是要自我超越。黄金生产世界冠军地位的丧失最大的可能是缘于中国自己黄金生产的萎缩，然而一切都可能发生。

在黄金生产领域，21 世纪我们已经创造了历史，实现了民族的自我超越，而这个超越在世界的视野中仅是登上了南非曾创造的人类历史高峰的半山腰，我们能否超越南非创造的千吨黄金产量仍存在着不确定性，保持世界黄金生产百年王位更是任重而道远。我国在1911年黄金产量达到了15吨，然而为了超越这个并不高的“山丘”而用了66年的时间，中间路途的曲折和反复今天还是我们心头的痛。而今天我们的下一步自我超越意味着更高的高度和更大的困难。难度不仅表现在产量要有一个数量的超越，并且需要对世界黄金产业的发展提供引领。

2007年我国成为人类近200年来的第五个黄金生产冠军国，不仅是黄金产量在全球排序的变化，更意味着中国已从国际黄金业的跟随者变为了领导者，这一新角色要求我们必须要有更广阔的国际视野和历史深度，需要我们回答的课题是中国的，也是世界的，因而我国黄金产业的再超越将被赋予更大更多的政治与经济内涵。未来的全球黄金工业走向何方呢？将呈现一个什么样的形态？其中不仅将含有越来越多的中国因素，而且在很大程度将体现出由中国引领的国际行为。由国际黄金业的跟随者变为了领导者，对于中华民族来说是复兴的一环，因为这次历史的跨越进一步夯实了复兴大厦的财富根基，而只有夯实根基才能建造人类社会的地标大厦。大英帝国、美利坚合众国的大厦都曾以黄金奠基。中国的未来黄金工业会再写辉煌。

21世纪是中国黄金世纪，更确切地说是，应使21世纪成为中国黄金世纪，因为它不会自然地实现和完成，而是中国人努力的结果。

站在人类更高的历史结点上

黄金在与人类相遇、相随、相伴的数千年中沉积了丰富的人类文化，不管是在历史上，还是在今天的现实中，都是具有政治与金融属性的特殊金属。21

世纪更是一个已经发生或正在发生深刻变化的世纪，随着信用货币体系矛盾的深化，已被边缘化的黄金财富功能强烈回归，因而使黄金生产具有了更大的战略价值，这对于正在崛起的中华民族来说有更为现实的意义。这就是黄金财富的安全价值，因而就使黄金生产与国家政治和经济安全联系在了一起，黄金工业的发展也就成了国家战略的一部分。

纵观中华人民共和国黄金工业发展史，黄金生产从来都不是一个纯经济问题，其发展是实现国家战略目标的需要。人类21世纪起步之时便遭遇信用危机而造成了人类信用财富体系危机，从而使人类对40多年来的黄金非货币化产生多层次反思，出现了一个黄金文化的再构运动，因而摘取世界黄金工业王冠的进程中又有了众多黄金文化创建内容。这将是我们摘取世界黄金王冠进程中的重要课题，而要做世界黄金文化的引领者是我们面临的又一个新挑战。

今天是实现中国梦的关键时刻，这一梦想的实现从来没有像今天这样接近现实。然而也从来没有像今天这样面对的挑战是如此严峻，也就是风险空前加大了，从而要求我们必须增加民族的实力，黄金财富的增加是必须的，无论是国家还是家庭都是如此。因而黄金生产的发展是提高国家经济发展实力的战略需要。黄金可为人类打造一只“诺亚方舟”，这是人类信用财富汪洋大海中的“安全岛”，它虽然不是可以“普度众生”的“观世音”，但它是特殊危机时刻人类的希望，仅此，黄金便已是“功德无量”。

21世纪应是中国的世纪，在此刻我们有了更多的责任，还增加了几分自豪，于是有了回顾历史、前瞻未来的冲动，产生了撰写新中国黄金发展史的欲望，但并不是要编写一部新中国黄金发展编年史，而是一次历史情愫的守望，是要在历史借鉴的基础上走向未来，从而减少彷徨，增加自觉，因而作者不仅有对事件的记叙，也有对事件的评论和褒贬。作者个人感情的张扬中定会有谬误和偏颇，对此敬请指正。认识需要不断深化，而讨论与争论是人类认识深化之径，这也正是作者所希望的。

黄金虽然是一个社会各阶层广泛关注的金属，但黄金行业是一个小行业，整个行业的工业总产值规模不足4000亿，仅与一个大型汽车制造企业相当，因而社会关注度不高，专业研究者也不多，我们的行动只是在这片平静而略显寂寞的大地上播下的一颗种子，希望它能开出一朵小花，让路人能观赏，有所收获。

历史树立的尺度 第一章

1840 年第一次鸦片战争、1856 年第二次鸦片战争、1894 年中日甲午战争、1900 年八国联军攻入北京，构成了 19 世纪后半叶清王朝腐朽不堪的画卷。不仅割地，而且先后赔款 6.72 多亿两白银，如再加上利息那将是一个天文数字，为 19 世纪中期以后中华民族的衰落做出了最好的诠释。1840 年清朝创造的 GDP 占全球总量的 23%，美国不足 9%，而到 1900 年清王朝的 GDP 比重下降到了 6%，而美国上升到了 23.6%。但是，出人意料的是在这个民族危难时刻，黄金生产却一反常态地出现了一个历史高潮。

1888 年我国黄金产量 13.542 吨，创造了历史最高纪录，而 1911 年清朝灭亡之年更创造了 15 吨的产量纪录，这一纪录在 66 年后的 1977 年才得以改写，因而为后人树起了一个历史标尺，成为新中国衡量黄金工业发展的尺度和超越的目标。然而这一历史的尺度如何树立，又如何被超越的呢？让我们开始一次历史之旅……

中华民族是世界上最早发现和使用黄金的民族之一。司马迁在《史记·食货志》中就有记载："虞夏之中，金为三品，或黄、或白、或赤；或布、或刀、或龟、贝。"可见，在公元前22世纪末的夏朝时代我们的先民们就以黄金作货币了，在古籍《尚书·禹贡》中有"厥贡羽毛齿革惟金三品"的记载，据考证，金三品是指金、银、铜，说明在传说中的大禹时期我们的先人们就已把黄金作为了贡品。这些记载表明早在4000多年前中华民族就使用黄金，但发现早于使用，而且最初的使用早于文字记载，所以中华民族发现和使用黄金的历史可以再上溯千年到5000年前，几乎和中华民族的文明史一样源远流长。

然而，中国又是一个长期贫金的国家，究其原因不是天然条件如此，而是社会环境使然。"上帝"造物时并没有忽视中国，黄金这种稀有金属在中国有丰富的赋存，只是我们长期没有发现它的存在。人类20世纪黄金资源最大的发现是环太平洋盆地由火山岩组成的号称"火环"的岛弧，中国便列其中。该岛弧由智利经斐济、新西兰、所罗门群岛、巴布亚新几内亚至印尼，然后向北经菲律宾到中国东部和日本。而今天中国东部的胶东半岛已是中国重点产金区，产量占中国总产量的四分之一。除胶东半岛外，现在我国几乎所有省（区）都有黄金地质资源赋存发现，有八成多的省（区）有黄金产量报告，已探明黄金地质储量超过了万吨，居全球亚军，表明我国黄金资源丰富，但这是近40年才逐步发生的变化，而之前数千年皆是贫金的国家，这又完全是社会生产关系束缚的结果。

我国是人类农耕自然经济制度的典范，在全球农耕经济主导的历史时期，我国政治最为稳定，经济最为发达，因而我国农耕经济持续了数千年。农耕经济是一种自给自足的经济，农桑为本、稻禾为丰是农耕自然经济的基本国策，轻工商，禁矿业，严重地抑制了我国的黄金生产，因而在我国历史上的大多数朝代里的黄金产量每年仅有二三万两（小两：一市斤为 16 两）。中华民族悠久的黄金生产史并不等于发达的黄金生产力，而在我国国力最为衰微的清朝末年，我国黄金生产却留下了一个闪光的瞬间，让人们时时谈及。

落日余晖：清末的一抹亮色

清朝是我国历史上的最后一个封建王朝，而其末年国力衰弱，国民贫寒，成为全球列强瓜分的对象，沦为了殖民地半殖民地，这是我国近代历史上让人刻骨铭心的悲惨一页。其在经济上乏善可陈，但黄金生产却在沉闷中展现出了一抹亮色。在 19 世纪末到 20 世纪初的一段时间出现了一个发展的高潮，创造了一个之后数十年没有超越的产量高峰（见表 1–1）。

表 1–1　　1896—1911 年我国黄金产量表

年份		1896	1897	1898	1899	1900	1901	1902	1903
		光绪二十二年	光绪二十三年	光绪二十四年	光绪二十五年	光绪二十六年	光绪二十七年	光绪二十八年	光绪二十九年
产量	两	319770	319770	319770	320000	207040	144448	192608	312928
	吨	9.993	9.993	9.993	10.000	6.470	4.514	6.019	9.779

续表

年份		1904	1905	1906	1907	1908	1909	1910	1911
		光绪三十年	光绪三十一年	光绪三十二年	光绪三十三年	光绪三十四年	宣统一年	宣统二年	宣统三年
产量	两	216672	216672	216672	216672	312960	450336	176128	480000
	吨	6.771	6.771	6.771	6.771	9.780	14.073	5.504	15.000

注：1910 年仅是出口量，产量不详

资料来源：《当代中国黄金工业》

清朝前期因禁止开采金矿，每年黄金产量仅有 5000 两左右，而之前的元、明两朝年度黄金产量也仅有万两左右，但清朝末年的 16 年黄金产量年均产量高达 28 万两，比清朝前期增长了 50 多倍；1911 年产量更高达 48 万两，创历史最高纪录。这个高峰虽把我国的黄金产量纪录拉升了数十倍，但并没有形成连绵的山脉，而只是一个突兀的孤岭！

我国黄金生产出现高峰的时期，也正是全球黄金开采业出现飞跃时期：15 世纪末至 16 世纪末的百年总计只生产了 750 吨左右黄金，而 19 世纪后半叶的 50 年即生产了 1 万吨黄金，因而 19 世纪 100 年黄金产量超过了之前的 5000 年。

19 世纪前半叶的 1840 年至 1850 年的最后 10 年，法国学者布尔努瓦研究认为这期间全球年平均黄金产量仅为 5.475 吨，而后半叶的 1867 年已达 195 吨。英国伦敦联合金田公司原黄金市场年度报告顾问帝莫西·格林在《黄金新世界》中说明，1847 年全球黄金产量 77 吨，而到 1852 年达到 280 吨。总之，这一切都表明 19 世纪出现的黄金生产飞跃又主要发生在下半叶，此时世界黄金产量是 19 世纪之前的上百倍，是 19 世纪上半叶的十余倍。以 19 世纪后 50 年生产的 10000 吨做平均，后半叶年均产量为 200 吨左右。

此时，我国在 19 世纪最后 5 年，即 1896 年至 1900 年年平均黄金产量为 9.29 吨（29.727 万两），这相当于当时全球产量的 4.65%，这也是我国黄金生产在全球黄金版图所处的位置和达到的水平。

这个水平和当时黄金生产力大突破的领军国家相比存在着很大的差距，俄国在 1840 年的产量已达 43.5 吨；美国 1853 年产量已达 93 吨；澳大利亚 1856 年产量已超过 70 吨；南非在 1898 年突破了百吨，达到了 120 吨；赶上 19 世纪黄金潮末班车的加拿大，在 19 世纪末最后 3 年大约生产了 75 吨，年平均产量超过了 20 吨。

然而，把这个水平和此后黄金生产力的发展做历史纵向比较之后则显示，我国黄金产量再次达到全球 4% 以上的份额时，已是百年之后的姗姗来迟。1995 年我国黄金产量突破了百吨，为 108.405 吨，是全球总产量的 4.37%，仍略低于 19 世纪末的 4.65%；而 1911 年所创造的 15 吨历史纪录直到 66 年后的 1977 年，以 16.081 吨产量改写。因此，清朝末年是我国黄金史上的一个高峰，也是新中国黄金工业一度的追赶目标。

19 世纪后期正是资本主义高歌猛进的时代，但清末增长的黄金财富并未像西方国家那样转为生产力扩张的资本。有关研究结果表明，即使 1840 年清政府接受城下之盟，签订《南京条约》时，清朝的 GDP 还占全球的 23%，它仍是当时物质生产规模巨大的国家。但是，落后的经济体制的束缚，使这些物质财富并没有转化为经济发展的资本，而是被统治阶级的奢侈生活和巨大的社会成本所消耗，因而社会经济不进反退。到 1900 年 19 世纪即将结束之际，中国制造业在全球中的份额仅有 6.2%。进入 20 世纪的前 10 年，清朝更是衰败相日显，故维持到 1911 年便寿终正寝。因而，清朝末年出现的黄金生产高潮所产生的作用，与这一时期世界黄金生产突破的作用不尽相同。世界黄金生产量的增长，推动了“金本制”的建立，为资本主义生产方式奠定了资本运作平台，成为人类新型生产方式诞生的催化剂。但是，在中国这一切都没有发生，也没有给清朝改变悲剧的结局带来任何契机。因而，清朝末年的黄金生产的突破从开始到落幕都是一首封建王朝没落的挽歌。

面对衰败的无奈之举

清朝末期，正是风云汇集、变革汹涌之时，但黄金开采高峰既没有成为富国强民之径，也没有成为变法图新之策，只是奏响了一曲封建王朝没落的挽歌，所以，即使在今天我们回首、探索其兴衰成因时，仍会有丝丝的心灵触痛。

1858 年，马克思曾这样悲愤地评价了当时的中国，他写道："一个人口几乎占人类三分之一的幅员广大的帝国，不顾时势，仍然安于现状，由于被强力排斥在世界联系的体系之外，而孤立无依。因此，竭力以天朝尽善尽美的幻想来欺骗自己，这样的一个帝国终于要在这一场特殊的战争中死去。"马克思写这一番话时，正是 1840 年第一次鸦片战争过去了 18 年，而与 1856 年第二次鸦片战争相距仅有 2 年的清咸丰年间，这也正是清朝决定对黄金开采业由封禁转开禁之时。黄金开采业开禁虽是当时社会政治与经济等多种因素变化的结果，但基本是面对国力衰竭而被动采取的无奈之举。

一、出于广开财源、扩充国库的需要

虽然白银是当时清朝的货币支付与资产储备的手段，但由于当时清朝禁止开采金银，所以白银生产量很小，有人研究认为在 18 世纪 100 年里生产的白银超不过 5000 万两，也就是每年不足 50 万两，因而难以应付当时"银本位制"的需要。但因那时清朝拥有较强的生产力，可以生产大量的产品用于出口，而且内需很低，所以长期拥有大量外贸顺差。每年都有大量白银从境外流入；18 世纪 60 年代每年流入量超过 300 万两；70 年代每年达 750 万两；80 年代更高达 1600 万两。因而，清朝国库中拥有大量白银库存；1771 年乾隆三十五年，库银存量高达 7894 万两。由于白银充足，当欧洲各国纷纷转向"金本位制"时

（欧洲金本位制的实行与白银大量流向中国有密切关系），“银本位制”却一直占据我国货币体系中的主导地位。甚至，在此后的历史时期中也从来没有真正实行过金本位制（金本位制的存在只是匆匆过客），而“银本位制”一直延续到20世纪30年代。作为货币的流通和支付的手段，银币在中国使用的时间和广度都远远超过了黄金。黄金更多只是作为帝王们日常生活的奢侈品。“银本位制”的长期延续和帝王对黄金使用的垄断权都减少了黄金在社会经济生活中的使用，因而，清朝前期国库中少有黄金。

基于黄金需求狭小，而且清朝前期各位皇帝出于政治安定和恐伤“地脉”的心态对黄金开采都采取严格管制的政策，每年黄金产量只有区区数千两。情况到了清朝后期才被迫发生了根本性变化：1840年第一次鸦片战争是清朝由兴向衰转变的标志性事件，此后，与西方列强的抗争是屡战屡败，一次次割地赔款，累计战争赔款白银高达数亿两，造成白银大量外流，而且为了应付越来越大的列强压力，不得不增加了军备开支用银。此外，挑战不仅来自于外部。由于政治昏庸、吏治腐败，引起民怨四起，起义反抗不断：先有白莲教，后有太平军、捻军此起彼伏，为此支出的军费达3亿两白银，更使清政府捉襟见肘。白银吃紧，黄金行情自然随之上涨，加之宫廷帝王及亲王大臣生活日益奢侈，等等。这些都增加了社会对黄金的需求。但是，外贸顺差日微，白银流入减少。在金银入不敷出的情况下，清政府只能增加国内生产，所以对金银开采开禁是必然的选择。

二、外部环境变化的应对之策

19世纪是全球黄金生产力出现重大突破的世纪，黄金产量的迅速增长，加速了资本积累的速度，因而引发了西方列强全球性寻找黄金的热潮。这次黄金生产力突破的主力军先是俄国，后有美国、澳大利亚和南非，还有赶19世纪末班车的加拿大，先后发现了大量新的黄金资源。世界弱小民族的黄金资源自然也成了列强的掠夺目标。为此，他们开始了一次又一次以掠夺黄金为目的的冒险远征。

我国的黄金资源也成了一些列强国家的商人和冒险家觊觎的目标。清朝后期国力衰弱，当时各列强不仅凭借坚船利炮，让清政府接受城下之盟，签订不平等条约而获取了大量赔款，同时也获得了人员进入中国的种种特权，得以或在内地，或在边境地区进行非法开采、盗掘黄金，一时纷争不断，为此，清政府曾使用外交交涉、武力驱赶等方法予以制止，但成效不大。为了保卫主权，防止私采，迫使清政府只得改弦易辙，变禁采为开禁。例如清朝后期在中俄边境上兴办的金矿，采金者高达数万人，不仅增加了国库收入，而且还起到了安定边防的作用。

三、清政府内部“洋务运动”的推动

面对与列强抗争屡战屡败的现实，一些有志之士为了富国强兵而兴起学习西方、兴办实业的维新变法、洋务运动，掀起一股兴办采矿业的潮流：不仅一些具有革新思想的人物纷纷上书朝廷，要求对金银开采业开禁；在清朝后期，清政府也直接参与了金矿的兴办，出现了官办金矿和“官督商办”金矿，即实行由商人集资，政府参与管理和监督的经营方式。因此清后期采金业的发展，不仅源于清政府的政策转变，而且也源于清政府的直接参与和推动。

清朝后期黄金生产历史高峰的出现主要得益于清政府的黄金开采政策由封禁向开禁的调整。此政策调整是出于对外部冲击的被动应对，而在这个经济体的内部，正如马克思对清政府的批评：“不顾时势，安于现状”，在世界性变革洪流面前将自己“排斥在世界联系体系之外”，即使是当时“洋务运动”的推动者也只是想借助列强的坚船利炮，以求得传统的封建皇权体系的延续而已。所以中国的经济仍固守于农耕自足的小农经济体系之中，商品生产极度欠发达，因而黄金矿业的发展缺乏内在的经济需求驱动力和持久的社会推动力。因此，清朝末年形成的黄金开采高潮并没有能与时俱进得到持久的发展，而是作为一个历史瞬间，很快便进入了一个黄金生产的停滞期，随着清朝的寿终正寝而终结。

清朝末期黄金开采高潮的兴衰现实告诉我们，黄金开采业发展的根本推动力是经济体内部对黄金需求的驱动，任何外部因素的作用只能是偶然的、暂时的，一个长期的趋势动力只能是内因。而此后长达半个世纪之久的黄金生产低迷停滞期也证明了这一点。

清朝灭亡后，我国进入了一个社会动乱、外敌入侵、内战频发时期。虽然清末之后黄金生产停滞的原因可以归结为环境因素，这是不能忽视的，但 1949 年新中国诞生后，这些因素随之消失，不复存在了。可是时隔 13 年的 1962 年，我国黄金产量仅有 3.365 吨，竟比 1949 年新中国成立时产量还低了 17.38%，更不及 51 年前的 1911 年产量的三成。那时，近代黄金生产大国已开始了机械化生产，而我们还停留在人力手工采金阶段。我国黄金生产没有走出低谷，反而陷入更大低潮，所以更重要的是内因。

之后一个长期停滞期的出现反而显现出清末黄金生产高峰的历史意义。虽然这仅是一个历史的瞬间，但毕竟是中华民族的一次冲刺，为后人创造了仰慕的目标，反映了中华民族生生不息的努力与坚持。

源远流长，惠及后人

由于一个长期的黄金开采萎缩期的存在，使新中国黄金工业发展面临一个历史的断层，所以在 20 世纪中叶我们再一次站在起跑线上的时候，不是在高峰上的再次超越，而是在一个历史低点上的重新出发——这就是新中国黄金工业的起点，即我们还必须以清朝末年的黄金开采业已达到的高度作为衡量发展的尺度：1957 年冶金部与中国人民银行上书国务院的报告，就是以此开篇的，它是用现状与清朝后期 1888 年的水平做比较，以此论证加快黄金工业的紧迫性，这或许出乎我们的意料。

清朝后期采金业的高潮虽未能持续，但也形成了众多历史遗产，这些遗产成为后人前进的物质基础，从而使清朝后期的黄金开采高潮穿越了时空的障碍而惠及后人。这一点在新中国黄金工业发展的初期得到了更为充分的表现，这或许是清朝末期黄金开采高峰历史价值的延续。

清末黄金生产高潮给后人留下的历史遗产主要是：

（1）黄金产地得到了扩展。清末以前我国黄金产地主要在关内，清朝后期开采黄金的禁令解除，关外东北三省的黄金开采得到了迅速的发展，并成为我国主要产金区。新中国成立初期东北三省是最重要的产金地，1949 年至 1953 年期间 80% 以上的黄金产量来自于清末开拓的金矿区。

（2）建立了一批金矿山。清末兴办起了一批金矿山，或官办或官督民办，虽多数矿山早已倒闭，但还有一些矿山在百年之后的今天仍保持着顽强的生命力。1949 年新中国接收的 20 余家金矿山，有 60% 以上是源自清朝后期诞生的金矿山，构成了当时金矿山的主体。

清末黄金生产达到的水平为我们树立了一个标尺，不仅此后的中华民国，即使新中国黄金工业也是在继承清末黄金开采高潮遗产的基础上开始起步的，直到 1987 年国务院的领导在讲到黄金工业的发展时，还指出："不少地方还采用落后原始的采金方法，还在吃老祖宗的饭，有的地方还在利用清朝时期开的洞、挖的坑，找矿有些还沿着他们的路在走。"

这些都表明了新中国黄金生产与清末黄金开采高潮的历史遗产存在着密切继承性，也表明了新中国黄金工业发展起点低、底子薄的特点。这样的起步基础，又遇上"黄金无用论"的政治环境，中国黄金工业陷入衰退也就并不奇怪了。

当历史掀开新的一页，中国人民告别屈辱站起来了，但我国的黄金生产并没有随之进入一个复兴发展期。主要的原因是当时经济发展缺乏需求黄金的内部动力，这一时期大约持续到第一个五年计划结束。这一时期我国的黄金生产量不仅低于清朝末年，也低于国民政府时期。而为了结束黄金生产的徘徊，我们为之付出了长达 26 年的努力。所以新中国的黄金发展史不乏峰回路转的曲折和跌宕起伏的故事，至今仍使人回味思考。因此，我们所做的并不是单纯编年记事，而是力求全面地把我们的历史回味与思考展示在读者的面前。

被动乱摧残的黄金之花

1911 年清朝皇帝退位，中华民国成立，但并不是社会纷乱的结束，在之后数十年的时间里中国仍是一个动乱的时代，内部军阀争斗不已，外敌入侵战火纷飞。但是，由于第一次世界大战西方列强自顾不暇而对中国的压力有所减小，因而有了所谓民国发展的 10 年黄金期，但总的来看社会是动荡的，经济发展是缓慢的。

民国政府接收了清末的官办金矿，这些官办金矿分布在黑龙江、吉林、湖南、四川、新疆等省（区）。因而民国黄金生产是以官办金矿为主体，从 1912 年至 1926 年的 5 年间，黄金总产量的 73% 是产自官办金矿。

中华民国成立后的 1913 年，其农商部便制定了《矿业法》，并于 1914 年 3 月实施。根据《矿业法》农商部内设矿政局，并且在全国设立了八个矿务监督署，金矿开采在一定范围内得以发展。在民国初期的 29 种金属和非金属矿中，黄金位列仅次于煤矿的第二位。因金矿生产的恢复，1915 年有关方面开始酝酿货币改革，实行金本位制。1935 年各产金省设立金矿局，负责金矿的开采。

民国时期黄金年均产量缺乏准确的数据统计，我们只能根据《中国古代黄金史稿》中的有关资料做如下推算：

民国初期的 1912 年全国产金 5 吨，而其中国营金矿产金约 1.801 吨，为总产量的 36.02%，其余 63.98% 的产量是民营矿山的产量，两者比例为 1∶1.8，以民采为主。

之后，1912 年至 1916 年的 5 年间国营金矿年均产金 2.375 吨，按以上比例推算，这期间全国黄金年均产量 6.5 吨左右。

根据以上分析，民国初期黄金年均产量不足 7 吨，为清末年均产量的 50%～60%。

民国中期的 1929 年至 1931 年 13 个省黄金年均产量为 2.875 吨，这是主产区产量汇总，虽不是全国产量，但我们估计在 30 年代初期全国黄金年均产量最多也不会超过 5 吨，这个推算也为国外专家推断我国 1934 年产金 5.034 吨的结论所印证，比民国初期有所下降，仅相当于清末平均水平的四成。

民国后期的 1937 年至 1942 年的 6 年间，全国年均黄金产量不足 9 吨，为 8.979 吨，表明此期间黄金生产一度回升，但仍低于清末，仅相当于清末年均产量的七成左右。

推翻帝制，实行共和，我国因政体的变化产生了深刻的社会变化，工商实业的发展开始被重视。中华民国之所以重视黄金生产主要是为了解决财力不够，特别是当时黄金是硬通货，具有独特的国际支付与财富储备的作用，远远在纸币、铜币，甚至银币之上。但由于社会动荡，政府软弱，即使需求急切也难组织有效、持久的经济增长，因而在那个时期并没有出现黄金生产力的新突破。后虽然因第一次世界大战的爆发，西方列强陷于相互缠斗而对中国的压力有所减轻，我国作为战胜国曾经出现了民国的 10 年繁荣期，可是此时我们的近邻日本却日益加紧了对中国的侵略步伐。由于日本的入侵，中华民国一度的繁荣很快便因社会动乱而走向了萧条。黄金生产随之也走向了衰落而一蹶不振。由此可见，日本是扼杀中华民族刚刚复兴萌芽的罪魁祸首。

1931 年日本入侵我国的东北三省，中国被截肢，我国重要的黄金产地被日本占领，大量的黄金资源被日本占有和掠夺。在东北，日本建立了一批机械化金矿，并强制性地租借和占有原有金矿山，控制了辽宁、吉林、黑龙江三省的黄金生产，进行掠夺式的开采。据第七次《中国矿业纪要》记载，1935 年至 1942 年东北三省黄金产量为87.6万多两，估计约占当时全国总产量的三分之一。全部被日本抢掠。日本将东北打造成了第二个日本，成为其维持侵华战争的重要军用物资供应地，而它对东北黄金掠夺也成了稳定本国货币和保持外贸支付能力的重要的支撑力。

为了侵略和掠夺东北，日本还在幕后筹划并推出了一个傀儡政权——伪满洲国，然后在1937年则抛开了一切面纱直接发动了侵华战争，使中国陷入了战火之中。随着大半个中国的沦陷，日本对其占领区的资源进行了疯狂的掠夺，而中国内陆的黄金资源更是其早已觊觎的目标。

山东省的胶东地区是黄金资源的密集区，其中招远市是当今第一大产金县，被命名为“中国金都”，而早在1922年，日本就已将触角伸向了这里，所以1939年2月日寇占领招远，隶属于日本经济侵华组织——华北开发组合的山东矿业开发组合招远矿业所便尾随而至。派驻招远金矿的日军数量甚至超过了县城驻军。当时，日本人先是收矿炼金，1941年建成了一座150吨处理能力的选矿场，对此他们在1940年出版的《烟台大观》中做了如下报道：“定于大正三十年（一九四一年），六七月正式采矿。现为协力国策起见，由民间收买原矿提取纯金，……俟本年六七月复兴扩大设施工程竣工以后，其产额当亦一跃而增巨，产金报国之实效当可期待。”这些采金坑口和冶炼厂房现仍在，成为日本对中国实行经济掠夺的实证。

日本从招远掠走了多少黄金没有确切统计数，招远玲珑金矿是一个当时亚洲最大的高品位金矿。日本专家在1931年对玲珑金矿考察后就认为该金矿蕴藏量之丰富，无与伦比，遗弃的20万吨废矿石中平均品位仍高达7克/吨。那时，他认为经技术改造后年产黄金可达1.5吨。1948年，仅招远曲运鸿追索被日寇强掠的金矿石损失即证实了从1939年至1945年由这部分矿石炼成的黄金即高达16万多两，这些黄金全部存入了日本正金银行。因此我们根据以上事实推断在日本人占领玲珑金矿期间强掠的黄金有数十万两之多。

在半壁江山沦丧，大量黄金矿区被日寇占领后，国统区内经济萧条，通货膨胀严重，治安混乱，黄金生产也难以为继。1944 年国营金矿全部停办，经济部采金局被裁撤，黄金产量随之锐减。1945 年抗日战争胜利，日本投降，我们都还没来得及对日本侵略罪行进行彻底清算，国内战争便又爆发了。黄金生产的恢复更难以提上日程，黄金生产力因此进一步萎缩，到 1949 年新中国成立时产量仅为 4.073 吨。但这还不是最低，还有更低。1911 年 15 吨产量竟成为高山仰止的标尺，我国黄金生产的复兴还需时日。

让人不寒而栗的民国遗产

1945 年 8 月 15 日日本投降，这是中国近代史上的重要时刻，是百年来第一次取得民族战争的胜利。全国一片欢腾，人心顺畅，人心思定，出现了一个前所未有的社会政治经济稳定期。

当时的国民党政府是抗日战争胜利果实的最大收获者。其接收了侵华日军 128.32 万人和 60 余万伪军的全部武器装备及 6200 亿元之巨的敌伪物资，折合 3.826 亿美元，还有敌伪银行资产 1729.5587 亿元。此时还有美国大量援助的物资与美元，并又将美国援助的 5 亿美元中的 2 亿元兑换成了黄金。一时国民党政府国库外汇充裕，物资储备雄厚。在内外利好因素的作用下，主要物价指数下降了 30%，黄金价格下降 38%。在这种情况下，蒋介石接受了美国顾问杨格的建议，于 1946 年 3 月放开了外汇市场，放开了黄金价格，实现了黄金自由兑换。在外汇市场开放的初期，大量回笼法币的同时，也维持了外汇及日常生活用品的价格稳定，但仅维持了 2 个多月便好景不再。

1946 年 6 月蒋介石国民党政府撕毁国共两党共同达成的“双十协定”，发动了全面的内战。为此，国民党政府动用了其 80% 的正规军打内战，军费激增。

1946年军费支出相当于财政收入的3倍；1947年财政收入13万亿元，而军费高达40万亿元。对军费开支造成的预算赤字，除增加税收、横征暴敛外，另一个方法是借外债，但在信用不佳、形势动荡的情况下难有大的作为，那么就只有不断地扩大货币发行量。无节制地发行货币直接的后果是引发了严重的通胀造成物价大幅上涨，法币的威信严重受损。一般民众为了规避法币贬值的风险损失，开始大量用法币兑外汇和黄金，为此，数月内国民党政府便花掉了5亿美元和400万两黄金，这几乎是当时国家外汇储备的一半，但仍难平息汹涌的挤兑风潮，只得在1947年2月宣布停止黄金外汇的自由买卖。但是，当停止黄金外汇自由买卖以后，民众又转而抢购物资，特别是生活必需品，米、油、面、盐、布都成了囤积的目标。又加之投机炒买风潮的推动，物价如同脱缰之野马，到1947年7月物价竟比内战前上涨了6000倍，通过法币贬值在1年多的时间里就把民众多年的财富积累剥夺得一干二净，有人根据国民党政府的物价统计，对100元法币的实际购买力的变化做了如下比较：

1937年可以买两头大黄牛
1938年可以买一头大黄牛和一头小黄牛
1939年可以买一头大黄牛
1940年可以买一头小黄牛
1941年可以买一头猪
1942年可以买一条猪腿
1943年可以买一只鸡
1944年可以买一小袋米
1945年可以买一条鱼
1946年可以买一个鸡蛋
1947年只能买五分之一根油条

恶性的通货膨胀使民众生活在了水深火热之中，但国民党政府并未善罢甘休，为了满足内战军费开支的需求，又将黑手伸向了民众拥有的金银外汇，而于1948年8月推进所谓的金融改革，以总统紧急令的方式颁布了《金银券发行办法》，宣布废止法币，停止流通，按1：300万比例收兑，也就是说300万法币才能兑换1元金圆券。发行金圆券时规定金圆券含金量每元为0.22217克黄金，但实际它是不能兑换金银的纸币；规定金圆券发行量以20亿为限，相当于发行了6000万亿元法币，这已经是此前法币最高发行量660万亿的十倍；即使如此，实际不到一年，1949年6月，金圆券发行额便达到130多万亿元，这简直是一个天文数字。尽管上海等地的国内印钞厂昼夜不停地印刷仍供不应求，只得到美国、英国去印刷。到1945年5月，国民党政府的货币发行量比1937年增加了1445亿倍，全国的物价上涨了8.5万多倍，此时，按购买力计算原100元法币在1948年8月19日仅能买0.0755克大米，而到1949年5月仅能买一粒大米的千万分之二点五四。金圆券已与法币一样变成了一张废纸，其贬值程度甚超过了法币，其后果可想而知，到1949年4月16日国民政府通过了《财政金融改革修正案》，规定军队薪饷、海关税收、货物税、盐税等不再使用法定货币金圆券，这等于废止了金圆券的货币流通功能，导致了社会普遍拒收金圆券。7月3日再次实行“币制改革”，以银元为本位，发行银元兑换券，宣告金圆券寿终正寝，这场闹剧从开幕到闭幕仅维持了10个多月。

不到1年的时间金圆券闹剧使一般民众在经历了通货膨胀的掠夺之后，又经历了一次强盗的抢劫。据当时的中央银行致财政部的函中称，从1948年8月23日起至10月31日，总计收兑黄金165.4978万两，白银903.8535万两，银元2354.6865万元，银角3904.7159万枚。国民党代总统李宗仁在其回忆录中坦言：

“……因自民国37年8月‘金圆券’发行之后，民间藏的银元、黄金、美钞为政府一网打尽。据当时监察院财政委员会秘密会议报告，国库存金钞共

3.35 亿元。此数据还是依据中国公开市场的价格计算；若照海外比值，尚不止此数。库存黄金为 390 万盎司，外汇 7 千万美元和价值 7 千万美元的白银。各项总计约在美金 5 亿上下。”

对于民众财富强掠使国民党政权民心尽失，有人认为这是国民党政权失败的重要原因，比军事上的失败更为严重，而这次抢掠入库的黄金很快就被劫运到台湾，而给共产党新政权留下是一座空空如洗的金库，因此新政权必须要在缺少黄金支撑的条件下实现经济的稳定和重建自己的货币体系。

败走大陆前夕的劫运黄金“大戏”

1948 年国民党政府推出金圆券之时，国民党在军事上的败象已显，这更像是安排自己的后事。在大陆的失败使国民党政权不得不退守台湾，为了其生存发展，撤退时从大陆一是抢运军队，二是抢运人才，三是抢运黄金外汇。军队是其政权生存的支柱；人才是其政权发展的根基；而黄金是其政权运作的血液。之后的发展势态表明，劫运台湾的大陆黄金更为重要的意义是成为 20 世纪 60 年代台湾经济腾飞的基石，从而影响了当今两岸政治与经济格局。这批大陆黄金为台币的发行提供了支撑，而新台币的稳定又是稳定台湾经济，进而安定民众生活和民心的前提条件。

1948 年国民党政权在推动所谓金融改革的同时，撤退台湾的准备工作也已启动，百万军队和庞大的政府人员集中于台湾这个弹丸之地，生活和工作都需大量货币，而那时发行的法币因严重的通胀已面临崩溃，因而黄金和美元外汇成为唯一的依靠（新台币刚刚发行，前途未卜），所以蒋介石特派自己的儿子蒋经国督办大陆黄金抢运台湾的事宜。此时蒋经国正在大陆推动金融改革，今天看来所谓金融改革就是要尽量多地把国家和民众的黄金集中到蒋家手中，从而更有效地实施劫运大陆黄金的决策，所谓金融改革实际上是劫运大陆黄金的前哨战。

2014 年 11 月电视剧《北平无战事》热播，讲述的是 1948 年 8 月国民党政权在溃败台湾的前夕推行所谓金融改革，强令民众用黄金外汇兑金银券，禁止民众拥有和交易黄金，最终失败引起民怨的故事。该电视剧透露的过去未知细节是作为当时北平和平解放的条件之一，是容许将当时北平中央银行的库存黄金和外汇全部由其航空运输队运往台湾。这一条件为共产党所接受，那时共产党的高层对此事的思考的着眼点是让国民党运走黄金，而留下民心。

北平上演的这一剧目还只能算是一出折子戏，大剧的演出地点是上海。上海是当时最大的经济城市，有仅次于英国伦敦和美国纽约的全球第三大黄金交易所，是当时我国民众黄金汇集之地。1948 年国民党政权以金融改革为名在上海掠夺民众黄金 114.6 万两，白银 96 万两，银元 369 万元，美元 3452 万元，分别为全国总存量的 68.34%、10.81%、15.66%、68.7%。蒋家政府掠夺的美元和黄金的近七成来源于上海，因而上海也成蒋家政府劫运大陆黄金的指挥中心和主要启运地。另有一部分是从广州启运的。

1948 年 8 月战场军事形势已发生根本变化，劫运大陆黄金的工作也已启动，为此蒋介石两次密电中国银行总裁俞鸿钧，并与财政部长宋子文和蒋经国组成指挥小组，开始将全国各地金库中的金银向上海集中。从 1948 年 12 月份开始启运到 1949 年 5 月的半年时间里，分 7 次将总计 450 万两黄金劫运到台湾，从而上演了劫运黄金赴台的一场大戏。

一、1948 年 12 月 1 日首批启运

1948 年 11 月，国共双方在江苏和安徽一带的淮海流域展开会战，11 月 30 日晚，国民党杜聿明部队开始撤离徐州。就在 30 万部队撤离徐州的当夜，一纸

密令送进了上海外滩的中央银行总裁俞鸿钧的办公室。

第二天（12月1日）海关缉私船“海星”号接到出航任务，海星号吨位为七八百吨，是由美国巡防船改装而成的，于午夜开始装运，凌晨2时起航，由海军派“美朋”舰护卫，12月5日抵达台北。总计装运了770箱，204590.6两黄金。先到基隆港，由基隆登陆后转运台北。

第一批黄金运台后，国民党政府又提出将中央银行黄金储备的572809两运往厦门。为此，12月31日俞鸿钧密电蒋介石：“日前又奉钧谕，应再筹运一批前住厦门妥存。等因。自当遵办。已经准备完成，仍备用海关巡船‘海星’号装运，计装黄金五百五十一箱，合纯金五十七万二千八百九十九市两，银币一千箱合四百万元。另商海军总部指派‘美盛’兵舰随行护卫……”

二 1949年1月加快运送

1949年1月，国民党军队在长江以北全面崩溃，向台湾运送黄金的速度加快，1月10日蒋经国奉蒋介石之命，由台返回上海会晤俞鸿钧，1月16日蒋介石更亲自召见俞鸿钧安排运送黄金事宜。停止了黄金兑换业务，上海只留20万两黄金，其他全部运往台湾和厦门。

1949年4月23日，解放军渡江解放了南京，上海处于混乱，衣复恩（当时蒋介石的私人飞行员）回忆：“政府下命令说这个黄金不能丢掉，要赶快运到台湾来，而且台湾那时候的经济很差。”5月4日，中央银行总裁办公室指示发行局，查明上报库存金银的数量及存放地点。5月9日发行局报告总裁办公室，报告说发行局库存黄金，不包括存放新疆和国外部分，总计2476654.105两，已运台湾存放2294206.687两，约占总量的92.63%。

5月中旬，蒋介石命已卸任“中央银行”总裁的俞鸿钧，从香港秘密飞到上海，与当国民党政府驻守上海的汤恩伯会面，秘商所剩黄金的运台事宜。8月15日“中央银行”接汤恩伯亲笔手令：“为适应军事，贵行现有黄金、银元除暂留黄金五千两，银元30万元外，其余即存于本部指定之安全地点，需要时陆续提用。”8月16日即将业务、发行、国库三局的库存黄金和银元分别列表，同日，汤恩伯手令：“因近日无飞机，暂移存船上。”黄金总计为19202.743两，银元合计1469000元。

承担这次运送的是上海招商局的汉民轮，经过三天两夜的航行，于1949年5月25日才到达台湾的基隆港。除航运外，还多次使用飞机空运，从档案资料中可查到总计运到台湾的黄金为2961904.403两又12小箱。

三、历史的偶然与巧合

为紧急抢运黄金，当时蒋介石政府还向其盟友美国求援，动用了美国的潜艇，当时潜艇上有一个叫吉米·卡特的军士。他在30年后的1977年1月当选为美国总统，并于1979年1月1日宣布与台湾国民党政府断交，而与中华人民共和国建交，而且他的生日与中华人民共和国相同，同是10月1日。卸任后至今已8次访华，他说与中国有不解之缘。

运台的黄金都存放在台湾北部的山洞里，60年过去了，这些黄金大多已被使用，现存的黄金大部分是20世纪70年代美国压蒋介石买入的。今天，这些黄金的价格已上涨了20多倍，是祸还是福可能当事者都很难说得明白。

成也黄金，败也黄金

正如电视剧《北平无战事》中共产党高层所言：“让国民党运走黄金留下民心。”史学家在分析蒋家政权失败的原因时也指出：与其说是败在军事上，不如说是败在民心上。严重的通胀将民众推到了水深火热之中，而又以金融改革之名将民众数代人的财富一掠而空，必然是怨声载道，民心尽失，政权灭亡的命运也就成为必然。教训是深刻的，那么退居台湾的国民党政权要想站稳脚跟就必须抑制通胀，而抑制通胀首先要稳定币值。

国民党政权退居台湾时，台湾面临和大陆一样的严重的通货膨胀，如不解决这个问题其政权很难稳定。第二次世界大战后中国收复台湾，废止了日币而于1946年发行了台币，与大陆发行的法币挂钩，成为台湾与大陆经济联系的桥梁。而之后大陆国民党发行的法币严重贬值，也影响台币的稳定。台湾光复的初期，台湾经济十分不景气，生产萎缩，物资匮乏，外汇短缺，赤字严重，台币作为一种地方货币受大陆金融体系崩溃的影响出现了严重的贬值，造成物价飞涨、社会动荡，没有稳定的物价不仅难以安定民心，战后重建也难以进行。败退台湾的国民党政权坐在了火山口上，随时都可能被喷发出的炽热的地下岩浆所吞没。

时任台湾财政厅厅长兼台湾银行董事长的严家淦认识到问题的严重性而极力向省主席陈诚建议推动台湾货币制度改革，这一建议被采纳而决定废止旧台币，发行新台币，以4万旧台币兑换1新台币。为此，1949年6月15日发布了《台湾省币制改革方案》及《新台币发行办法》，作为改革的法规依据。

严家淦是1948年时国民党政权为推动货币改革行政院设立的六人研商小组成员之一，对1948年币制改革失败的教训体会深刻，为不重蹈覆辙，他确立改革的原则是：一是要有足够准备金，即要有足够的黄金储备；二是控制发行数额，不能滥发货币，首期只发行2亿元；三是在大陆货币极为不稳定的情况，为避免波及新台币，而割断了与大陆货币联系改与国际通货美元挂钩。

从大陆入台的金银外汇初期主要是用于当时军队的军饷发放，为了进行台币改革，严家淦要求从中拨付80万两黄金，获批后以台湾财政厅的名义出具收条。这80万黄金就成了新台币发行的准备金。为了获得民众对新台币的信任，隔一段时间就会组织一些知名人士参观从大陆入台的金银储存现场，并让这些知名人士公开说明亲眼所见，以宣示发行准备金充足无虞，逐渐取得了民众的信任，新台币不仅在市场上站稳了脚跟，而且实现了币值稳定，使物价稳定了下来。

对于严家淦推动台湾货币改革的意义，后人的评价是，正是大陆入台黄金保证了台湾币制改革的成功，从而稳定了物价，为之后经济发展奠定了基础，也使岌岌可危的国民党政权得以喘息。因而有人评论说，如果当年蒋介石没有把大陆黄金运往台湾，台湾将面临的是20世纪50年代货币大贬值的恐慌，将不攻自破，大陆也不必参加朝鲜战争了，历史将会是另一种面目。但是，历史没有如果，也没有假设，现实是台湾用80万两黄金定乾坤，稳定了台币，而给国民党政权带来喘息的机会，但留给共产党新政权的是严重的通胀和空空如也的金库，这一现实又直接影响了共产党新政权的黄金政策。黄金生产没有因新政权的诞生而振兴，而是滑向了一个历史的低谷，清朝末年那一抹黄金亮色，竟成为此后数十年难以企及的高峰。

对新中国诞生初期出现的一个黄金生产的低谷期，我们的国家领导人在此后不止一次地感慨，并引以为戒而予以改正。这个黄金生产低谷的出现是当时特殊经济、金融形势必然的产物，是可以理解的，但它的影响是深远的，因为一个生产断层的出现需要多年才能予以弥补，这是我国黄金工业发展史上不能回避的起始开篇。

黄金：新中国的“弃儿”

第二章

（1949—1956）

1949年新中国成立后，国内的军事斗争趋于平静，但两大任务立即摆在新中国领导人的案头：对外抗美援朝，保卫社会主义阵营东大门和对内推进工业化，走上民族复兴之路。而当时中苏两国的关系在东西两个阵营对持的世界格局中是结盟关系，是兄弟关系，因而双方的经济往来多是无偿援助和以货易货，因而减少了外汇的使用，从而也弱化了黄金的外汇功能。因此那时黄金也因使用范围萎缩而变得无用。并且新政权为了保证人民币占领市场而把黄金作为一种异己的力量进行管制，因而黄金工业成为共和国的弃儿。黄金工业遇冷虽只是一种特殊情况下的状态，很快便发生了变化，但这样一个低迷的起步对此后黄金工业的发展也产生了内在影响，是黄金工业不得不长期在一个低水平上徘徊的原因之一。新中国所接收的并不算丰厚的黄金家底再次被削弱，黄金工业发展的开局并不亮丽，风雨之后才能见到彩虹……

1949年国民党政权败走台湾，新中国诞生，但新政权面临的首先是旧政权遗留的严重的通货膨胀。诺贝尔经济学奖获得者米尔顿·弗里德曼在其专著《货币的祸害》一书中指出："恶性通货膨胀不仅帮助共产党人夺得了政权，在战争过去之后，共产党人还能消除恶性通货膨胀，毫无疑问，这有助于共产党人巩固政权。"消除恶性通货膨胀就要废除旧货币，发行新货币，但是恰恰在发行新货币上遇到了挑战。

全是投机惹的祸

国民党政权面对通胀，1948年发布了黄金外汇管制，禁止黄金外汇自由交易，规定必须以1两黄金兑200元金圆券，超过规定都一律没收。黄金管制引发了地下交易市场的兴起。地下市场汇价、金价波动剧烈，进而影响了外汇定价的稳定，因而当时的金融市场是处于风雨飘摇之中，这也就是新中国诞生时所面临的客观经济形势。那时在许多人看来新政权诞生虽已是现实，但仍有许多不确定性，有军事上的、政治上的，但更多是经济上的，对共产党管理经济、稳定物价的能力持怀疑态度。如不能使经济稳定下来，新政权就不能稳固，而稳定经济就必须稳定货币。饱受通胀之苦的一般民众对于纸币并不信任，旧政权发行的金圆券已声名狼藉，被民众抛弃，人民币的发行使用也同样不顺利，新货币受到极大挑战。

上海是当时中国最大的城市，在当时中国经济格局中居于举足轻重的地位，1949 年 5 月 24 日上海解放，与解放军同时入城的还有新印刷的 4 亿元人民币。上海解放之日起人民币就成为法定结算单位，以 10 万元金圆券兑 1 元人民币，废止金圆券。但是，在一段时间里许多民众并不愿使用和储藏人民币，甚至有的私人百货公司以银元计价，拒绝人民币。使中国人民银行发行的人民币几乎是早晨发出去，晚上又回来了。6 月 4 日上海投入人民币近 20 亿元，晚上基本全部流了回来。

那时银元成为市场实际接受的流通支付工具，在这种情况下就给了投机者可乘之机。物以稀为贵，投机者掀起了金银投机潮，疯狂地进行黄金、白银、美钞投机活动，造成金银及外汇的大幅波动，进而影响了人民币的稳定，物价也因此大幅波动上涨。在上海市解放后的 13 天内，物价指数上涨了 2 倍多，大米和棉纱价格也提高了 1~2 倍，严重的通胀影响了政权的稳定，成了新政权面临的最大威胁。

当时以至于为了保证公务员有一个相对稳定的生活条件，鉴于通胀严重，货币贬值，使公务员的薪水不能用人民币计发，而是只能以实物核发。这一制度一直维持到 1955 年 7 月，可见当时人民币所面临挑战之严峻。在新中国建立之初延续了战争环境的实物供给制，而当转入经济建设的 1952 年进行公务员工资改革时仍沿用了实物折算，以实物而不是以人民币核发公务员工资，表明那时人民币在市场上还没有站稳脚跟。

在取得全国政权以前，共产党不能建立统一的货币流通体系，因而不能对其公务人员和部队实行货币化分配制，但是，1949 年建立了全国政权以后虽建立了人民币流通体系，可是物价波动很大，货币化分配制会造成公务员生活的不稳而影响政权稳定，所以 1952 年国务院工资改革，把党政机关工作人员分为 29 级，工资随级别而定，但并不以人民币为计算单位，而是以实物折算工资由伙食分、服装分、津贴分三部分组成，按粮、油、盐、布、煤 5 种实物数量折算，折算牌价由人民银行每日挂牌公布。

每个工分在不同的地区实物折算内容有所区别（见表 2–1）。

表 2–1　　不同地区实物折算情况

地区	每个工分折算实量
天津	1 斤面粉、1 斤玉米面、1 尺布
上海	1 斤标准米、1 斤标准面、1 尺龙头细布、1 斤煤
通行折算量	2.8 斤粮食、0.05 斤植物油、0.2 尺白布、2 斤煤、0.02 斤盐

资料来源：《书报参考》

直到 1955 年 7 月随着物价的逐步稳定，金融形势逐步好转，才先行在国家机关和所属事业单位废除工资分而实行工资货币化。

国家公务员尚且如此，一般民众更是如履薄冰。那时许多商人都不敢保留现金，而是囤积货物，市场交易不用货币，而是以货易货。上海《新民周刊》2006 年第 16 期发表过王维安对 50 多年前以货易货过程的回忆，他说："比如，原先 1 两黄金可以换 50 匹布，今天，棉布涨价，1 两黄金可以换 45 匹布，我就把棉布卖掉换成 1 两黄金，过两天 1 两黄金可以换 52 匹布，我就再把黄金换成布，一个倒手，就净赚了 7 匹布。"

在这个以货易货的过程中，以金银为一般等价物，而排斥了人民币的作用，所以金银成了影响人民币使用和流通扩大覆盖面的对立物。因而时任中共中央财经工作委员会主任的陈云就明确地指出："在金融上所遇到的敌人，已不是软弱的金圆券，而是强硬的银元。"

通货膨胀归根结底是一个货币问题，解决通胀问题必须掌握对货币的控制权，所以，当时新政权在金融战线上的现实任务就是变以金银主导的市场为以人民币主导的市场。而树立人民币权威，提高人民币市场占有率就必须抑制和禁止金银的流动，使之退出市场交易，丧失支付功能。首先就是要对金银的投机炒卖活动进行打击。虽然早在还没有建立中央政府前各解放区就先后发布了金银管制公告，新中国成立后政务院又发布了黄金管制的统一政令，但仍未完全控制住金银投机活动，因而新中国经济第一战在上海打响。

一、重拳出击打击投机

上海是当时中国最大的工业城市，占全国工业总产值的一半，又是全国金融贸易中心，因而上海的形势影响到全国。薄一波在《若干重大决策与事件的回顾》一书中写道：“金融市场上的银元斗争，是民族资产阶段的投机资本同我们的初次较量。”较量的成败考验着中国共产党的执政能力。为了抑制上海金银投机活动，1949 年 6 月 2 日上海人民政府宣布由 100 元人民币兑换 1 块银元上调到 660 元兑换 1 块银元，但投机者 6 月 4 日便拉升到 1400 元人民币兑 1 块银元，人民币已无法流通。为了打压投机，6 月 5 日上海市政府抛售 500 万银元，6 月 8 日再抛 3500 万银元，尽然无效，人民币仍然难以占领市场。

既然使用经济的力量不能制服投机潮，就用军事和行政的手段制服它，6 月 7 日晚邓小平主持，中共中央华北局举行会议决定对违法投机分子进行打击，报中央批准后，开始了查封上海证券大楼的行动。对此，当时的上海市市长陈毅要求：“要把打击金融投机的行动当作经济战线上的淮海战役来打，并务求全胜。”1949 年 6 月 9 日在上海动用了一个营的解放军对上海证券大楼和黄金、白银及外汇地下市场开展了查封抓捕行动，同时宣布禁止金银的自由买卖，实行金银管制。对多数人员教育后释放，少数骨干分子被拘，并对相关场所进行了查封。疯狂的金银、外汇投机买卖被抑制。

二、金银管制法制化

与此行动相配合，华东军区发布《华东区金银管理暂行办法》，这是打击金银投机，树立人民币权威的法制手段。

《华东区金银管理暂行办法》的主要内容有以下几个方面：

（1）严禁将一切金银带出解放区（这相当于禁止金银出口）；

（2）在解放区内允许人民储存金银和以金银按牌价兑人民币（这相当于金银实行国家统一定价）；

（3）金银不得用于流通和私自买卖（这相当于废止了金银的货币职能）；

（4）金银饰品业除出售制成品外，不得私自买卖金银，不得收兑金银制品（这相当于实行黄金统购专营管理）。

在 30 多年后的 1986 年我国出台的《金银管理条例》中上述的管制措施仍都有充分体现，表明新中国的黄金管制政策得到了长期延续。实际上，在《华东区金银管理暂行办法》发布之前，华北人民政府已于 4 月 27 日率先发布了内容相似的管理办法，而此后华中、华南地区也相继颁布了《金银管理办法》。也就是说在中华人民共和国成立之前，黄金管制政策已在中国共产党管辖区实行，因而全国政权建立以后，1950 年 4 月中国人民银行发布《金银管理办法（草案）》也是这一政策的延续。

在打击投机的同时，又采取了多项稳定经济的措施，在政治与经济双重力量的作用下，不到 1 个月，上海猖狂的金银投机风便被打了下去。薄一波在总结中指出："从这件事也可以看出来，在经济斗争中需要有政治、法律的手段配合，才能充分发挥经济手段的作用。"

在金融投机活动受到控制之后，投机者转而进入商品市场大量囤积生活必需品，如大米、棉纱、煤炭，而不断拉升物价，出现了涨价潮，然而爆发点仍然是上海，而其经济背景是：

在军事上，解放军所向披靡，淮海战役以后江浙地区解放，解放军挥戈南进西下，兰州、西宁、银川、广州、贵阳等城市先后解放，解放军所到之处人民币就跟随而到，人民币的发行量迅速扩大，但由于华南地区、西北地区物资紧缺，当地商人运送大量人民币到武汉、天津，尤其是上海进货，因而造成超量人民币向这些大城市集中，而投机者的囤积更推动了供应的紧张，上海等城市的物价全面上涨，引起了民众的恐慌，加重了对人民币的不信任感，当时主持经济工作的陈云同志经调查发现北方主要是粮食投机而南方主要是棉纱投机，因而有针对性地在 1949 年 11 月开始了打击商品投机战役。一方面从东北解放区大量调运粮食到北京，压住了京津地区粮价；另一方面是集中大量棉纱、棉布投放到上海，并收紧银根，使投机商不得不割肉抛售，受到致命打击。

从全国范围来看，到 1950 年中期以后财政收支已接近平衡，恶性通货膨胀停止，物价开始趋于稳定。新中国进行的这场经济的“淮海战役”告捷。

黄金作为人民币当时的对立物和稳定新政权的异己力量而被打入了“冷宫”，从而使黄金退出了货币流通领域，丧失了货币的支付功能，这是当时保证人民币占领市场，确立人民币权威的需要。但是，也成为“黄金无用论”泛起的直接诱因，黄金管制大大压缩了其使用的社会空间。黄金的有用性萎缩是“黄金无用论”产生的直接原因。

黄金无用论泛起

把金银打入“冷宫”管制起来，以保证人民币的流通与支付功能的充分发挥，形成以人民币主导的金融市场，这个目标经过不太长的时间就实现了，人民币成为市场的主宰，金银完全退出了流通，通胀得到了控制。1955 年 7 月国务院进行工资改革，对国家机关和所属事业单位工作人员实施工薪货币化支付，就是在这样的条件下才得以实现的。但是，政府并没有因人民币占领市场目标的达成，而放开黄金管制，也没有调整黄金工业发展政策取向，这是因为“黄金无用论”已成为当时社会的主流意识，既然黄金无用，发展黄金生产也就没有必要。

“黄金无用论”的泛起并非空穴来风，而是有着深刻的社会与经济的原因。

黄金作为一种具有货币功能的特殊商品，在金融领域和商品领域都有广泛的使用，但在当时我国特定的环境中，黄金的使用受到了严格的管制，其功能全面地弱化和退化。

一、黄金的流通支付功能

前面已用很长的篇幅介绍和分析了新中国成立初期为了抑制通胀，树立人民币的市场优势，而用强力将黄金排斥于货币流通支付领域之外，使黄金失去了流通支付功能。因而，黄金在国内货币流通支付领域的使用已经为零。而20世纪70年代的“黄金非货币化”的推进，使这种趋势不仅在我国，而且在全世界都已成了一个常态——这是后话。

二、黄金的外贸结算功能

黄金在国内商品交换过程中的货币流通支付功能基本已经被人民币取代，而在此后主要是作为全求公认的硬通货，在国际贸易中承担最终的结算支付功能，因而至今各国一般都要有一定数量的黄金储备。然而，当时特定的经济与政治环境使黄金的这一功能也被大大弱化，几乎到了无用的地步。

成立之初的新中国是一个典型的农业国。农副产品不仅能够自给，还能出口，进口主要是为要建设自己的工业体系，进口成套设备和为了满足抗美援朝战争的需要而进口军事装备。但由于新中国在政治上实行了“一边倒”政策，而遭遇了西方国家的全面经济封锁，因而新中国成立初期外贸只能是在社会主义国家间进行，特别在中国与苏联之间进行。当时苏联援建了156个工业项目，并先后提供了64个陆军师和23个空军师的装备。但是，中国对苏联因而产生的欠款是以物资偿还，基本是易货贸易，所以，因当时新中国开展外贸并不需要硬通货，黄金作为硬通货的国际货币功能也隐形化了。

三、黄金的商品功能

黄金也是在商品领域有广泛应用的贵金属。首先黄金珠宝首饰业的应用不仅历史十分悠久，而且是当代黄金最主要的用途，曾占每年黄金需求量的八成以上。首饰是一般民众拥有黄金的最广泛的方式，也是一种时尚。但是，在一个社会变革的时代，新政权的诞生即意味社会阶级结构发生了根本变化，人们的观念也为之大变，披金挂银成了被打倒阶级的象征，而受到鄙视；另一方面，因民众收入的低水平，一般民众也没有消费能力，这也限制了金饰的需求。以致我国 1962 年便停止了黄金首饰的市场供应，直到 20 年后的 1982 年黄金首饰才重返市场，因而当时金饰需求几乎为零。

除用于制造金首饰外，黄金还运用到电子工业和建筑装饰业，但是，一是受到当时工业发展水平和规模的限制；二是受到节约金银使用政策的影响，因而，当时在这些方面的需求也少之又少。所以，黄金的商品需求在当时也基本上隐形化了，而不被关注。即使是为数不多的库存黄金也成了紧锁在“冷宫”内的闲置物。

新中国成立初期，发展经济面临着两大生死存亡的关键性任务，一是保证民众生活的基本需求；二是保证抗美援朝的战争需要。共和国的生产也是围绕这两大任务而展开的。所以我们可以看到，那时轻纺工业，黑色金属工业受到了格外的重视，轻重缓急不言而喻。那时作为闲置物的黄金被忽视，是当时社会环境下的必然结果，黄金生产被忽略是当时决策者的合理选择。那么，我国黄金产量因此而出现下滑，也就不难理解。

一个并不辉煌的开端

在“黄金无用论”氛围中，黄金是被管制的异己力量，所以新中国的黄金生产有一个并不辉煌的开始。1949 年新中国元年，黄金产量 4.073 吨，这个生产水平不到 1911 年清朝末年产量的三成（27.15%），也低于民国时期的平均水平，是近代百年来的低点，但之后还有更低点出现。黄金生产的低迷不振直到 20 世纪 70 年代中后期才有所改观。新中国成立后我国黄金生产经过短暂的增长之后则开始大幅下降，到 1961 年、1962 年，产量仅为 3.65 吨，创新中国最低黄金产量。1957 年 8 月 30 日当时的冶金工业部和中国人民银行上书国务院指出："我国的黄金年产量在 1888 年曾达 43 万两，居当时世界产金国的第五位。1941 年仍有 33 万两。1949 年全国解放时，年产量为 13 万两。1956 年包括冶铜的副产品 10 万两在内，年产量也只有 16.4 万两。这是我国工业产品中产量至今仍落后于历史上最高产量的一种。"（见表 2-2）

表 2-2　　1949—1963 年我国黄金产量变化表

年份	1949	1950	1951	1952	1953	1954	1955	1956	1957	1958	1959	1960	1961	1962	1963
产量（吨）	4.07	6.51	6.82	6.45	5.44	4.81	4.72	5.51	5.54	6.89	6.59	6.50	3.65	3.65	5.02

资料来源：《当代中国黄金工业》

从上表可以看到新中国成立初黄金生产的低迷状况，和历史生产的高潮期比较是低水平的，原因是黄金生产得不到国家重视，在过渡时期和第一个五年计划期间黄金生产均未被列入国家计划。所以不仅生产能力没有增加，反而所接收的 20 多家金矿山由于没有投入而致使生产萎缩。在此情况下，还抽调设备和人员支援其他行业，如化工和钢铁工业，1954 年著名的山东玲珑金矿因此而停产。另外一个重要的原因是收购价格偏低，不仅影响了黄金生产积极性，而且使一些生产成本较高的金矿发生亏损，不得不停产。总之，政策问题使原本薄弱的黄金矿业更加雪上加霜。在很长一个时期里，黄金只都是冶金部有色司小矿种处管理的一个小矿种，受到冷落忽视。

黄金生产不能列入国家计划，国有金矿山就难以获得生产所需的资源投入，因而国有金矿产量的萎缩是必然的。但是令人倍感意外的是个体私人采金也出现了下滑。虽然在过渡期的3年中个体私人采金有较大的增长，1950年、1951年和1952年，分别比1949年增长了31.09%、60.22%和84.73%，但进入“一五”便出现了大幅下滑，“一五”期间年均产金0.445吨，比过渡时期的1.133吨下降了60%多，甚至比国有金矿山产量下降的幅度还大，说明个体私人采金同样面临着政策的障碍和人为的限制（见表2-3）：

表2-3　　1949—1957年个体私人采金量变化情况

年份	1949	1950	1951	1952	1953	1954	1955	1956	1957
产量（吨）	0.714	0.936	1.144	1.319	0.627	0.464	0.417	0.321	0.394
比上年（%）	—	31.09	22.22	15.30	-64.82	-26.00	-10.13	-23.02	22.74

资料来源：《中国黄金统计资料汇编（1949—1985）》

个体私人采金当时比较活跃的地区有黑龙江、广西、河北、内蒙古等，而其中以黑龙江为最。此时期个体私人采金总计6.336吨，黑龙江省以2.81吨，占总产量的44.35%。

总之，在这一时期无论是国营矿山，还是个体采金的产量都有了大幅下滑，原因是各级政府忽视了黄金生产。各级政府忽视黄金生产是在新中国特殊情况下“黄金无用论”影响的结果，事实证明这仅是新中国历史上的一个瞬间，但这个瞬间的影响是长期的，甚至对黄金生产的影响是致命的。已经设立的管理机构被撤销，黄金矿山被层层下放，不多的人员和设备还被抽调。黄金工业的发展遭遇“寒冬”，成了被人们遗忘的“丑小鸭”。

1950年至1957年的8年中，国家对黄金工业的投资只有847万元人民币，平均每年只有百余万元。在这8年间新增了400吨/年的生产能力，但同时自然丧失了300吨生产能力，实际8年只增加了100吨生产能力；1950年抗美援朝战争爆发后，为了支援前线，又抽调人员和设备到黑色和有色工业部门，对黄金工业而言更是釜底抽薪。

这使我国黄金工业发展出现了一个断层。当我们决定再出发时，便只能是面对一个既缺少地质资源储备又缺少开采技术储备的状态，以至于1987年有关国务院领导在一次讲话中感慨道："目前，我国黄金生产存在两个主要问题。一个是资源还不够清楚，二是生产效率不高。不少地方还采用落后原始的采金方法，还在吃老祖宗的饭，有的地方还在利用清朝时期开的洞、挖的坑，找矿有些还沿着他们的路在走。"

国家对黄金的冷遇，不仅影响了黄金生产也影响到了黄金加工业，因黄金管制对工业用金也采取了限制性政策，极力压缩工业用金。在新中国成立初期因工业发展刚起步，高精尖工业部门尚是空白，所以工业用金几乎为零，而黄金加工业主要是制作首饰。我国有深厚的首饰加工传统，佩戴金首饰已成时尚而为民众所追求，因而在上海、北京、天津、沈阳等大城市已有颇具规模的金首饰加工与零售业，但基于黄金管制，黄金首饰消费受到抑制，在工商企业社会主义改造时期，多数首饰加工企业和零售企业被兼并重组，而使传统品牌金首饰基本消失。20世纪60年代更取消了金首饰市场供应，到1982年恢复金首饰供应时我国仅剩35家黄金加工企业，年产值仅有7911万元，而且57.38%的工业产值是外贸加工创造的。在国内，金首饰几乎在市场上没了踪影，金首饰加工业逐步被边缘化，只是当时美术工艺品行业中的一个小专业部类。

新中国从国民党政府和日寇手中接收了23家金矿企业，分布在黑龙江、辽宁、吉林、山东、河北、湖南、广西7个省份，构成了新中国黄金生产力的基本架构。因在1957年以前基本上没进行新矿山建设，所以这23家金矿山是新中国成立初期黄金生产的主力军，大多是小型矿山，现在已有七成多的金矿完成了其历史使命，不复存在，但这是我国黄金产业燎原的火种，是成为参天大树的种子。有过去才有今天，才有未来，即使过去并不辉煌，也需我们去了解和认识。我国黄金工业并不辉煌的开始，除政策的因素外，与我国黄金工业当时弱小也有着密切关系。

新中国黄金史开篇记事

千里之行，始于足下。虽然，新中国的黄金生产迈出的第一步并不辉煌，但它也是新中国黄金工业大厦砌下的第一块基石，是之后创造辉煌的起点，故应记之。

一、白山黑水支撑起一片天

我国黄金产地在不同的时期有所不同。

在宋代，《宋史·食货志》记载：“金产商、饶、歙、抚四州，南安郡。”商州在陕西，饶州、歙州在江西，抚州在安徽。除以上四州外，还有登州和莱州，在山东。因而宋代主要产金地为六州、一郡。南安郡也在江西。按现在省区划分，当时的产金区是山东、江西、陕西和安徽。山东的登州、莱州是主产区。

在元代，产金地增多，除以上四省外，据《新元史·食货志》记载又增加了河北、辽宁、吉林、河南、新疆、四川、云南、湖南、湖北。其中，产量最多的是湖广。

在明朝，金产地几乎遍及大半个中国，但产量不高。最大的砂金产地是云南丽江，据《天工开物》记载：“水金多者出自云南金沙江（古名丽水），此水源出吐蕃（青海），流丽江府，至自胜州（今云南永胜县）。回环五百里，出金者有数载。”

在清代，据《中华千年史》记载：“清代矿产较明为盛，尤盛于云南。乾隆以后……全国之金二十五个，而滇共有七。”实际上除云南外，到清末东北三省也已成为黄金主产区。

在民国时期，据1939年经济部采金局统计，全国有26个省产金，有大产区218个，小区650个，总计868个产金区。在多方面评价中，东北三省和山东省排列于前。

简要回顾可以使我们看到，我国不同朝代的黄金产量有高有低，主产地也有变化，但总的趋势是我国黄金资源不断有新发现，黄金产地不断扩大，到了近代我国多数省都有了黄金生产。但是，经过多年的战乱，我国黄金生产遭受严重破坏，产地大量减少，新中国黄金生产只能由白山黑水支起一片天。

1949年至1957年的9年间，我国总计生产了49.879吨黄金，而东北三省产金总计42.66吨，为总产量的85.53%，是当时我国黄金的绝对主产区。9年间有8年东北三省位居全国产金省市的前三名，其中，辽宁省在9年中有8年为全国第一，最高年份其一个省的黄金产量即超过了全国总产量的一半，是当时黄金生产的名副其实的龙头老大。但是，辽宁省的黄金产量全部来自于沈阳冶炼厂。沈阳冶炼厂是当时我国最大的有色金属冶炼企业，黄金是其副产物，所以并不是真正的矿山产金，而矿产金的主产地则是黑龙江省和吉林省。

在这期间，全国黄金总产量为49.88吨，有色副产金产量为20.351吨，全来自于沈阳冶炼厂，占总产量的40.80%；矿产黄金29.529吨，占总产量的59.20%，主产区是吉林和黑龙江。吉林省产金10.198吨，占当时矿产金总量的34.54%；黑龙江省产金11.703吨，占矿产金总量的39.54%，两个省的产量占了全国矿产金总量的七成多（74.18%）。而吉林省矿产金主要产自长白山脉，其产量占全省总产量的97.8%；黑龙江省矿产金主要产自黑龙江流域，其产量占全省总产量的近六成（59.8%），因而是白山黑水支撑起了黄金生产的一片天。详见表2–4。

表 2-4　　黄金产量全国前三名省市表

年份	省市名称	产量（吨）	占全国总产量（%）
1949	黑龙江省	2.124	52.19
	河北省	0.819	20.12
	吉林省	0.704	17.30
	合计	3.647	89.61
1950	辽宁省	2.737	42.04
	黑龙江省	2.511	38.57
	吉林省	0.814	12.50
	合计	6.062	93.12
1951	辽宁省	2.991	43.85
	黑龙江省	2.236	32.78
	吉林省	0.789	11.57
	合计	6.016	88.20
1952	辽宁省	2.263	35.09
	吉林省	1.195	18.52
	黑龙江省	0.656	10.17
	合计	4.114	63.78
1953	辽宁省	2.475	45.50
	吉林省	1.362	25.04
	黑龙江省	0.940	17.28
	合计	4.777	87.82
1954	辽宁省	2.238	46.53
	吉林省	1.485	30.87
	黑龙江省	0.506	10.52
	合计	4.229	87.92

续表

年份	省市名称	产量（吨）	占全国总产量（%）
1955	辽宁省	2.263	47.94
	吉林省	1.195	25.32
	黑龙江省	0.656	13.90
	合计	4.114	87.16
1956	辽宁省	2.912	52.85
	吉林省	1.222	22.18
	黑龙江省	0.855	15.51
	合计	4.989	90.54
1957	辽宁省	2.948	53.20
	吉林省	1.350	24.37
	黑龙江省	0.446	8.05
	合计	4.744	85.63

资料来源：《中国黄金工业统计资料汇编》

黑龙江流域黄金开采历史悠久，是清朝后期主要的黄金产地之一，其来源于额尔古纳河流域，上游的漠河，下游的呼玛、瑷珲一带，以及支流呼玛尔河和倭勒根河中下游都有金赋存，在这些地方曾建起了多座采金场。新中国成立初期，著名的黑河金矿局，以及呼玛金矿局、萝北金矿都是重点国有矿山。经过多年开采，现在这一地方因资源枯竭，采金业已衰落。

长白山脉地区的黄金开采历史还早于黑龙江流域。由砂金开采逐步转为以岩金为主，夹皮沟金矿是我国目前开采历史最为悠久的金矿山，已有180多年的历史。新中国首批金矿山中还有这个地区的老牛沟金矿和二道甸子金矿。

白山黑水支撑起一片天，是我国黄金工业初期的现状，也反映了当时黄金工业萎缩的现实，许多历史上存在的黄金产区都消失了。这些地区并不是因为资源的真正枯竭，而是社会长期动乱和缺少投入的结果，后来这些产区再次焕发青春就是证明。

二、黄金工业初期拼图

1. 产区变化

1949 年至 1957 年，黄金产量虽有两年是增长的，但总产量呈不断下降的趋势，而黄金生产省份数量是在增长，1949 年是 8 个，而到 1957 年增长到了 14 个，增长幅度为 75%。

在这期间的后起之秀是广西壮族自治区，1950 年生产黄金 0.174 吨，而到 1957 年增长到了 0.438 吨，产量增长了 151.72%，成为仅次于东北三省的全国第四大产金省区。

除广西外，另外 5 个新产区是内蒙古、陕西、四川、云南和新疆。

14 个产金省区按产量排序是：辽宁、吉林、黑龙江、广西、河北、山东、湖南、北京、内蒙古、湖北、新疆、陕西、四川和云南。这 14 个产金省份名单与 1934 年的统计相比较缺少了青海、广东、河南、贵州、福建、甘肃、江西、浙江、西藏、安徽和山西。而 50 年后，河南、福建、江西、甘肃、贵州都已进入我国黄金产量省区排序的前列（见表 2–5）。

表 2–5　14 个产金省市在这一历史时期的产量变化及在全国总产量中所占比例

产金区	产量（吨）			产量合计（吨）	占总产量（%）
	1949 年	过渡时期	“一五”期间		
辽宁省	0.193	8.312	12.836	21.341	42.80
吉林省	0.704	2.880	6.614	10.198	20.45
黑龙江省	2.124	6.446	3.133	11.703	23.47
广西壮族自治区	—	0.684	1.663	2.347	4.71
湖南省	0.046	0.383	0.205	0.634	1.27
山东省	0.072	0.321	0.476	0.869	1.74

续表

产金区	产量（吨）			产量合计（吨）	占总产量（%）
	1949 年	过渡时期	“一五”期间		
河北省	0.899	0.469	0.458	1.826	3.62
湖北省	0.003	0.018	0.025	0.046	0.09
北京市	0.0002	0.208	0.341	0.549	1.10
内蒙古自治区	—	0.084	0.144	0.228	0.46
陕西省	—	—	0.023	0.023	0.05
四川省	—	—	0.019	0.019	0.04
新疆维吾尔自治区	—	—	0.067	0.067	0.13
云南省	—	—	0.015	0.015	0.03

注：小数点后三位四舍五入

资料来源：《中国黄金工业统计资料汇编（1949—1985）》

在 1949 年至 1957 年的 9 年间，虽然产金地由 1949 年的 8 个增加到 1957 年的 14 个，但新增产金地区除广西外，其他各省区的产量仅有百余公斤、几十公斤，而作为老产金区的黑龙江、湖南、山东、河北等省的年均产量都出现了不同程度的下滑。尤其是黑龙江省由过渡时期年均产量 2.149 吨，下降到了“一五”期间的 0.627 吨，下降幅度高达 70.84%。在这期间，全国平均下降幅度达 21.15%，也就是说新增产区产量增长不足以抵消老产区的减产量，而新产区的增长也具有历史性恢复特征（这些地区历史上都曾有过黄金生产），并不是一种主动性增长，反映了黄金工业发展的深层影响问题并未得到解决。

2. 产量结构

在这一历史时期，矿产金过渡期年均产量为 3.823 吨，“一五”期间为 2.638 吨，下降了三成多（30.99%）；有色副产金产量由年均 2.771 吨下降到了 2.567 吨，下降幅度为 7.34%。因而矿产金产量下降是这期间全国总产量下降的主要原因，因此在产量中的比例结构也产生了变化。详见表 2–6。

表 2-6　　矿产金与副产金产量比结构变化

1949 年	过渡时期	“一五”期间
4.17∶1	1.38∶1	1.02∶1

由于矿产金产量大幅下降，我国这一时期的产量结构由矿产金为主导，是副产金的 4 倍多，变为了大体相当，结构比例由 4.17∶1 变为了 1.02∶1。

在矿产金内部，岩金生产量由过渡时期年均 1.621 吨，上升到“一五”期间的 1.922 吨，增长了 18.64%；而砂金产量由 2.202 吨下降到 0.716 吨，下降幅度高达 67.46%。因而，这一时期矿产金产量下滑又主要是砂金减产造成的。两者产量的变化，也使矿产金的产量结构发生变化（见表 2-7）。

表 2-7　　岩金与砂金产量比例结构变化

1949 年	过渡时期	“一五”期间
1∶1.27	1∶1.36	2.68∶1

矿产金产量结构由砂金为主变为了岩金为主，“一五”期间产量结构已变为 2.68∶1，岩金产量已是砂金产量的 2 倍多，可见砂金产量下降之快之巨。

砂金产量大幅下降，是这一时期黄金产量下降的主要原因，而因为当时黑龙江省黄金产量全部来自于砂金生产，所以，黑龙江省也成了这一时期黄金产量下降最大的地区。1949 年产量为 2.124 吨，而到 1957 年仅有 0.446 吨，下降了近八成（79%）。由于砂金产量的下降其在总产量中的比重也由过渡时期的 33.37%，下降到了“一五”期间的 13.47%，下降了近 20 个百分点。而与 1949 年相比更下降了近 40 个百分点。

砂金生产的投资较少，工艺较简单，易发挥人力资源优势，但效率低，生产不稳定，能力易消失，这也是 1957 年以后，国家以砂金生产入手增加黄金产量成效缓慢的一个原因。

到“一五”期间，我国黄金产品结构（如图 2-1 所示）为副产金、岩金、砂金产量结构比例为 3.58∶2.83∶1。具体产量变化情况见图 2-1、表 2-8：

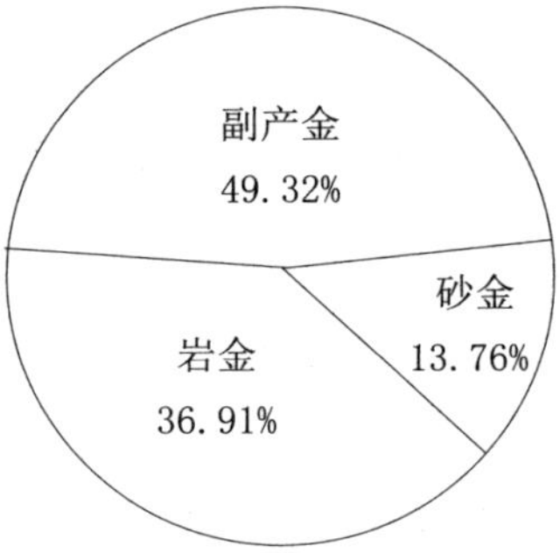

图 2-1 “一五”期间我国黄金产品结构图

表 2-8 “一五”期间我国黄金产品产量结构变化

类别 / 年份	岩金		砂金		副产金	
	产量（吨）	占总产量（%）	产量（吨）	占总产量（%）	产量（吨）	占总产量（%）
1949	1.706	41.88	2.17	53.39	0.93	4.73
1950	1.214	18.65	2557	39.29	2.737	42.06
1951	1.551	22.74	2.279	33.41	2.991	43.85
1952	2.099	32.53	1.769	27.42	2.584	40.05
1953	1.933	35.71	1.033	19.08	2.475	45.71
1954	1.857	38.58	0.718	14.92	2.238	46.50
1955	1.751	37.09	0.707	12.98	2.263	47.93
1956	1.974	35.82	0.625	11.34	2.912	52.24
1957	2.094	37.79	0.499	9.01	2.948	53.20

在这一历史时期，黄金产量下滑的主要原因是砂金的减产，而砂金大幅减产的原因，在 1957 年冶金工业部和中国人民银行给国务院的报告中认为是“没有注意发动和组织农民作为副业或作为正业从事挖金”，因而，当国家把黄金

生产列入计划，大力发展的时候首先就是要发动群众采金，这一政策一直持续到20世纪80年代末。支持“群采”的政策对我国当今的黄金工业布局和企业结构都产生了极为重要的影响，至今仍是必须面对的现实。

3. 基本特征

1949年至1957年期间黄金工业的特征是：

（1）虽然我国产金地范围扩大，但年均产量却下降了21.15%，不升反降。原因是在“黄金无用论”的影响下，黄金生产没有列入国家计划，成为被遗忘了的“丑小鸭”。使这时期黄金产量低迷，黄金工业发展乏力，黄金产量甚至是小于清末及民国时期；

（2）在这个历史时期的黄金主产区是辽宁、黑龙江、吉林，三省份的产量占当时总产量的近九成（86.72%）。其中辽宁是以有色副产金为主，黑龙江以砂金为主，吉林是以岩金为主，在品种构成上各有不同；

（3）在这个历史时期，岩金生产有一定程度的发展，但副产金和砂金产量都有下降，其中砂金下降幅度高达67.46%，成为这一历史时期黄金产量萎缩的主要原因，以砂金生产为主导的黑龙江省因此也成了这一历史时期产量下降最多的地区；

（4）在这个历史时期，矿产金与副产金的产量约为3∶2，副产金百分之百产自于辽宁，其余13个产金省区皆为矿产金，其中有七成多（74.18%）产自黑龙江省和吉林省。这两省的绝大部分黄金又是产自于黑龙江流域和长白山脉地区，因而就有了黑水白山撑起一片天之说。

共和国“黄金列车”的首列编组

下面让我们把目光转向当时的黄金生产企业——黄金行业“黄金列车”的

首列编组。今天看来首列“黄金列车”有些行速缓慢，设施陈旧，但我们正是在拥有这样首列编组列车的基础上，才有了“磁悬浮列车”“动车组列车”和“特快专列”。关键是要不断进步，才能拥有未来。共和国的黄金工业不是凭空建立的，不论今天多么宏伟，它都是历史的延续和继承。

近代我国黄金工业的发展源头还要上溯到清王朝的后期，不是主动而是被动地在世界列强的挤压之下开始了矿业开发，并出现了一度的繁荣，虽然我们还不能说已经开始了现代化采金，但是已开始了国家对采金的组织管理，形成了我国黄金工业的雏形。虽然随着清王朝的灭亡，清末的黄金生产高潮如同滑过天际的流星，很快便消失了，但其遗产为之后中华民国所继承，并成为中华民国黄金工业发展的出发地。

封建王朝结束后出现了中华民国，在中国大陆存在了近 40 年，从总的来看这是一个动乱的时期，内忧外患，战火频繁，腐败丛生，所以并没超越清末的高峰期再创新的纪录，而是在徘徊中挣扎。但封建制度的终结为资本主义商品经济的发展消除了体制性羁绊，尽管在西方列强的打压下，我国民族资产阶级成长困难，发展缓慢，但商品经济仍然在顽强地发展壮大。其标志是在 20 世纪二三十年代出现了北京、上海、天津、武汉、广州等一批工商业发达的城市，促进了我国现代金融业的发展，使黄金在交换中的支付与结算功能得到了更大程度的发挥。在我国这个银本位制历史渊源深厚的国家，也曾先后在 1915 年和 1946 年决定实行金本位制。虽然维持的时间不长，甚至 1915 年仅是拟定了相关条例，但表明我国经济对黄金的需求大大增加了。另一个重要的标志是 1921 年 11 月在上海诞生了正规的黄金市场——上海金业交易所，而且到 20 世纪 30 年代中叶已成为全球仅次于伦敦、纽约的第三大黄金市场。那时上海黄金交易市场黄金交易最高双向买卖量曾达到近 2 万吨，其市场价格的变化足以直接影响世界金市和汇市。

由于社会经济体内需求的增长，使当时的政府必须对黄金生产给予更大的关注，除全面接收清王朝官办金矿外，又颁布矿业法鼓励私人兴办金矿。1938年抗日战争爆发，这一时期战火四起，社会生产力受到了极大破坏，但为解决战时财力不足，国民政府更是不遗余力地提倡采金，保存了中国黄金工业的基本框架。

日本帝国主义入侵我国后，出于维持其庞大战争机器运转的需要，拼命掠夺我国的黄金资源。为此，在其占领区大力发展采金业，兴建了若干机械化金矿山。据第七次《中国矿业纪要》记载，1935年至1942年的8年间，日本帝国主义仅从东北即掠夺黄金高达87.6万两。1942年因战局的变化，日本侵略者开始有计划地闭坑、拆毁设备，但其所遗留的金矿山仍作为战利品，被我方接收，成为新中国“黄金列车”的一部分。

新中国黄金工业的初始资产还应包括中国共产党尚未取得政权之时，在各解放区建立的黄金矿山。当时，各个解放区是在国统区包围之中生存发展，出于打破封锁，从国统区获得紧缺物资的需要，有黄金生产的解放区都比较重视黄金生产。在苏维埃时期就有采金实践，到解放战争时期，更加重视而努力恢复金矿生产，所以在解放战争后期，山东胶东解放区、华北和东北解放区已拥有了若干金矿山，并成立了专门的管理机构。

清朝末期之后的黄金产量一直处于萎缩状态，再也没有创造出新的历史高峰，但也因此使新中国得以获得一份黄金遗产，虽并不能算丰硕。所以在中华人民共和国1949年成立时，可以拥有一批自己的金矿山，其主要集中在东北三省。这些金矿多数是接收和没收官属及官僚资本兴办的金矿，也有极少数是自己建设的。

在金矿相对集中的东北地区成立了东北金矿局，并下设有黑龙江省金矿管理局。松江省金矿管理局、热河省管理局和辽东省金矿管理局成为共和国初期最主要的产金地。据《当代的中国黄金工业》汇集的资料表明，当时全国主要的国营金矿山有20余家。名单见表2–9。

表 2-9　　新中国成立初期主要的国营金矿山基本情况

序号	名称	省份	恢复生产时间
1	黑河金矿局	黑龙江	1946 年
2	呼玛金矿局	黑龙江	1946 年
3	萝北金矿	黑龙江	1946 年
4	八面通金矿	黑龙江	1946 年 5 月
5	驼腰子金矿	黑龙江	1947 年
6	夹皮沟金矿	吉林	1946 年 1 月
7	老牛沟金矿	吉林	1947 年
8	二道甸子金矿	吉林	1949 年 3 月
9	五龙金矿	辽宁	1949 年 11 月
10	清原金矿	辽宁	1949 年 5 月
11	夹山金矿	辽宁	1949 年
12	分水选矿厂	辽宁	1949 年 12 月
13	沈阳冶炼厂金银电解车间	辽宁	1949 年
14	玲珑矿务局	山东	1945 年
15	利华金矿（北截）	山东	1948 年
16	胜华金矿（欧家奇）	山东	1948 年
17	马兰峪采金所	河北	1946 年
18	新华金矿（峪耳崖金矿前身）	河北	1948 年
19	马架子金矿	河北	1950 年 3 月
20	冷咀头采金所	河北	1946 年
21	倒流水采金所	河北	1946 年
22	平江黄金洞金矿工程处	湖南	1949 年 8 月
23	东南金矿	广西	1950 年

资料来源：《当代中国黄金工业》

在1949年至1957年的9年间我国基本上没有新建黄金矿山。这23个从旧政权接收的金矿山构成了新中国国有黄金工业的队伍，但是这23个金矿山也并不是全部都能正常生产的。据我们查阅相关资料大约有一半多一点矿山有产量记录。在这期间，总计产金过吨的金矿山有6家。这6家金矿山在此期间总计生产了20.939吨黄金，占全国矿产黄金总量29.085吨的72.23%；为国有黄金矿山产金总量22.749吨的92.48%。可以说，这6个金矿山即是新中国国有黄金工业主体构成。这6个主体金矿山按产量排序见表2-10：

表2-10　　新中国建国初期国有黄金工业主体金矿山产量

序号	金矿名称	地域	产量（吨）	占全国总产量（%）
1	夹皮沟金矿	吉林桦甸	6.460	12.95
2	二道甸子金矿	吉林桦甸	3.350	6.71
3	乌拉嘎金矿	黑龙江嘉荫	3.349	6.71
4	桦南金矿	黑龙江桦南	3.296	6.61
5	黑河金矿	黑龙江黑河	3.240	6.50
6	东南金矿	广西藤县	1.344	2.69

资料来源：《中国黄金工业统计资料汇编》

这个排序是新中国首列“黄金列车”编组，是我们当时发展黄金生产的最大本钱，是构筑未来黄金工业大厦的基石，也是未来燎原的火种。虽然，有的已经脱轨停驶，有的已不复存在，但它们在我们共和国黄金工业发展上留下的足迹是永恒的。

“黄金列车”的首班车是吉林夹皮沟金矿，1949年至1957年9年间产金6.46吨，占全国总产量的12.95%。更为可贵的是，这个100年老矿至今仍表现出顽强的生命力，2006年被中国黄金协会授予“中国黄金第一矿”的称号。与夹皮沟金矿同处一县的二道甸子金矿，是中国共产党政权投资建设的第一个金矿，以 3.35 吨的产量居全国第二。这两个同在吉林桦甸的金矿，虽有着不同的来历和归宿，但它们是新中国成立初我国黄金工业的双子星，各自散发着自己的光芒。

第三章 起步基于外汇短缺

（1957—1963）

建立在以农副产品出口基础上的以货易货的外贸体制，因我国农副产品出口能力的减弱而难以维持，因而对现汇的需求变得急迫起来，面对已形成的对苏联的20多亿美元欠款，国家高层感到了现实的压力，而那时在西方经济全面封锁的情况下我们获得外汇是十分困难的，并且在当时生产力极低的情况下，我们的工业品出口创汇的能力也很差，所以只有从挖掘国内潜力着眼，这就是1957年政务院下发《关于大力组织群众生产黄金的指示》的时代背景。这是下发的第一个发展黄金生产的国家级文件。在此后37年中，国家先后下发了4个发展黄金生产的国家级文件。

1957年，《关于大力组织群众生产黄金的指示》的下发是我国黄金政策取向的一次华丽转身，迈出了发展黄金生产的第一步。今天看来，这第一步可能并不是高水平的，虽然可以应急，效果却并不令人满意，但只有有了第一步才有之后的第二步、第三步……

我们说黄金成为新中国的弃儿，是可以理解的暂时存在。果然很快以 1957 年政务院发布的《关于大力组织群众生产黄金的指示》为标志，国家黄金生产政策完成了一个华丽的转身，而这一个政策转变的原因是国家外汇的短缺。

人民币是一种国家主权货币，以国家信用为基础，承担国内交易的交付结算功能没有问题，但一旦超越国界使用就有了问题，因为国家主权是以国界为限，超过国界国家主权便失效，国家主权货币也便失去了使用价值，所以进行国际贸易必须使用国际通用货币，俗称硬通货。而硬通货短缺是我国长期存在的一个经济短板，国家为此付出了长时间的努力。

当时的硬通货主要是美元和黄金，因而是国家对硬通货的需求使黄金从“弃儿”变为了“宠儿”，由无用变为有用。然而，是什么原因使国家产生了硬通货的需求呢?

没有免费的午餐

我国是一个农业大国，有长期粮食自给自足的传统，外贸的需求不大，所以我们新中国成立之初没有大的外贸规模。因而对外汇需求也不大，这是认为黄金无用、忽视黄金生产的一个重要的原因。但是新中国诞生面临的一个现实的首要任务就是推进工业化建设，这是百年来仁人志士前赴后继所追求的事业，是中华民族屹立于民族之林的基础。要推进工业化需要大量引进工业成套设备。另外基于解放台湾和抗美援朝的需要而要进口大量的武器装备，因而产生了对外汇的需求。

战后出现了两大阵营，一个是以美国为首的资本主义阵营，一个是以苏联为首的社会主义阵营。而且两大阵营很快形成对峙，世界进入了冷战状态，在经济上也形成了两大独立的体系，相互竞争。新中国诞生便宣布了在政治上向社会主义阵营的“一边倒”的政策，成了社会主义阵营的一员，从而受到了西方阵营全面的政治与军事封锁。所以，当时能够满足我们国家以上两个进口需求的只有苏联。因而，当时苏联和我国在经济上形成了援助国与被援助国的关系，成为新中国成立初期最重要的外贸关系国。

我国国民经济第一个五年计划就是围绕苏联援建的156个成套项目展开的。这156个项目奠定了我国工业现代化的基础，但这并不是没有代价的，我们承担了出兵援朝的责任与义务，为此需要进口大量军事装备。而在此前1949年12月毛主席访苏借贷3亿美元，其中一半是用于攻打台湾急需的海军装备，但因朝鲜战争爆发，美国第七舰队进入台湾海峡而搁置。因而双方商定以1950年10月19日为界，之前订货以全额付款，之后以半价付款。在战争期间，总计从苏联获得64个陆军师、23个空军师的装备，多数以半价付款，总计欠账30亿人民币。

1955年中苏两国签订协议，苏联将其占据的辽宁旅顺港交还给中国，撤退时移交了一批设备，折价9.8亿人民币。

另一项对苏联的重大债务是，第一、第二个五年计划期间，以货易货进口的机械设备，因为国内在1958年“大跃进”后农副产品和矿产原料无法按时交货，1959年初至1960年产生了25亿卢布欠款。

以上总计形成57.43亿人民币对苏债务，这些欠款需用外汇偿还。但是，新中国诞生之初百废待兴，用汇多创汇少，也没有足够的外汇储备。因而，苏方又以对华贷款方式，解决了我国外汇短缺之急。苏方的贷款我们以农副产品的出口创汇予以偿还，但是，不久我国农产品的出口逐渐出现了问题。在今天看来是我国极“左”的农业政策对农业生产力施加了越来越大的束缚，国内农产品产量与需求出现了日益增大的矛盾。因为粮食供应紧张，1954年对粮食实行了统购统销，后又实行了定量供给。在农副产品分配环节的管制，并不能增加和改善供给，反而出现了供应愈紧张愈管制，愈管制产品供给愈紧张的怪圈。最后发展到不仅粮食，而且油、肉、蛋、糖等也都是定量供应，以至于又从农副产品发展到日用工业品也都凭票供应，我国进入了一个长达数十年的物质短缺的票证时代。直到20世纪90年代，随着改革开放事业的逐步深入推进，市场上商品的供应才有了根本性好转，商品由供不应求变为供求平衡或供大于求，从而先是日用工业品，后是农副产品，最后是粮食于1995年正式宣布取消定量凭票供应。从此，我国的票证才逐渐退出了民众的日常生活，而成为人们的一种历史的记忆。

当时为了还债国务院多次要求各地多出口农副产品，但1958年以后我们还不得不从澳大利亚、加拿大进口粮食满足国内需求，出口农副产品还债的这条路越来越难以走通，所以必须考虑其他创汇的方法。没有免费的午餐，欠账总是要还的。外汇支付能力的萎缩，使国家高层对提高创汇能力开始高度重视。

外汇成为新中国经济发展的短板

偿还苏联债务使创汇成了一个重要的政治与经济问题。

当时，我国国内市场农副产品供求关系的变化，影响到农副产品的出口，而农副产品的出口数量的减少，影响到对苏联债务的偿还能力。外汇支付能力萎缩的现实使国家高层对提高创汇能力给予了高度关注。但是，怎样才能提高国家的创汇能力呢？

我们首先想到的是增加出口创汇能力。在农副产品出口受限的情况下，那么增加其他商品的出口呢？但是正如冶金部和农业银行向国务院的报告中所指出的："目前我国外汇收支是紧张的，增加出口物资是增加外汇的主要方法，但这受生产水平和市场的限制……"也就是说，除向苏联出口农副产品外，我国当时可以用于创汇的手段并不多。这也为当时我国每年外贸收支情况所证实。1950 年至 1957 年我国外贸收支变化见表 3–1。

表 3–1　　1950—1957 年我国外贸总额与顺差变化

年份	进出口总额（亿元）	出口总额（亿元）	进口总额（亿元）	顺差
1950	41.5	20.2	21.3	-1.1
1951	59.5	24.2	35.3	-11.1
1952	64.6	27.1	37.5	-10.4
1953	80.9	40.0	46.1	-11.3
1954	84.7	48.7	44.7	-4.7
1955	109.8	55.7	61.1	-12.4
1956	108.7	54.5	53.0	2.7
1957	108.5	67.0	50.0	4.5

资料来源：《中国现代产业经济史》

在 1950 年至 1957 年的 8 年间，虽然我国出口不断增长，但 8 年内有 6 年是逆差，8 年逆差累计达 43.8 亿人民币。并没有外贸顺差结余可用以偿还外债，而且要进一步增加出口，但因受"生产水平和市场的限制"并没有充分的把握。这是因为当时我们外贸缺少对路的商品，另外，在西方封锁下，我们的市场空间也很小，多是社会主义国家间的以货易货。

在外贸出现逆差时一般会动用国家外汇储备，但是原有的外汇储备已被国民党政府全部劫往台湾，而新中国成立初期也没有外汇积存，所有的现汇多是来源于境外华侨为自己国内亲属寄回的侨汇。为了增加侨汇，国家在物资供应极其匮乏的情况下仍进行各种奖励，发放侨汇券，凭券可以购买一般民众购买不到的东西。但在那时西方经济封锁的情况下，侨汇也受到很多限制。所以从 1952 年到 1958 年的 7 年间我国现汇储备最多的年份也没有超过 2 亿美元，1958 年仅有 0.86 亿元，少之又少。

国家可以动用的还有黄金储备，因原有黄金储备也已被国民党政府劫往了台湾，据说只留下了 7000 两，金库基本上是空空如也。共产党取得政权后虽又重建了国家黄金储备，因大陆黄金储备是在一个一穷二白的基础上起步建立的，初期规模也不可能很大。到 1952 年只有 500 万盎司（155.74 吨），其价值以当时官价计仅为 1.85 亿元。

新中国的黄金储备的来源：一是每年的矿产黄金，二是从民间收兑黄金。

1952 年我国黄金储备规模为 500 万盎司。其中 1949 年至 1952 年的 4 年中生产了 23.854 吨黄金，约为 76.69 万盎司，占当时黄金储备的 15.34% 左右；另外，84.66% 的黄金储备，即 423.31 万盎司为从民间收兑的黄金，是我国黄金储备的主要来源。

当时我国民间存金有多少呢？据《中国古近代金融史》记载：“据中国银行估计，解放前在民间的黄金约 500 万两，白银（包括银元）5 亿两，黄金存量半数在上海及其附近地区。”这就是国民党政权发行金银券把民间藏金掠夺一遍之后的民间留存，折合约为 502.34 万盎司。以此推算这时 84.27% 的民间存金已进入了国库。

那时我国的自由外汇很少，因而，黄金是当时外汇储备的主要组成部分。从 1952 年至 1958 年的 7 年间黄金在国家外汇储备中的比例平均接近 60%，因而也成为当时偿还外债的主要手段。

表 3-2　　　　黄金在国家外汇储备中的比例变化

年份	黄金储备		外汇储备量（亿美元）	外汇黄金总储量（亿美元）	黄金占总外汇储量的（%）
	数量（万盎司）	折合美元（亿）			
1952	500	1.75	1.39	3.14	55.85
1953	500	1.75	1.14	2.89	60.67
1954	500	1.75	1.06	2.81	62.34
1955	500	1.75	1.93	3.68	47.70
1956	500	1.75	1.23	2.98	58.84
1957	500	1.75	1.28	3.03	57.87
1958	500	1.75	0.86	2.61	67.16

资料来源：《中国现代产业经济史》

从上表可以看到，新中国成立初期黄金在总量不多的国家外汇储备中占有一半以上的比例，更突出了黄金在当时的重要地位。而且，当时的黄金储备量已几乎是当时国家黄金的全部家底了。所以，国家领导人多次针对黄金发出了“我们没有多少老本可吃”“不要吃老本”的感慨。然而，即使如此，我们每年全部的外汇储备也仅有二三亿美元的规模，即使把这点老本全部拼上去也是杯水车薪，所以用储备还债这条道路也走不通。外汇成为新中国的一块现实的短板，外汇短缺的矛盾亟待解决。

一个历史阶段的终结

解决外汇短缺，提高还债能力成为新政府的一项紧迫的现实任务，而扩大农副产品出口和动用外汇储备的方法受阻之后，增加黄金生产便成了现实选择。因为当时处于国际金汇兑制时期，黄金是重要的外汇储备形式，增加黄金产量便可以增加外汇支付能力，因而国家的政策取向由忽视黄金生产变为重视黄金生产，黄金生产作为共和国“弃儿”的时代结束。

增加黄金生产对解决国家外汇短缺矛盾具有显著作用，与扩大出口相比具有独特的优势：增加黄金生产的主动权在自己的手里，而扩大物资出口在很多情况下要受制于人；并且，黄金本身就是硬通货，生产出来就可以用以偿债，可以冲破种种人为设置的封锁障碍；同时，由于我国人工费用低，我国黄金生产成本很低，在经济上也很合算，所以，发展黄金生产在当时不仅是增加创汇能力的手段，而且是最可靠、最好的手段。了解了这一点，就不难理解为什么国家高层对黄金生产寄予很大的希望了。

此后，事态的发展又远远超出了当初决策者们的预期；如果说 1957 年调整黄金发展政策，确定要把黄金生产作为国家重要的事业，是因为外汇收支紧张，而此后国际形势的发展使这次政策调整具有了更多的政治内涵，增加黄金生产具有了共和国大厦支撑力的战略价值。

实现工业化是百余年来无数仁人志士追求的目标，这是中华民族走向富强，屹立于世界民族之林的唯一道路。因而中国共产党取得政权以后，立即把工业化提上了日程，由此出现了一个大规模工业成套设备的引进潮，导致了外汇支付的短缺。国家为了解决工业化推进中的外汇短缺矛盾而决定发展黄金生产，但增加黄金生产的路径却是放弃了工业化道路，而选择了低水平的人工生产方式，即组织群众运动。其中的原因我们并非已完全明了，而我们看到现实是这一次政策调整并没使我国黄金生产走出低水平，从而使对发展黄金生产的关注从国务院层次上升到党中央层面，于 8 年后的 1964 年再次做出了发展黄金生产的指示，并做出了发展道路选择的调整。

1957 年黄金生产作为新中国“弃儿”的历史阶段终结，开始了一个历史新阶段，其标志是 1957 年 9 月 4 日政务院《关于大力组织群众生产黄金的指示》的发布。

《关于大力组织群众生产黄金的指示》由周恩来总理亲自签发。在对忽视黄金生产的政策做了反思后，提出今后“必须把黄金生产作为一项重要的事业来领导”，按期完成生产任务。这是对中华人民共和国黄金工业发展具有政策分水岭意义的文件，从此黄金不再被视为社会的异己力量，而成为社会主义建设的稀缺资源和发展经济的支撑力。从此，黄金生产被视为具有重要政治属性的事业，而为历届国家高层所关注。

这个文件对今后黄金工业发展所面临的实际问题，提出了12项应对措施，这些措施主要涉及了黄金生产责任单位的明确，以及黄金生产所需要的若干条件的解决之道。这些工作措施又可分为政府责任、要素保障和经济优惠3个层面。具体内容做了如下明确：

1. 政府责任

（1）国家计委和经委在年度和五年计划中都要将黄金作为国家的主要产品制定指标，下达给各省和自治区。要把黄金生产作为各省、自治区一项重要的生产事业来领导；

（2）确定各省、自治区黄金生产，由省或自治区工业厅统筹领导，各重点产金省、地区、县应设专职机构或专人负责，以便管好黄金生产；

（3）要求产金地区人民银行县支行要加强收购黄金工作的领导，配置收金工具和收金人员，要开展定期就地收购。

以上政府工作层面上的措施体现了国家黄金发展政策的调整取向，但这些措施表明国家黄金政策调整后，增产黄金的责任全部是由省、自治区承担，这一点在业务层面上的工作措施中有更为明显的表述。

2. 要素保障

（1）加强黄金地质资源的地质勘探工作，除鼓励群众找矿和报矿外，特指示地质部和冶金部驻各省的地质局协助地方探勘黄金；

（2）所需基本建设投资，小型项目由地方预算解决，规模较大，地方预算有困难时，可由各省、自治区提出计划，经国家经委和财政部审核后从国家预算中拨付；

（3）明确群众采金所需粮食和日用品供应由各省就地解决；

（4）明确开采黄金所需器材，由各省、自治区按系统申请，由物资分配部门解决；

（5）明确组织群众采金的劳动力的调配，由省劳动部门解决。

以上各项措施是黄金生产所需要素投入的解决之道，是中央政府提出要求，但要素投入则由地方政府承担，中央政府只是发挥辅助性的作用，这一点在上述各项措施中体现得都十分清楚。在当时高度统一计划管理体制中，中央政府对社会资源的配置具有绝对的控制权，地方政府控制和可以自主使用的资源很少，因而，这样的制度安排所能产生的实际效果肯定会受到极大影响。因而，1957年国务院《关于大力组织群众生产黄金的指示》下发后，并没有出现黄金大幅持续增长的局面。我国黄金工业的发展问题由此破题，但并没有因此而全部解决，路还很长。

3. 经济优惠

（1）国家收取租金的矿区，免除租金；禁采矿区由省人民委员会研究后开禁，让群众生产黄金；

（2）将砂金及矿产金收购价提高36.84%，由每市两95元提高到130元；回收金和副产金维持不变；

（3）暂时取消对黄金5%的课税。

《关于大力组织群众生产黄金的指示》所确定的各项促进黄金生产的措施中，经济政策层面采取的这三项措施最具有直接的推动力，因为，这三项措施可以使黄金生产者和黄金企业获得的利益具体而明确。经济杠杆的使用确可以在调动生产者积极性上发挥立竿见影的作用。第二年（1958年）个体采金量增长了近三分之一，就证明了这一点。但经济刺激也有很大的局限性，而不能解决全部问题。

从历史上看，1911 年创造了黄金产量的历史纪录之后的数十年里我国黄金产量不升反降，形成了一个黄金工业发展的断层，因而，当 1957 年决定增加黄金生产时，我们没有增产所需要素的充分准备，可以说，当时是一穷二白而且情况不明，并不具备持续大幅增长黄金产量的条件，只能是历史性的恢复性增长。因而，指示十分清楚地指出："发动群众和组织群众探金、采金、淘金是目前发展黄金生产的可靠办法。"而从现代化社会大生产角度看，这是最原始、最粗放的生产方式，但这又是当时唯一可以选择的方式。因而，此时只能是下达一个"大力组织群众生产黄金的指示"，而不能颁布一个中国黄金工业发展规划，成为国民经济发展规划的一部分，甚至在此后很长的一段时间里，黄金工业都不得不遵循着摸着石头过河的工作原则前行。

1957 年《关于大力组织群众生产黄金的指示》下达，发出了我国黄金工业起跑的信号，但未来能否跑到终点还是未知和不确定的。

这是一次没有到达终点的起跑

政务院《关于大力组织群众生产黄金的指示》明确要求："有关省市、自治区必须用极大力量，并给予一切方便条件，积极地组织这种生产。希望各省、自治区有关部门迅速地推动这一工作的进行。"国家对推动黄金生产的迫切希望与渴求跃然纸上，政务院鸣响了黄金工业发展的起跑枪，但此后的事态发展表明，这是一次没到达终点的起跑——虽然，1958 年这个发展新时期元年有不错的收获，但很快便进入了一个下行通道，黄金生产下跌到中华人民共和国黄金发展史上的最低水平，这个结果多少出乎我们的意料。

一、1958 年：一个不错的开局

1958 年是新中国历史上特殊的一个年份。全国上下到处都处于如火如荼的“超英赶美”的群众运动之中，各行各业都在围绕着一个目标而放“卫星”，夺高产，群众采金运动自然成了这场群众运动的一部分。

在这场轰轰烈烈的群众运动中，黄金生产有所收获，有了一个不错的开端：黄金产量由 1957 年的 5.541 吨增长到了 6.885 吨，增长了 24.26%，达到了新中国成立 10 年来最好水平；产金省区由 13 个增长到了 16 个，增长了 23%。

1958 年黄金产量的增长九成以上是缘于岩金生产，而岩金产量增长主要的贡献者是国有金矿，国有金矿增长的主要原因是技术改造投入增加，生产能力提高。而群采的产量仅占总产量的 12.761%，增产占总增产量的三分之一，无论是总产量还是增产量均不占主导地位。这个现实与《关于大力组织群众生产黄金的指示》的政策指向存在差异，群众采金并没有成为我国黄金生产的主力军。

1958 年黄金产量比 1957 年净增量为 1.344 吨，其中有色副产金增产了 26 公斤，不足总增产量的 2%（1.93%），仅比 1957 年增长了不足 1%（0.88%），为 1958 年黄金产量增长的贡献不多。产量增长的主要动力是源于矿产金的增长，1958 年矿产金由 1957 年的 2.593 吨增长到 3.911 吨，净增 1.317 吨，增长幅度高达 50.83%，占总增长量的 98.07%。

有色副产金的产量全部来源于辽宁沈阳冶炼厂，对 1958 年有色副产金增长的贡献率为 100%；矿产金增产的主力是广西，广西增产 0.622 吨，为总增产量的 46.3%；第二名是四川，增产了 0.136 吨，为总增产量的 10.12%；第三名是山东，增产了 0.124 吨，为总增产量的 9.25%。这三个省区的总增产量占全国总增产量的近三分之二（65.67%）。

在矿产金的增长中，砂金产量增长了 0.165 吨，较 1957 年增长了 32.86%，为 1958 年矿产金增长量的 12.52%；岩金增长了 1.153 吨，为 1958 年矿产金总增长量的 87.48%，比 1957 年增长了 39.30%。从增长的绝对量看，岩金增产量是砂金的近 7 倍（6.99 倍）。

砂金增产量主要来源于四川，占砂金增产量的 81.8%；岩金主要来源于广西，广西岩金产量较 1957 年增长了 142.26%，由 437.662 公斤增长到了 1060.13 公斤，净增 622.468 公斤，占岩金增长量的 54%；其次是山东，产量增长了 124 公斤；再次是河北，增产了 103 公斤，分别占岩金增产量的 10.75% 和 8.93%。详见图 3–1。

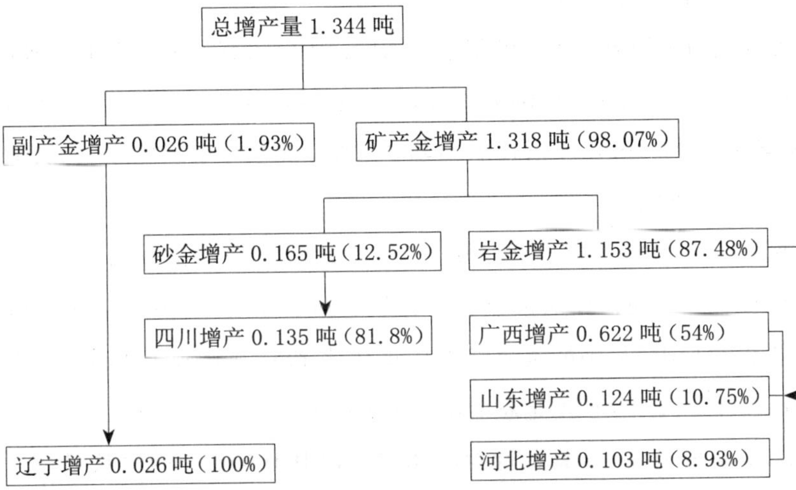

图 3–1　1958 年黄金增产结构图

1958 年黄金产量增产中有 32.53% 来自于个人及地方小企业采金，为 0.437 吨；国营重点企业增产 0.881 吨，占总增量的 65.54%。因而，国营重点企业是增产的主力军，这主要是广西、湖南、内蒙古、黑龙江四省若干国家投资改造或建设的金矿山发挥了作用。

表现最为突出的是广西东南金矿。在 1955 年进行了大规模合并改组的同时，国家又开始投资进行机械化采金技术改造，为此，从1955年开始到1972年，国家共向该矿投资1627万元。因而1958年仅该矿即增产黄金0.401吨，占全国当年国有金矿山增产量的45.2%，为全年总增产量的29.8%，是当年黄金企业的产量之冠。

湖南从1953年至1962年这10年间共得到国家投资1043.9万元，先后建成了隆回金矿和黄金洞金矿，在湘西金矿建成了第一条机械化提升斜井和第一个机械化通风系统，使该矿1958年的采矿量比1951年增长4.5倍，黄金产量比1957年增长1.3倍，由70.667公斤增长到了162.612公斤，占当年全国矿产金总增产量的7%。

政务院大力组织黄金生产的指示下达后，内蒙古开始把黄金生产列入国家计划，从1957年开始在金厂沟梁、撰山子、红花沟等地组建了国营金矿山，因而1958年的产量比1957年增长了114.87公斤，为当年全国矿产金总增产量的近百分之九（8.72%）。

黑龙江省是当时我国最重要的产金区，所以，政务院的指示下达后立即受到了各级政府的重视，投入黄金基建资金1154.5万元，金矿由4个发展到10个。使得黑龙江国营矿山的黄金产量1958年比1957年增长了44.74%，增长量为117.09公斤，占当年矿产金总增长量的8.88%。

广西无疑是1958年黄金行业的明星，以其0.622吨的增长量位居全国各省区之冠，占全国总增产量的近一半（46.63%），因此总产量进入全国前三；而广西东南金矿以0.658吨的产量成为全国第一大金矿山，占当年全国总产量的近十分之一（9.6%）。但是，这种发展趋势并没有持续多久，很快就转衰下行。

1958年生产黄金的省区由1957年的13个增长到16个，但新增的广东、新疆、山西的产量总计只有64.336公斤，只占总产量的0.9%，而且还有4个省减产了58.04公斤。1957—1958年我国生产黄金省区产量变化见表3-3。

表 3-3　　1957—1958 年我国生产黄金省区产量变化

省市	产量（公斤）		1958 年比 1957 年的增长情况		增长量占总增长量的百分比（%）
	1958 年	1957 年	产量（公斤）	百分比（%）	
广西	1060.13	437.662	622.468	142.26	46.63
四川	155.00	19.00	136.00	715.79	10.12
山东	217.243	92.847	124.396	133.98	9.26
河北	161.574	58.960	102.614	174.04	7.63
湖南	173.405	77.797	95.608	122.89	7.11
内蒙古	117.314	37.375	79.939	213.88	5.95
广东	45.906	—	45.906	100.00	3.42
辽宁	2996.280	2948.00	48.28	1.64	3.59
北京	90.00	45.25	44.75	98.89	3.33
新疆	18.20	—	18.20	100.00	1.35
云南	20.568	4.021	16.565	411.96	1.23
山西	0.230	—	0.230	100.00	0.017
湖北	3.750	5.750	-2.00	-34.78	—
陕西	15.00	18.031	-3.031	-16.81	—
吉林	1338.56	1349.91	-11.35	-0.84	—
黑龙江	421.00	446.00	-25.00	-5.61	—
总计	6884.58	5540.603	1343.977	24.27	—

资料来源：《中国黄金工业统计资料汇编（1949—1985）》

1958 年黄金产量之所以能够创新中国成立 10 年来历史新高的原因主要有二：（1）国务院大力发动群众生产黄金的指示下达后，各级政府开始积极组织群众采金活动，因而使群众民间采金得到了一定程度的发展，个人及地方小型企业的黄金生产量由 0.439 吨增长到了 0.876 吨，大幅上升了近一倍（99.5%），其增长量占到了总增产量的近三分之一。

（2）国家对黄金企业投入有所增加，提高了一些金矿山的生产能力。最典型的是广西东南金矿因投入增加、生产能力提高而使该矿的增产量占到了当年全国总增产量的近三成（29.84%）；河北省在 1958 年采取边探边采、边建设的办法，恢复建设了冷咀头、峪耳崖、金厂峪、马兰峪 4 个金矿，因而河北省产量比 1957 年增长了 174.04%；湖南湘西金矿扩大了采选能力，1958 年采矿量比 1951 年增长了 4.5 倍；山东省在 1958 年恢复和新建了 6 座金矿山，产量增长了 1 倍多。

二、又进入了一个下行的通道

1958 年黄金产量取得了 24.26% 的增速，但是这个增长的基础并不牢固，仅是一种在历史低水平基础上的恢复性增长，资源发现并没有大的突破，突出的表现是：

（1）1958 年近三分之一的增长是来源于个体砂金生产，这种生产力技术水平低、变化快易消失。黑龙江是我国个体砂金主要开采区，虽然 1958 年黑龙江国有矿山产量增长了 44.74%，但因个体砂金生产下降了 77.17% 而使总产量不升反降；四川 1958 年个体砂金产量增长了 6 倍多，由 19 公斤增长到了 154 公斤，成为 1958 年砂金增长的最大贡献者，但第二年又下降 50.65%，仅有 76 公斤的产量。因此，总产量也立即下降了 25.16%。因而，1958 年黄金产量增长是建立在十分不稳定的基础之上的。

（2）国家虽然开始增加对黄金工业的基本建设的投入，已有项目见效，使一些地区黄金生产能力有了提高，如广西。但在资源没有突破的情况下，投入基本上是在吃历史的老本，本来资源就很紧张，采选能力的扩大加快了资源的耗用量，虽暂时提高了黄金产量，但却压缩了矿山的寿命周期，很快便陷入了资源危机之中，产量便急速下降；另外，当时占全国近七成产量的东北三省，在 1958 年除辽宁省有不到 2% 的增长，吉林、黑龙江产量分别下降了 0.84% 和 5.61%。黄金主产区的这种表现反差也表明了 1958 年出现的黄金产量大幅增长具有不确定性，缺乏持续能力。

1958 年是我国黄金工业发展的历史新时期元年，业务主管部门应立即对政务院《关于大力组织群众生产黄金的指示》的落实做出全面安排，但在当时“以粮为纲、为钢为纲”的“大跃进”的形势下，主管黄金生产的冶金部压倒一切的工作目标是完成当年的钢产量指标，以致 1959 年 4 月 1 日中共中央关于增加 1959 年黄金产量的批示下达 5 个月后的 1959 年 9 月 20 日才召开了全国黄金工作会议，对当年黄金生产做出安排。可以说，虽早已有政务院《关于大力组织群众生产黄金的指示》下达，但在实际贯彻执行的工作过程中，黄金生产并未列入 1958 年各级政府部门的主要工作日程。因而，全面而深入地规划和推进黄金工业的建设，实现黄金生产力的全面提升也便无从谈起。从这个意义上讲，1958 年黄金产量的增长具有一定的偶然性，之后很快进入了一个下跌通道也就不足为奇了。

1958 年的大跃进并没有改善反而加剧了我国外汇极度短缺的状况，为此，在 1959 年 2 月底，中国人民银行党组又上书中共中央和李先念副总理提出当年黄金生产计划偏低，希望进一步提高黄金、白银的产量。为此，同年 4 月 1 日中共中央将该报告批转各省、自治区。批示指出：“国家对黄金的需要是逐年增加的。今后，随着我国社会主义建设事业的发展和对外贸易的不断扩大，需要有更多的黄金用于工业建设和增加外汇收入。”为此批示要求：“……有条件生产黄金的省、市、自治区，应认真抓一下黄金生产，原生产计划偏低，而现在又有条件增产的，应当加以调整，在统一安排劳动力中，根据季节情况，合理组织劳动力，争取生产更多的黄金。”但是黄金生产却与我国的经济一样进入了一个发展的低谷期。这一历史时期的黄金年产量的变化情况见表 3–4：

表 3–4　　　　1958—1964 年我国黄金年产量变化

项目＼年份	“二五”时期						调整时期	
	1957	1958	1959	1960	1961	1962	1963	1964
产量（吨）	5.541	6.885	6.390	6.498	3.653	3.653	5.024	5.867
比上年（±%）	—	24.26	-4.28	-1.41	-43.78	—	37.53	16.76
比上年（吨）	—	1.344	-0.294	-0.092	-2.845	—	1.371	0.843

资料来源：《中国黄金工业统计资料汇编（1949—1985）》

1958 年以后，我国黄金产量出现了持续 4 年的下跌走势，1961 年产量比 1958 年下跌了 46.94%；之后，虽止跌回升，但 1964 年的黄金产量比 1958 年还低 14.79%，而大致与 1957 年的水平相当，7 年没有前进反而又回到了起点，并进入了一个新的黄金生产低潮期：1958 年至 1964 年的 7 年间年均金产量比 1957 年前的 9 年还低 1.6%；1961 年的黄金产量比建国元年——1949 年还低 10.31%，创我国黄金产量的历史最低水平。

在这 7 年中，副产金、岩金、砂金的产量变化情况如表 3–5、图 3–2 所示：

表 3–5　　　　1958—1964 年我国黄金产品结构变化

品种（吨）＼年份	1958	1959	1960	1961	1962	1963	1964	平均年产量
副产金	2.974	2.498	3.073	1.805	1.751	2.282	2.502	2.412
岩金	3.247	3.659	3.017	1.672	1.663	2.297	2.710	2.609
砂金	0.663	0.433	0.407	0.177	0.239	0.445	0.655	0.431

资料来源：《中国黄金工业统计资料汇编（1949—1985）》

虽然副产金、岩金、砂金产量在这7年中每年有升有降，但总的趋势是下降，1964年的产量比7年前的1958年都有所减少，这7年平均年产量有色副产金下降了18.89%，岩金下降了19.65%，砂金下降幅度最大，为34.99%。所以表明，在这一历史时期我国黄金生产全面萎缩。

1958年至1964年的7年间是黄金生产低谷期，年平均黄金产量为5.452吨，比1958年减产了1.433吨，下降幅度为20.81%，因而，我国黄金工业发展的第一次冲刺并不成功。

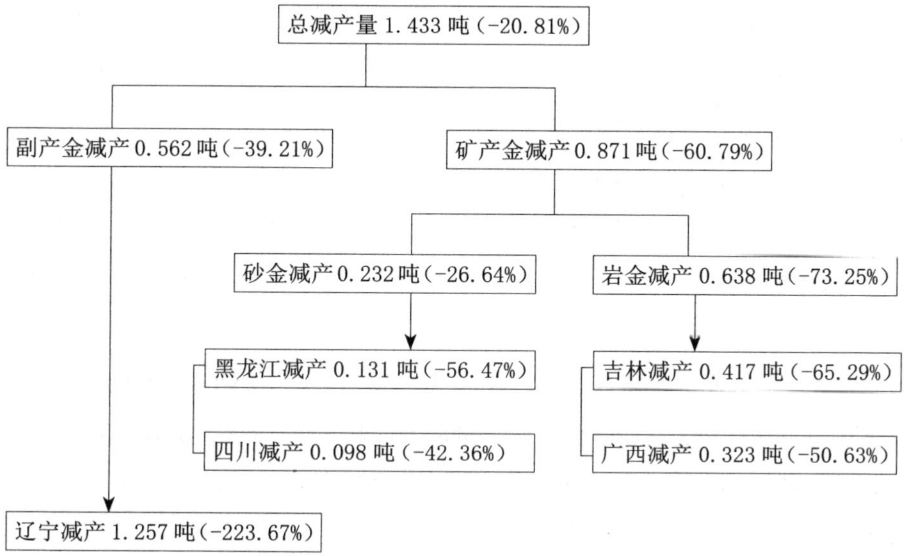

图3-2　1958—1964年黄金减产结构图

在这一历史时期，有色副产金减产量占总减产量的39.21%，为0.562吨，但仅辽宁即减产了1.257吨，这是因为上海冶炼厂贵金属回收车间于1958年11月15日投产，上海有色副产金的增产冲抵了辽宁减产因素，所以，虽然沈阳冶炼厂年均黄金产量下降了42.76%，但全国仅下降了39.21%。

上海冶炼厂在这 7 年中总计生产了 3.648 吨黄金，上海也因此成了一个重要的黄金产地。进入 60 年代，四川、湖南、江苏、四川、云南也都有了产量大小不等的有色副产金生产。在这 7 年间总计生产了 16.886 吨黄金，占这一时期黄金总产量 38.17 吨的 44.24%，成为这一历史时期十分重要的黄金生产力。

矿产金减产量占总减产量的 60.79%，其中，砂金减产 0.232 吨，占矿产金总减产量的 26.64%；岩金减产量占矿产金总减产量的 73.25%，为 0.638 吨。岩金减产是这一历史时期矿产金减产的主要原因。

在砂金生产方面，两个主要的产地，黑龙江和四川的产量都有较大幅度的下降，其中黑龙江砂金年均产量比 1958 年下降了 34.58%，四川下降了 57.79%。这两个省产量下降量占全国总砂金下降量的 98.83%。

全国黄金产区到 1964 年，在 1958 年 16 个的基础上又增加了上海、江苏、浙江，达到了 19 个，而这 3 个新增产金地都是只有有色副产金生产，因而岩金生产仍是原 16 个产金省区。在这 16 个产金省区中，有 7 个省区有不同程度的增产，有 9 个省区有不同程度的减产。

岩金减产主要是吉林和广西，这是当时我国产金量全国第二和第三的省区，吉林减产了 0.417 吨，为总岩金减产量的 65.24%；广西减产了 0.323 吨，为总岩金减产量的 50.63%。仅吉林和广西两省区的减产量就越过了总减产量，这是因增产的九省区的增产抵消了减产因素。

在这一历史时期，产金地有了一定程度的扩张，也有一些省区的产量有较大的增幅，但总产量不升反降的原因是黄金主产区的产量大幅下跌，这一时期产量居前四位的辽宁、吉林、广西、黑龙江，总产量占全国产量的 80% 以上，但产量分别下降了 42.72%、30.55%、30.50% 和 31.15%。因而，那时黄金工业的局部的辉煌发展未能改变整体发展的颓势（见表 3–6）。

表 3-6　　各省区产量变化情况

年份 省区	“二五”时期					调整时期		平均年产量（吨）	平均产量比 1958 年（±%）
	1958	1959	1960	1961	1962	1963	1964		
辽宁	2.996	1.979	2.107	0.943	1.048	1.366	1.569	1.715	-42.72
吉林	1.337	1.140	1.252	0.636	0.635	0.728	0.771	0.928	-30.55
广西	1.060	1.224	0.735	0.491	0.465	0.597	0.584	0.7371	-30.50
黑龙江	0.421	0.27	0.194	0.119	0.202	0.361	0.462	0.290	-31.15
山东	0.271	0.37	0.324	0.209	0.157	0.324	0.520	0.311	14.65
湖南	0.173	0.145	0.241	0.086	0.221	0.344	0.409	0.231	33.69
河南	0.162	0.145	0.102	0.667	0.042	0.068	0.103	0.098	-39.24
四川	0.155	0.116	0.380	0.206	0.127	0.168	0.248	0.200	29.03
内蒙古	0.117	0.259	0.154	0.062	0.064	0.071	0.119	0.121	3.42
北京	0.090	0.297	0.196	0.102	0.085	0.152	0.165	0.155	72.53
广东	0.046	0.081	0.034	0.011	0.0005	0.040	0.081	0.042	-8.7
云南	0.021	0.015	0.018	0.008	0.008	0.008	0.011	0.013	-39.46
新疆	0.019	0.006	—	—	—	—	—	0.003	-83.46
陕西	0.015	0.009	0.012	0.001	0.002	0.009	0.006	0.008	-48.57
湖北	0.004	0.002	0.003	0.002	0.002	0.006	0.018	0.005	32.14
山西	0.0002	0.007	—	—	—	—	0.021	0.004	805.71
上海	—	0.525	0.747	0.697	0.475	0.557	0.649	—	—
江苏	—	—	—	0.011	0.118	0.225	0.130	—	—
浙江	—	—	—	—	—	—	0.003	—	—

另外，这一历史时期的生产力结构组成有三部分：国营金矿山、个体及地方小型矿山和有色冶炼厂。其三者产量结构详见表 3-7。

表 3-7　　各类黄金企业产量变化

年份 企业类型	1958	1959	1960	1961	1962	1963	1964	平均年产量（吨）
有色冶炼厂	2.974	2.498	3.073	1.805	1.751	2.283	2.502	2.412
个体及地方小型矿山	0.876	1.006	0.660	0.250	0.178	0.523	0.756	0.607
国有矿山	3.034	3.086	2.765	1.598	1.723	2.218	2.609	2.417

注：小数点后三位四舍五入

资料来源：《中国黄金工业统计资料汇编（1949—1958）》

从上表分析，在这一历史时期，黄金生产力的三部分构成的产量都出现了下跌，有色冶炼厂的年均产量比 1958 的产量下降了 18.9%；国有金矿山下降了 20.34%；地方小企业和个体产量下降了 30.7%。

1957 年政务院《关于大力组织群众生产黄金的指示》是基于我国黄金产量长期低迷的状况而制定的一个振兴黄金生产的政策性文件，实现黄金产量的大幅持续增长是其所要达到的目标，但 1958 年的增长之后便是持续下跌，因而这是一次没有到达终点的起跑。在这一历史时期，我国黄金生产进一步退两步的事实表明黄金工业发展需要多方面的条件支持，政策取向的调整是一个重要的条件，而不是唯一的条件，但是，《关于大力组织群众生产黄金的指示》下达为实现中国黄金工业持续发展迈出了历史性的第一步。

1957 年是黄金工业开始了一个没有达到终点的一次起跑，增产黄金的目标没有实现而又进入了一个下行通道。这个时期，一方面是当时经济与政策形势的变化，使国家对黄金需求的迫切性进一步加剧，而对黄金增产寄予了更大期待；另一方面我们面临的现实是黄金产量不增反降。这种情况使周恩来总理十分痛心，在 1962 年 11 月的一份报告中批示："黄金、白银产量比乾隆时代还少。现在为了换粮食，把有限的金银出口，这是很痛心的。"因而对于黄金生产必须在更高和更大的社会层面予以推动，对发展思路进行调整也已势在必行。

黄金生产再出发 第四章

（1964—1974）

1957年《关于大力组织群众生产黄金的指示》的下达，标志着我国黄金政策导向的调整，但并没有因此而使我国黄金产量增长，反而在之后的7年里进入了下行的通道。这不仅引起了人们的反思，而且引起党中央的高度关注，成为1964年党的中央工作会议上的议题。因为在这期间国家黄金储备减少了40%，即200万盎司，这是动用了国家老本的大事，使毛主席也对增加黄金生产做了表态。为此，由中共中央政治局委托邓子恢在中央工作会议期间主持召开了“黄金生产与经营座谈会”对黄金生产做了安排，提出了六点建议，但是之后的事实表明这一次仍是没有到达终点的起跑。因“文化大革命”的爆发再次让增加黄金生产的努力遭遇挫折，但从此确立了机械化大规模黄金生产发展之路的方向，虽然之后的推进充满了曲折，但这一认识是革命性的，是对1975年群众采金路线的修正。

1957年基于外汇短缺的现实国家调整了黄金生产政策，政务院出台了《关于大力组织群众生产黄金的指示》，发动群众大力增加黄金生产。但是7年过去了，我国黄金产量不增反降，再创历史新低。国家外汇短缺的矛盾没有缓解反而加剧，因而进一步引起党和国家高层的关注，甚至成了1964年初中央工作会议中的一个热点话题，致使在会议期间特别召开了一次“黄金经营与生产座谈会”，以期解决我国黄金生产长期低迷不振的问题。

“黄金经营与生产座谈会”对1957年下达的《关于大力组织群众生产黄金的指示》中所确立的“群采”道路的反思与检讨是必然的，在这基础上提出新的工作思路也是必须的。虽然我们没有看到座谈会的发言记录，但从座谈会最后产生的六点建议内容中可以看到发展黄金生产的路径选择发生了调整，但是调整也遇到了阻力，使我们在经历了一次没有到达终点的起跑之后，又要经历一次中途夭折的起跑，其罪魁祸首是持续十年的“文化大革命”。那是一个黑白颠倒的时代，发展黄金工业的路径调整刚刚起步便夭折了。正是因为如此，1964年“黄金经营与生产座谈会”的历史地位没有得到应有的评价。

1964年“黄金经营与生产座谈会”的召开是1957年政务院下发《关于大力组织群众生产黄金的指示》之后的又一个重要事件，前者的意义是宣示了国家黄金政策的调整，而后者的意义是确定了现代化黄金工业生产体系建设的启动。

“黄金经营与生产座谈会”最后产生了六点建议。这六条建议实际上是选择了一条与1957年《关于大力组织群众生产黄金的指示》不同的增加黄金生产的道路，因而我们说这是增加黄金生产的再出发，从此开始了我国现代大工业黄金生产体系建设的推进。这是1964年“黄金经营与生产座谈会”在我国黄金生产发展史上的贡献和价值。

来自政治局的声音与督办

1957年之后的数年里，我国用汇量进一步增加，因而面对外债增加、还债压力加大的情况，但是创汇能力很差，又无雄厚外汇储备可动用，所以为了应对外贸支付的紧急需要而于1959年和1962年动用了国家黄金储备，两年各抛售黄金100万盎司，总计62.21吨。1959年动用黄金是为应对1958年的出口欠账，而1962年动用黄金储备是为了支付粮食进口用汇。按当时官价计算变现7000万美元，折合3.18亿人民币。

在今天看来，这并不是一笔很大的外汇支出，但在那时却是一件动用了老本的大事，因为这意味着减少了40%的黄金储备，由500万盎司下降到300万盎司的历史最低点，从而也使我国1962年的外汇储备比1957年下降了20%。具体变化情况见表4-1。

表4-1　　1957—1964年外汇黄金储备变化情况

年份	黄金储备		外汇储备（亿美元）	总计（美元）
	数量（万盎司）	折合美元（亿元）		
1957	500	1.75	1.28	3.03
1958	500	1.75	0.86	2.61

续表

年份	黄金储备		外汇储备（亿美元）	总计（美元）
	数量（万盎司）	折合美元（亿元）		
1959	400	1.40	1.30	2.70
1960	400	1.40	1.02	2.42
1961	400	1.40	1.27	2.67
1962	300	1.05	1.38	2.43
1963	300	1.05	1.73	2.78
1964	300	1.05	2.36	3.41

资料来源：《中国金融统计（1952—1991）》

在这个历史时期内，我国可直接动用的自由外汇很少，1958 年仅有 0.86 亿美元，连 1 亿美元都不到，黄金成为那时外汇储备中的主体，在新中国外汇最为紧张的时期，黄金发挥了重要作用而在国家高层中留下了深刻的印象，黄金的珍贵性进一步得到提升。1949 年至 1962 年总计生产黄金 73.085 吨，为这个时期抛售黄金储备量的 117.48%，从而在一定程度上缓解了外汇需求压力。1963 年至 1965 年又产金 18.75 吨，约为 60.28 万盎司，为使我国 1965 年黄金储量由 300 万盎司再增加到 500 万盎司做出了贡献，当时增加黄金生产的战略意义是不言而喻的。因而较 1957 年下发《关于大力组织群众生产黄金的指示》时黄金生产具有了更多的政治内涵，受到了更大的关注，在国家领导高层中对发展黄金生产形成了一个空前的统一认识。毛泽东、周恩来、邓小平、薄一波、邓子恢等党政领导先后对加快黄金生产发表了意见或做出了批示。

当时最积极推动和支持增加黄金生产的国家领导人当属那时的国家副主席董必武。1959 年 5 月董必武副主席视察东北三省时，每到一地都要询问黄金生产情况，并十分关注黄金产量下降趋势。1959 年 10 月他接见冶金部等部门负责人时指出："黄金，包括白银，不仅在工业上用量可观，更重要的是在国际市场上，黄金是最重要的自由外汇，增加黄金生产是扩大积累、扩大进口的一个简捷便宜的方法。"

1964 年五六月的中央工作会议期间，董必武副主席在发言中再次强调了发展黄金生产的重要性，并且回忆道："抗日战争时期，华东的同志在打仗时还注意搞些黄金，带到蒋管区换回我们急需的物品。当时胶东半岛上的老百姓也生产黄金，现在却都停了。清朝光绪年间每年生产的黄金，比我们现在还多。解放初，中学教科书和地图上还注明我国哪些地方生产黄金，现在地图上不注了，教科书上也不记载了。这是不对的。"他还提出，要给各地负责地质勘探的科技人员一个任务，注意勘查金矿和银矿。（摘自《当代的黄金工业》，第 22 页）对此，毛泽东主席在 6 月 11 日在会议上回应说："董老提倡挖金子、银子是对的，要多挖金子、银子。"（摘自《当代的黄金工业》，第 23 页）这对于据说一生蔑视金钱的毛泽东来说是并不多见的表态。

面对黄金生产持续乏力、停滞不前的状况，1961 年 6 月 22 日当时的国家经济委员会主任薄一波向周恩来、邓小平、彭真和中共中央书记处呈报了《经委关于黄金、白银的报告》，提出了七条扶植性措施，并从国家物资储备中调剂解决了黄金生产急需的物资和设备，保证了 25 座小金矿的配套投产。

1963 年 3 月 19 日，在 1957 年国务院下达的十二条措施的基础上，又颁发了《关于对群众生产黄金和钴土矿实行实物奖励办法的规定》，再次强调"各省、自治区、直辖市冶金厅和有色金属管理局，必须把发展黄金生产当作一项长期的重要任务来抓，要加强对这项工作的领导"。基于当时物资紧张、日用品匮乏的情况，制定了黄金产量与日用生活品挂钩奖励的办法，以调动群众的黄金生产的积极性。

在 1964 年五六月间召开的中共中央工作会议期间，根据董必武副主席的积极倡议，由中共中央政治局委员邓子恢副总理主持召开了"黄金生产与经营座谈会”。与会的各产金省市代表和地质部冶金部的代表汇报了本地区和本部门黄金生产的现状与问题。邓子恢副总理根据提出的问题，归纳成六点建议责成有关方面着手落实办理，而且指定胡立教为督办人。

领导人的讲话和批示都反映了对增产黄金的急切，但从 1957 年至 1964 年的 8 年间我国年平均黄金产量为 5.464 吨，比之前 1949 年至 1956 年黄金被冷遇的 8 年间的年均产量 5.542 吨的低水平还低 1.4%，是我国黄金史上产量最低的时期，1958 年至 1962 年的“二五”期间金产量仅完成了预期目标的四成，当时的目标是在这期间年黄金产量要达到或超过 1888 年的产量水平，即 13.44 吨，而这一时期平均年产量仅有 5.456 吨，产量最高的 1958 年也仅为 6.885 吨。原定“二五”末黄金产量超过 1888 年产量的目标实际在 15 年后才实现，即直到 1977 年才实现这一工作目标。

1957 年冶金部和人民银行给国务院的报告中将黄金生产萎缩的原因总结为：“首先是国家对黄金生产缺乏统一的规划和组织领导。黄金生产没有作为一项生产列入发展国民经济的年度计划和五年计划，因而在生产中所遇到的问题就不能得到及时的解决，生产陷于自流。”在计划经济体制中国家对各种生产要素进行高度集中管理，所以没有国家的重视就得不到生产要素的配给，黄金生产就难以进行，因而成为黄金生产萎缩的主要原因，但 1957 年以后情况已经发生了变化，国家为了增加黄金生产而加大了生产要素投入：

（1）地质勘查经费在 1957 年时仅有 50 多万元，在国家面临巨大经济困难的情况下，到 1962 年增加到了近 700 万元，增长了 12.9 倍；1964 年 10 月地矿部特别成立了“黄金地质局”，1965 年的黄金地质勘探投入资金达到了 5321 万元，是 1962 年的 6.7 倍。

（2）基本建设资金，1950 年至 1957 年的 8 年间仅有 847 万元，年均 105.9 万元；而此后 1958 年至 1965 年的 8 年间，累计投资达到了 9803 万元，年均 1225.4 万元，是前 8 年的 11.6 倍。

（3）生产能力 1950 年至 1957 年的 8 年间新增产采选规模 400 吨 / 天，而 1958 年至 1964 年的 7 年间新增岩金采选规模达 2030 吨 / 天，砂金采选规模 89 万立方米 / 年，新增生产能力扩大了六七倍。

（4）为了激发黄金生产的积极性，在这一历史时期国家还分别在 1957 年、1960 年和 1963 年 3 次提高了黄金收购价，国内人民币金价由每两 95 元上调到了 240 元，金价增长了 1.53 倍。并且在免征黄金 5% 货物税之后，对金价提高后仍亏损但有发展前途的矿山还采取政策性亏损补贴办法，由国家财政予以补贴。

与 1957 年之前的 8 年相比，1957 年以后的 8 年国家对黄金基本建设的投入增加了 10 多倍，形成的新增生产能力扩大了近 6 倍，但是，黄金产量不增反降，为什么？这是 1964 年“黄金经营与生产座谈会”面对的困惑，而且又必须回答的问题。在这一历史时期，国家的不懈努力与客观效果之间存在巨大反差，一定是在哪里出了问题而需做出调整。我们虽然不是会议的亲历者，也没有看到会议记录，但可以肯定，这一定是会议的主题。

1964 年，在外汇短缺矛盾加剧和黄金产量长期低迷的双重作用下，对黄金生产的关注从国务院业务层面上升到了中共中央政治局层面；从国家行政领导层面上升到了国家最高领袖层级，反映出这一问题的高度政治性。所以 1964 年“黄金经营与生产座谈会”的意义不是一般地进行工作总结，而是要找出为什么 1957 年《关于大力组织群众生产黄金的指示》下达后，国家已采取了多项刺激性政策之后，并没改变黄金生产下滑的局面的原因，问题出在哪里？

投入与产出的巨大反差反映了资源的使用效率问题，大量的投入没有发挥效用，是投入产出出现巨大反差的原因，那么资源使用效率不高的原因何在？找出原因一定要对之前数年的工作进行反思，而对未来工作进行重新部署，因而 1964 年“黄金经营与生产座谈会”不能一般性地总结工作，而要具有拨乱反正和重新出发的意义。

增加黄金生产路径之思辨

如果说1957年国务院《关于大力组织群众生产黄金的指示》的拨乱反正作用是确立了大力增加黄金生产的政策取向，那么1964年“黄金经营与生产座谈会”也有拨乱反正的意义，这就是在增加黄金生产的路径上扬弃了“群采”道路而确立了现代化工业生产道路，从而开启了我国现代黄金机械化生产体系建设，因而其意义重大。虽然我国现代黄金机械化生产体系建设并不顺利，但从此方向再也没有动摇，当今我国黄金工业生产体系就是现代黄金机械化生产体系的升级版，但是，我们对1964年“黄金经营与生产座谈会”的贡献缺乏足够的认识。它是划时代的，我们必须要有这样的认识高度。

我国是基于外汇极度短缺而决定大力增加黄金生产，具有很强的政治性和紧迫性，也就是在缺乏充分生产要素准备情况下的仓促启动的一场生产运动，能够立即动员的是当时充沛的人力资源，因而增加黄金生产从一开始便选择了发动群众（以农民为主）采金即“群采”道路，这一路径选择是现实的选择，但人力资源只是黄金生产所需资源的一部分，甚至还不是基础性资源，而没有基础性资源黄金生产就不能进行。选择“群采”路径是由冶金部和人民银行首先提出的，后经国务院认可，其初始形成过程我们并不清楚。可以见到历史文件如下：

1957年政务院下达的《关于大力组织群众生产黄金的指示》是对冶金部和人民银行报告的批复。这个名为《关于目前黄金生产情况及今后发展黄金生产的意见的报告》中对增加黄金生产的路径有这样明确的阐述：

群众性的挖金、淘金，在一定时期内仍是增产黄金的一个很重要的方面，在有条件的地方，要大力发动和组织群众挖金、淘金，鼓励农业合作社和农民个人进行挖金、淘金的副业生产，或组织采金合作社。凡是过去按国家规定收取租金的矿区或列为国家保护区禁止开采的矿区，由省人民委员会研究其必要性，决定免除租金或开禁，让群众采金。农业生产合作社对社员的挖金、淘金副业生产，在劳动条件、劳动时间或工分计算方面要有适当安排，以利于群众挖金、淘金事业的发展。

而国务院对于这样的路径选择，在批复中不仅完全认同，而且又进一步地强化。

1957 年 9 月 4 日政务院对该报告的批复名称是“关于大力组织群众生产黄金的指示”，仅从这个文件的名称看不仅认同冶金工业部和中国人民银行对当时发展黄金生产的路径选择，而且把群众采金作为了一项下达各省区的重要任务予以强调。该指示指出：“发动群众和组织群众探金、采金、淘金是发展黄金生产的可靠办法。除个别储量丰富、品位高的脉金矿，可由省以地方国营企业的方式经营外，小型的采金企业，可以交由县管理，企业利润由县支配，一般都应采取群众生产，国家收购的办法来进行。”

国务院的批复与冶金部和中国人民银行的报告比较，批复对群众采金又在两个方面做了强化：

（1）将群众采金的内涵由采金、淘金拓展到了探金；

（2）将群众采金确定为是今后黄金生产“一般”即主导的形式。

可见 1957 年发展黄金生产的起步之时，这一路径选择就是明确的，并且成了一个历史时期重要的黄金工业发展政策，而围绕着这一政策的落实制定和推出了一系列文件和具体工作措施。止是因为如此，在我国黄金工业发展史上留下了深刻的群众运动的印记。之所以有这样的路径选择，有客观条件限制的因素，也有长期群众运动思维影响的因素。

客观条件因素。在前面的章节中已指出，由于我国黄金工业发展存在一个历史的断层，当我们决定增加黄金生产时，面对的是一穷二白的状况，既没有资源的储备，也没有现代技术积累，更没有专业人才的准备，因而只能是依靠群众在过去历史遗存上进行恢复性的生产，所以“指示”认为这是黄金最可靠的增产办法。

传统思维因素。在长期的人多、热情高、干劲大观念的影响下，群众运动的生产方式在当时我国经济建设领域得到广泛的认可，不仅是黄金生产。因为，人口众多是我们的特有国情，通过增加人力资源发展经济支付成本较低，而且可靠，而资金、技术、先进工具等要素是当时我们工业发展的“短板”。

因而，在这一历史时期，群众采金的路径选择得到了不断的强化和突出：

（1）1957 年国务院颁发的《关于大力组织群众生产黄金的指示》中的十二条措施中有六条是与组织群众生产黄金有直接关系，而且有关减免税收和提高金价的措施适用于所有黄金生产者，也使群众采金受惠，而且这些措施出台主要的目的是鼓励和刺激群众生产黄金。

（2）1959 年中共中央对人民银行党组《关于调整一九五九年生产计划的报告》批示中要求：“……有条件生产黄金的省、市、自治区，应当认真抓一下黄金生产，原来生产计划偏小，而现在又有条件增产的，应当加以调整，在统一安排劳动力中，根据季节情况，合理组织劳动力，争取生产更多的黄金。”显然，仍然是寄希望于对群众（农业人口）的发动和组织，通过农业劳动力投入采金业的增长达到黄金产量的增长。

（3）1963 年 3 月为了调动生产黄金的积极性，国务院颁布了《关于对群众生产黄金和钴土矿实物奖励办法的规定》，该规定要求各省市、自治区必须把发展群众采金当作一项长期重要任务，加强对此项工作的领导；提出在有条件的地区应积极发动群众在农闲季节从事黄金生产。对奖励的对象明确规定是“农村人民公社生产队和集体所有制矿业工人，以及经过农业生产队同意并持有证明文件的家庭副业生产人员”。

上述党中央与国务院文件颁发的时间跨度为 7 年，但反复强调和要解决的是一个共同的问题，即组织群众（农民）采金和调动群众采金的积极性，并把大力组织群众采金作为当时增产黄金的主导性的路径，一而再再而三地向群众采金做政策倾斜，不断地增加对群众采金的物质刺激。

“群采”是明确的增产黄金的路径选择，其实这并不仅是增产黄金的特殊选择，1958 年发展钢铁生产也是同样的选择，因而掀起了全民大炼钢铁运动。群众运动成了一种信仰，依靠群众运动创造了一个新中国，也要依靠群众运动建设新中国，依靠社会的大多数是一个社会运动的成功关键，没有问题，但是作为发展黄金生产的道路选择是有问题的，因群众运动和生产力发展目标并不完全契合。

（1）人类生产力最基本的要素是人，因而在漫长的历史时期内人力是生产力构成的主要部分，增加人力供给是发展生产力的重要途径，在人类农耕社会中表现得尤为突出。但是，工业革命使人类进入了机械化生产时代，机械的使用使人类生产力获得巨大的发展，因而人类的生产方式逐步由人力手工方式发展为大规模机械化生产方式。在人类黄金生产发展史上，如果说 19 世纪黄金生产方式是以人力手工方式为特征的话，那么 20 世纪就是以机械大规模生产方式为特征，因而黄金生产力又有了 10 倍多的增长，“百年之冠”南非是典型代表，这是黄金生产力进步的标志。

1957 年我们将发动群众采金作为发展黄金生产力之路，虽有其客观条件限制而为之的原因，但这种人力手工生产方式在大规模机械化生产方式面前已成为一种落后的生产方式。群众采金基本上只能是在明清时代采金遗址上进行的低水平、低效率的黄金生产，所以群众采金的本身就难以为我国黄金工业的发展提供足够的推动力。

（2）群众采金主要是当时农业合作社社员农闲时的一种副业生产，因而并不是一种稳定的生产能力，虽也可为黄金增产做出一定的贡献，但消失得也很快，不能为黄金生产提供持续的推动力。群众采金多数是淘金，但砂金生产是产量最不稳定的。如图 4-1 所示：

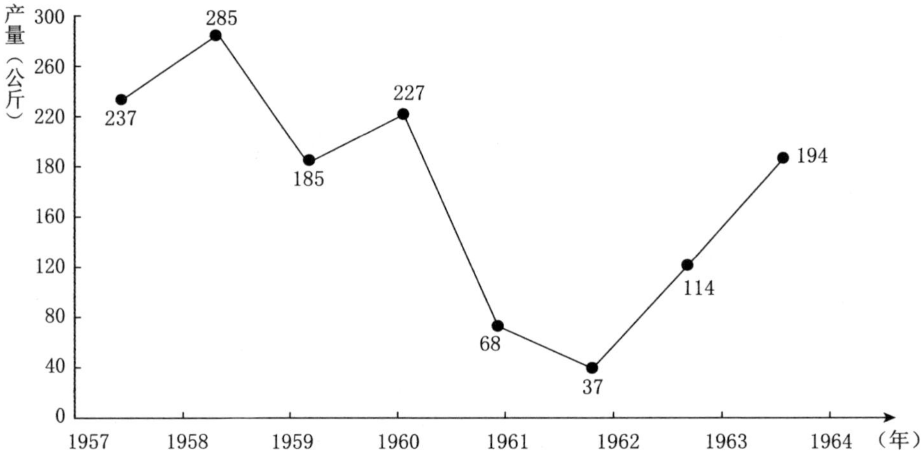

图 4-1 砂金产量变化图

注：产量数据公斤后做四舍五入处理

资料来源：《中国黄金工业统计资料汇编》

从上图我们清晰地看到，从 1957 年至 1964 年，砂金产量不仅不高，而且变化不定，难以形成稳定的生产能力，反映了群众采金的典型特征。

（3）黄金地质资源是黄金生产的基本要素，如果没有黄金地质资源，黄金生产也就无从谈起。黄金生产是把地下未知的资源变为地上可利用资源的过程，因存在着不确定性而具有很大的风险。虽国家把群采扩大到了探金，但因群众采金没有强大的资金与技术支撑力，所以难以形成强有力的资源勘查能力，也没有很强的抗经济风险的能力，因而只能在前人生产的基础上进行浅层表露的地质资源开发。然而，这样的资源存量很少，枯竭得很快，所以群众采金难以成为支撑我国黄金工业持续发展的主力军。

群众采金自身存在的种种弊端和劣势，表明这是一种落后的、低层次的黄金生产力，因而选择这样的生产力作为实现我国黄金生产持续增长的支撑力，其最后的实际结果是可想而知的。因而，国家在这一历时期所采取的种种促进增加黄金生产的措施的效能，也必然会被打一个大大的折扣，黄金产量一直在低位徘徊的症结也就出在这里。

1964 年中共中央工作会议期间，由政治局委员，当时的副总理邓子恢主持的“黄金经营与生产座谈会”是在经过 7 年组织和推动群众采金实践之后，我国黄金生产仍未走出低迷的情况下举行的，必然会对这样的发展路径选择进行反思，并进行工作布置的调整。群采没有被否定，但座谈会的主题不是如何扩大支持“群采”，而是进行黄金现代大工业化生产的工作安排，如制订中长计划，加强地质勘探工作，建立全国性开发公司，引进新技术等，这与 1957 年《关于大力组织群众生产黄金的指示》的政策指向相比发生了根本变化，所以 1964 年“黄金经营与生产座谈会”标志着我国黄金增产运动的一次再出发。

航船驶向了新航道

在经历了一次没有到达终点的起跑之后，经过反思，1964 年“黄金经营与生产座谈会”拨乱反正，将增加黄金生产的航船驶向了新航道。座谈会最终产生的六点建议虽并没有大工业化生产黄金的字句，也没有明确扬弃“群众采金”路径，而最终对“群众采金”道路的彻底扬弃是 20 世纪 80 年代中期的事了，但是，六条建议与《关于大力组织群众生产黄金的指示》的主题完全不同，后者完全是围绕“发动群众探金、采金、淘金是目前发展黄金生产的可靠办法”这个主题而展开的，而六条建议没有涉及任何大力发动群众采金的内容，而是围绕组织机械化大工业采金而展开的。两个文件表现出的增产黄金路径选择是截然不同的，这是对 7 年增加黄金生产实践的总结后反思的产物。

1964 年“黄金经营与生产座谈会”只是我国振兴黄金工业进程中的一个事件，但其意义是标志着一个新的发展历史阶段的开始，即开启了现代机械化黄金生产体系建设。从发动群众采金到建设现代机械化黄金生产体系的转变，从认识论看，是我们对黄金生产认识的一次深化和提高。群众运动主要是一种人力资源的动员，而黄金生产作为一种经济活动需要多要素的动员。因而，从动员群众生产黄金到推进现代机械化黄金生产体系建设，从本质上讲就是从单一要素动员到多要素动员，因而这一调整必然会使黄金生产力获得更大的增长动力。但是，这一调整的实施虽并非一帆风顺，经历颇多曲折，但因此黄金生产走出了历史的谷底，在受到政治运动严重干扰的情况下仍进入了一个缓慢的上升期。我们称之为初步发展期。

建立现代机械化黄金生产体系并不是“黄金经营与生产座谈会”明确提出的任务目标，而是对其最后形成的发展黄金生产的六点建议内涵的解读。

“黄金经营与生产座谈会”六条建议具体内容如下：

（1）黄金工业需要发展、冶金部、地质部及各产金省（区）都应该重视。这几年由于生产的入不敷出，动用了国库中的黄金储备“吃了老本”。再过几年，将会出现无“老本”可吃的局面。在对外经济交往中黄金是硬通货，黄金储备的增多会增强国家的经济实力。

（2）需要制定一个发展黄金生产的中短期计划。

（3）成立一个机构。冶金部最好成立一个黄金托拉斯（包括地质勘查），要在现有基础上扩大黄金勘探队伍，首先摸清资源为开发作准备。

（4）进口新设备。如进口具有国际先进水平的采金船，补充进口必要的关键设备。应制定出计划，报总理审批。

（5）黄金收购价格要适当。收购黄金不仅要考虑价格多少，还需要奖励物资。社会主义的分配原则，一是按劳分配，二是等价交换。对那些开采砂金、体力劳动繁重的采金者，应该实行基本工资加物质奖励的分配办法。

（6）器材供应由冶金工业部负责。发展黄金工业应当给予拨款，贷款有时解决不了生产急需的国家控制的物质，这是计划经济体制决定的。

（转引自《当代中国的黄金工业》，当代中国出版社，1996，第 28 页）

为落实六条建议，特别指定胡立教为协调人，这表明这六条建议已作为具体的工作布置予以推进，而成为今后增加黄金生产的工作指南和任务指标。与 1957 年《关于大力组织群众生产黄金的指示》政策取向有以下差异：

（1）更加强调了增加黄金生产的紧迫性，1957 年《关于大力组织群众生产黄金的指示》将黄金生产定位于重要的事业，而 1964 年“黄金经营与生产座谈会”将黄金定位于硬通货，将黄金储备与国家经济实力相联系，使黄金生产的意义进一步提升，并强调将会无“老本”可吃，黄金生产不仅具有了重要性，而且具有了紧迫性。

（2）最为重要的政策内涵是第三条，明确要求冶金部要成立一个黄金托拉斯。托拉斯是具有垄断性质的综合性专业生产企业名称的直译，是商品经济发展到高级阶段的产物，代表了社会生产力的发展方向，是当代现代化企业的一种形态。托拉斯最早出现在欧美商品经济发达国家，今天在我国对托拉斯这个专有名词已很少提及，但专业综合性企业集团已是我国工商企业的主流形态。而在改革开放以前托拉斯是作为资本主义的企业形态而受到批判。因而在 1964 年公开提出建立黄金托拉斯有一定的前瞻性，也有很大的风险，故在“文化大革命”中首当其冲受到批判。

在表明要组建现代黄金企业的同时，第四条建议是进口先进设备提高采金的自动化和机械化程度，特别提出要进口国际先进水平的采金船。第四条建议是落实第三条建议，建立黄金专业综合性企业集团的必需之举，因先进的企业形态必须要有先进的生产装备相匹配。而且在当时外汇极其短缺的情况下，决定动用外汇进口国外设备，足以看出当时国家增加黄金生产的决心。

（3）1957 年《关于大力组织群众生产黄金的指示》虽然要求各级政府要把黄金生产纳入工作日程，但着眼点是群众，是调动群众的积极性，而 1964 年“黄金生产经营与生产座谈会”基本上没有涉及发动群众的内容，而是强化政府的责任。政府不但是增加黄金生产的倡导者和支持者，而且成为领导者和践行者。六条建议中的第二条就是需要政府制订一个中短期计划。也就是政府要成为黄金生产的组织领导者。最后，第六条明确要求国家要给予黄金生产以财政拨款，也就是国家要进行无偿投入，并认为这是由计划经济体制决定的。

以上分析表明，1964 年“黄金经营与生产座谈会”对发展黄金生产的路径做出了调整，由发动群众采金变为了组建“托拉斯”，进行现代机械化生产。这次调整将会产生什么样的结果呢?

改革只是迈出了第一步

落实“黄金经营与生产座谈会”六点建议的关键是冶金部组建黄金“托拉斯”，有了这样一个平台才能推进中短期计划的编制和先进技术的引进，以及政策的形成。因而这项工作的落实被置于了优先地位，座谈会 6 月结束，同年 7 月国家经委便提出了《关于试办工业、交通托拉斯的意见报告》，8 月中共中央和国务院批转了这一报告，并做了如下批示：

> 在我国社会主义制度下，试办托拉斯，用托拉斯的组织形式来管理工业，是工业管理体制上的一项重大改革。

在中共中央和国务院的批示中，托拉斯不仅是一种企业组织形态，而且被赋予了工业管理的职能而成为改革工业计划管理体制的一次努力，这是先于1978年的改革开放的解放思想之举，因而也就不难理解为什么组建工业托拉斯在“文化大革命”中被打成刘少奇修正主义路线了。

冶金部作为承担组建黄金托拉斯的责任单位，在批复下达后，很快于同年12月4日向国家计委上报了《中国黄金专业公司实施方案》，中旬便开始推动实际的组建工作，1965年3月25日以“中国黄金矿产公司”为名的黄金托拉斯挂牌诞生。

由于中共中央和国务院的批复，将托拉斯的组建作为工业管理体制上的一项重大改革，因而中国黄金矿业公司的组建同时还承担着我国黄金工业管理体制的改革与建立的责任，所以中国黄金矿业公司不仅承担着自身生产运营任务，而且负责管理全国的黄金生产、建设工作。这是我国黄金行业长期曾存在的政企不分的管理体系的源头。中国黄金矿产公司的组建就意味着要建立一个全国统一的黄金工业管理体系，对黄金生产实行集中领导、统筹规划、统一管理。具体实施推动步骤如下：

先是接管黑龙江、吉林、河北、北京、内蒙古和山东的黄金企业，并将黑龙江和吉林两个省的冶金地质勘探公司合并组建了东北黄金勘探公司；将吉林省有色研究院、黑龙江省有色研究院和辽宁省有色研究院中从事黄金研究的人员合并组建了长春黄金研究所，吉林省有色设计院改为长春黄金设计院；在长春设立中国黄金矿业公司总部，由冶金部直接领导。很快初步搭建起了一个独立的黄金工业管理体系的部门框架，由28个黄金生产企业和13个辅助单位组成了当时的黄金国家队。具体见表4–2。

表 4-2　　1965—1969 年中国黄金矿产公司直属企事业单位

序号	单位名称	地址
1	东北黄金地质勘探公司	吉林省长春市
2	长春黄金研究所	吉林省长春市
3	长春黄金设计院	吉林省长春市
4	中国黄金矿产公司井巷公司	吉林省磐石市
5	中国黄金矿产公司建设公司	吉林省吉林市
6	吉林黄金中等专业学校	吉林省吉林市
7	公主岭黄金机修厂	吉林省怀德县
8	四平黄金地质机修厂	吉林省四平市
9	夹皮沟金矿	吉林省桦甸市
10	二道甸子金矿	吉林省桦甸市
11	珲春金矿	吉林省珲春县
12	黑龙江黄金公司	黑龙江省哈尔滨市
13	牡丹江有色金属技术学校	黑龙江省牡丹江市
14	黑龙江有色金属安装工程处	黑龙江省哈尔滨市
15	牡丹江矿山机修厂	黑龙江省牡丹江市
16	黑河金矿局	黑龙江省爱辉县
17	桦川金矿局	黑龙江省桦川县
18	乌拉嘎金矿局	黑龙江省嘉荫县
19	五龙金矿	辽宁省丹东市
20	营口金铅矿	辽宁省营口市
21	长皋金矿	辽宁省喀左县
22	金厂峪金矿	河北省迁西县
23	冷咀头金矿	河北省遵化市
24	马兰峪金矿	河北省遵化市
25	峪耳崖金矿	河北省宽城县
26	倒流水金矿	河北省兴隆县

续表

序号	单位名称	地址
27	红花沟金矿	内蒙古自治区赤峰市
28	金厂沟梁金矿	内蒙古自治区敖汉旗
29	东风金矿	内蒙古自治区宁城县
30	撰山子金矿	内蒙古自治区敖汉旗
31	孟恩套力盖银铅矿	内蒙古自治区科右中旗
32	万庄金矿	北京市平谷区
33	晏庄金矿	北京市平谷区
34	上镇金矿	北京市平谷区
35	招远金矿	山东省招远县
36	沂南金矿	山东省沂南县
37	招远黄金管理站	山东省招远县
38	东南金矿	广西壮族自治区藤县
39	六岑金矿	广西壮族自治区平南县
40	秦岭金矿	河南省灵宝县
41	唐山黄金物资供应站	河北省唐山市

资料来源：《当代的中国黄金工业》

国家主管部门对中国黄金矿产公司的工作重点明确为以下四项：

（1）加强地质勘探，查清黄金资源。

（2）加速黄金矿山的基本建设工作。

（3）加速黄金矿山的技术改造，大力提高机械化水平和劳动生产率。

（4）组织群众性采金生产。

中国黄金矿产公司作为全国集中管理和组织黄金生产的领导机构承担的这四项任务，前三项都是围绕建立我国黄金现代大工业生产体系而展开的，而组织群众采金虽未被扬弃，但已被置于从属地位，成了一种辅助性手段，这与1957年《关于大力组织群众生产黄金的指示》相比在政策取向上有了根本性调整。

中国黄金矿业公司成立之初立即开始着手我国机械化黄金生产项目建设，并迅速取得了进展。首先作为大型机械化金矿建设的基础，地质资源勘探取得了突破。1965 年在山东发现了大型破碎带蚀变岩型金矿床，这是一种新矿床类型，是我国黄金地质勘探的历史性突破，此后建成了新城、焦家、三山岛三个大型金矿山；在黑龙江发现了团结沟特大型斑岩型金矿床，并于 1985 年将其建成了我国第一座大型机械化金矿山；启动了我国首批 500 吨 / 日规模的现代机械化金矿技术改造项目，只用一年半左右的时间便完成任务，五龙、金厂峪、招远金矿生产能力的形成极大地提高了我国黄金生产力。因而中国黄金矿业公司旗开得胜，我国黄金产量 1965 年便增长了 33%，由 1964 年的 5.87 吨上升到了 7.82 吨，创新中国成立 17 年的历史最高纪录，并为黄金工业今后更长远的发展打下了坚实的基础。

1965 年中国黄金矿产公司因开局良好而得到主管领导的首肯，但是，第二年便爆发了“文化大革命”，这一良好的发展势头戛然而止。“文化大革命”的政治风暴极大地冲击了中国黄金矿产公司，作为刘少奇修正主义路线的代表而受到批判，勉强维持到 1969 年初被宣布撤销，其实在此之前早已处于半瘫痪状态，因而总共只存在了 4 年时间。刚刚启动的黄金工业管理改革也停止了。另外一波又一波的政治斗争也使国家领导高层难以将精力全部集中于经济建设，因而对黄金生产也产生了直接的影响。黄金生产从此进入了一个长达 10 年的低速增长期，1975 年比 1966 年黄金产量增长了 44.43%，平均年增长率不足 5%，其中有 3 年负增长，加快黄金生产的预定目标再次落空。原定“二五”末黄金产量超 1888 年历史纪录的预定目标，后延至“三五”末，最终又不得不后延到“五五”计划间的 1977 年才得以实现。

“文化大革命”的冲击使我国黄金工业发展出现了全面倒退：

在“文化大革命”中托拉斯模式被批判，中国黄金矿产公司被撤销所属企业全部下放地方，一个刚刚形成的全国性的协调工作体系被肢解，又回到了分散的块块独立发展的状况。更为严重的是“文化大革命”极“左”思潮的泛滥基本关闭了与国外联系的大门，我国成为唯我独尊的经济孤岛，因而“黄金无用论”再次抬头，黄金生产又置于冷落的处境。

“文革”前冶金部已形成1.6万余人黄金地质资源勘探队伍，但1969年以后大部分改行为勘探其他矿种，以致1975年再次发动黄金会战时，既无资源可用，又无队伍可用，不得不又回到发动群众采金的路上来。主要原因是这一时期大幅削减了黄金地勘经费，1972年黄金地勘经费仅是1965年的7.5%，减少了九成多。

“文革”前已形成了5000多人的黄金专业基建队伍，建立了黄金设计院和研究院，但在“文化大革命”中这支黄金基建力量基本消失殆尽，使黄金基本建设计划大大推延。国家确定建设小秦岭黄金生产基地，横跨河南、陕西两省，远景采选规模3000吨/日，这是当时中国规模最大的黄金基地，原定于1970年完成，但工期延后了10多年。而原有的金矿山又因种种原因不断倒闭，黄金生产力萎缩，因而黄金产量增长缓慢。

我们还要看到问题的另一面，这就是1964年“黄金经营与生产座谈会”确立了现代工业化黄金生产路径后，在推进进程中虽受到“文化大革命”的冲击而步履蹒跚，但从此这一大方向未再改变，所以在这一时期机械化黄金生产规模仍然是增长的，因而即使在“文化大革命”中我国黄金产量仍有小幅增长，当然成绩并不理想，因而1975年又要启动新的一场全民黄金生产大会战，而这一历史时期是新中国黄金发展史上的初步发展期。

初步发展时期的黄金生产

1965年至1974年的10年是增加黄金生产再出发时期，这时期虽并不完全与“文化大革命”重合，但其中有9年是处于动乱的“文化大革命”时期有很大影响，这场席卷全国的政治运动中断了黄金生产国家队的组建进程，阻碍了我国现代机械化大工业体系建设的推进，正常的生产秩序遭到破坏，但“黄金经营与生产座谈会”所确定的方向没有改变，因而在这一时期黄金现代工业体系建设虽然受到影响，但没有停止，使黄金生产力得到发展，黄金产量呈现了小幅增长的态势。

我们说这一历史时期黄金工业得到了初步发展，其标志是这一时期建成一批中小型机械化金矿山，到 20 世纪 70 年代采金船机械化采金已逐步成为我国砂金生产的主导方式。在这期间总计形成岩金生产规模 5175 吨 / 日，砂金生产规模 552m^3/ 年，分别是 1950 年至 1964 年 15 年间形成生产规模的 2.2 倍和 6.2 倍。生产能力的提升使黄金产量从年均个位数上升到了两位数，有了一个数量级的提升。

这 10 年总计生产黄金 103.308 吨，而之前 1955 年至 1964 年的 10 年仅生产了 53.944 吨，后 10 年是前 10 年的 1.92 倍。1974 年产量比 1964 年增长了 117.18%，由 5.867 吨增加到 12.742 吨；这一时期黄金生产虽然波动性表现很大，但年均增长率仍然超过了 10%，达到了 10.39%，1973 年的 14.743 吨的产量已接近 1911 年 15 吨的历史最高纪录，这是这 10 年间的亮点。这一历史时期黄金生产虽然步履蹒跚，但已不是共和国的“弃儿”并被列入了国家发展计划而得到了重视。具体变化如表 4-3 所示：

表 4-3　　1965—1974 年初步发展时期黄金产量变化

年份	1965	1966	1967	1968	1969	1970	1971	1972	1973	1974	合计
产量（吨）	7.824	9.554	8.825	5.826	8.351	10.465	11.876	13.508	14.522	12.557	103.308
增减（%）	33.56	22.11	-7.63	-33.98	43.34	25.31	13.48	13.74	7.51	-13.53	10.39

资料来源：《中国黄金工业统计资料汇编》

一、初步发展期的生产力布局变化

1965 年至 1974 年黄金生产初步发展的 10 年间，在产量增长、规模扩张的同时，我国黄金生产力布局较 50 年代有了很大的变化，东北这个我国黄金主产区的产量虽不断增加，但在总产量中的占比持续下降，同时一批新兴的产金区出现了，其中一些地区在当时已挑大梁，而一些地区则峥嵘未露，但近八成的省市都已有黄金产量报告，黄金生产力大格局在此时已初步形成，未来数十年后将成大器者都已于此时亮相。在"文化大革命"的冲击下，我国黄金工业蹒跚前行，我们也因此浪费了许多时间，所以这种进步并不能满足国家的需求，因而 70 年代中期不得不第三次把增加黄金生产的任务提上国务院的工作日程。

1965 年至 1974 年的 10 年黄金生产力布局新的变化中首先是黄金产区扩大，由 1964 年的 18 个扩大到了 1974 年的 23 个，新增的 5 个产区是天津、安徽、河南、甘肃和青海。其中河南、青海和天津的产量很小，分别仅为 3 公斤、2 公斤和 28 公斤，在当时并不占有重要地位，而安徽和甘肃当年的黄金产量分别已达 498 公斤和 655 公斤，分别为总产量的 4% 和 5.2%，在 23 个产金地中分列第 8 位和第 9 位，已在当时黄金生产格局占有了一定地位。

这 5 个新增黄金产地的发展前景并不相同，40 年时间过去，安徽和甘肃的黄金产量分别增加了 32 倍和 31.9 倍，但 2014 甘肃黄金产量列全国第 8 位，安徽则由第 13 位上升到第 10 位。而当时居 23 个产金地末位的河南，今天已跃居产量亚军，黄金产量增长了 1182.18 倍，青海黄金产量 40 年增长了 132.14 倍，2014 年全国排序第 17 位，而天津现在已停止了黄金生产。

1965 年至 1974 年的 10 年间年均黄金产量不足 10 公斤的产金区有 5 个，为总产金地的 21.74%；产量 10 公斤以上，不足 100 公斤的产地有 4 个，为总产金地的 17.39%；100 公斤以上，200 公斤以下的产金区 6 个，为总产金地的 26.09%。表明我国当时多数（65.22%）产金区都是小规模低水平的人工生产，只是在辽宁和山东等一些地区建立了机械化生产的金矿山。

在这一时期，多数省区产金量增长，辽宁无疑是这一成绩最大的贡献者，在这 10 年期间辽宁总计生产了 36.548 吨黄金，为这一时期全国总产量的三分之一强，即 35.37%，是唯一一个年均产量超 3 吨的产金省，1974 年的黄金产量比 10 年前的 1964 年增长了 2 倍。辽宁有黄金矿产金生产也有有色副产金生产，在这期间，黄金矿产金与副产金产量比为 2∶1，所以辽宁是当时重要的黄金生产基地，也是有色金属生产的重要基地。辽宁黄金产量龙头老大的地位从 1950 年到 1990 年保持了 41 年。

山东是传统产金区，但 20 世纪 60 年代产量还不多，到 1969 年产量才突破 1 吨，而到 1974 年又暂时回落到 0.885 吨，其 1965 年至 1974 年 10 年黄金产量总计 10.579 吨，为这一历史时期总产量的 10.24%，是排序第二的省份。从 1968 年至 1990 年，山东在这一位置上停留了 23 年，直到 1991 年以近 20 吨产量超过辽宁成了黄金产量冠军省，直到今天已保持了 25 年。山东黄金资源贮存丰富，现在已探明资源量超千吨，产量超百吨。

这一历史时期黄金产量居第三位的省市是上海，这是一个没有黄金地质储量、没有黄金矿业生产的城市，其黄金产量全部来源于有色副产金，是由有色冶炼厂生产的。上海从 1959 开始有了黄金产量报告，其为 0.625 吨，而 1965 年至 1974 年这 10 年总计产量 9.983 吨，为这一时期全国总产量的 9.65%。年均产量已近 1 吨（0.998 吨），在那时这已经是一个很高的产量。之后上海产量呈上升趋势，20 世纪 90 年代最高年份曾高达 7 吨多，而进入 21 世纪产量已回落到数百公斤，处于萎缩状态。但在我国黄金生产初步发展的 10 年中，上海是我国黄金产量增长的一个重要动力源。

广西壮族自治区则由新中国成立前 10 年时的第 3 位退居到第 8 位，在新中国成立初接受了广西数个国营金矿，因而广西成为新中国的黄金主产区，但由于资源状况不佳，一直没有大的突破，产量很快出现下降，在 1965 年至 1974

年这 10 年间黄金初步发展期的年均黄金产量较前 10 年下降了 37.99%，2014 年广西黄金产量排序 21 位，已成为非主产区。各省区黄金产量排序见表 4-4：

表 4-4　　1965—1974 年各省区黄金产量排序

年份／省份	1965	1966	1967	1968	1969	1970	1971	1972	1973	1974	合计（吨）
辽宁	2.361	3.660	3.485	2.006	2.869	3.194	3.785	4.840	5.620	4.720	36.548
山东	0.885	0.915	0.746	0.688	1.243	1.634	1.379	1.317	1.255	0.885	10.579
上海	0.872	1.157	1.030	0.549	0.954	0.840	1.345	1.307	1.222	0.707	9.983
吉林	0.821	0.783	0.615	0.388	0.557	0.806	1.134	1.346	1.194	1.259	8.903
湖南	0.550	0.662	0.493	0.277	0.453	0.734	0.867	0.866	0.938	0.924	6.764
黑龙江	0.658	0.762	0.611	0.437	0.341	0.560	0.525	0.677	0.700	0.734	6.055
河北	0.126	0.257	0.305	0.428	0.264	0.724	0.772	0.919	0.780	0.982	5.607
广西	0.596	0.749	0.624	0.345	0.618	0.632	0.358	0.277	0.189	0.182	4.570
甘肃	0.004	—	0.026	0.080	0.170	0.407	0.436	0.477	0.660	0.655	2.915
安徽	—	—	—	—	—	0.052	0.157	0.430	0.782	0.498	1.919
北京	0.231	0.267	0.314	0.752	0.219	0.219	0.144	0.119	0.056	0.028	1.850
广东	0.178	0.187	0.184	0.202	0.206	0.213	0.172	0.194	0.158	0.120	1.814
四川	0.275	0.174	0.088	0.074	0.238	0.095	0.302	0.154	0.186	0.172	1.758
内蒙古	0.070	0.113	0.166	0.006	0.025	0.120	0.229	0.248	0.310	0.305	1.592
江苏	0.085	0.107	0.082	0.086	0.131	0.093	0.110	0.136	0.125	0.104	1.059
湖北	0.056	0.032	0.011	0.004	0.004	0.032	0.062	0.134	0.202	0.189	0.726
云南	0.010	0.020	0.013	0.004	0.021	0.025	0.025	0.047	0.041	0.040	0.241
山西	0.035	0.021	0.012	0.008	0.006	0.010	0.014	0.019	0.013	0.010	0.148
陕西	0.013	—	—	0.080	0.004	0.002	0.0004	0.0007	0.002	0.004	0.106
浙江	0.004	0.009	0.006	0.010	0.006	0.008	0.011	0.013	0.015	0.016	0.098

续表

年份 / 省份	1965	1966	1967	1968	1969	1970	1971	1972	1973	1974	合计（吨）
青海	0.003	0.004	0.012	0.004	0.011	0.002	0.001	0.002	0.003	0.002	0.044
新疆	—	0.014	0.008	—	—	0.012	—	—	—	0.007	0.041
天津	—	—	—	—	—	—	—	—	0.014	0.018	0.032
河南	—	—	—	—	0.0004	0.0002	0.0002	0.002	0.002	0.003	0.006

资料来源：《中国黄金工业统计资料汇编》

广西黄金生产起步早，但资源一直没有大的突破，到2014年已探明储量不足全国总储量的2%。广西产量下降的同时也出现了一批新兴产金区，虽多数地区这时还是“小荷才露尖尖角”，还难挑大梁，但山东、湖南、河北不仅已表现出发展的潜力，而且已成为当时重要的产金区。辽宁、吉林、黑龙江三省份生产了这一时期近一半（49.86%）的黄金。仍是我国黄金的主产区，但所占比重已比1950年至1957年间的81.51%下降了35.65个百分点，比1958年至1964年的53.82%下降了3.96个百分点。吉林和黑龙江均已退出产量前三，分列这一历史时期产量的第4和第6。而到新世纪东北三省产量排序更全面退居第四集团军，辽宁居13位，吉林居16位，黑龙江居20位。

另外，这一历史时期黄金生产力水平十分不平衡。河南省和青海省的黄金产量仅有2.56公斤和1.912公斤，产量不足10公斤的省市还有陕西的3.563公斤、山西省的9.594公斤，这四个省份黄金产量全部来自个体矿金生产，基本上没有现代机械化采金业。东北三省和山东省是当时黄金生产力较先进的地区，建成了若干机械化生产的金矿山。

二、初步发展时期的产量结构变化

我国黄金产量由黄金矿产金和有色副产金构成，副产金是有色金属生产的产物，所以副产金生产与有色金属生产，特别是与铜金属生产存在密切的关联性，产量随有色金属产量的增长而增长，1965 年至 1974 年的 10 年间总计生产了 32.716 吨有色副产金，占总产量的 31.67%，另外 68.33% 的黄金产量即 70.592 吨为黄金矿产金。黄金矿产金与有色副产金产量之比为 2.15：1，而之前 1958 年至 1964 年是 1.26：1，表明在这 10 年间，黄金矿产金产量比副产金有了更大的增长；矿产金占比由 55.76% 上升到了 68.33%，提高了 12.57 个百分点，增长了 22.54%。所以这 10 年间黄金矿产金年均产量由 3.04 吨增长到了 7.059 吨，增长了 132.3%，而有色副产金仅增长了 35.66%。

黄金矿产金又分岩金和砂金。岩金是金元素凝集在岩石中的金矿，需将含金岩石磨成岩浆用化学方法将金元素转换出来获得黄金；砂金是金元素混合在砂砾中的金矿，用重力的方法使金元素与砂砾分离获得黄金。因为新中国接收的东北敌委政权的金矿大多是砂金矿，故而新中国成立初期砂金产量占比在 1949 年为 53.4%，1950 年为 39.29%，1951 年为 33.41%，占比很高，但砂金产量衰减很快。到 1965 年至 1974 年的 10 年间的矿金产量比重为 8.22%，总产量为 6.488 吨，虽从 1958 年至 1964 年的年均产量 0.431 吨增长到 0.849 吨，大幅增加了 96.98%，但产量仅比 1958 年至 1964 年的年均产量增长了 0.418 吨，为总增长量 4.879 吨的 8.57%，因而这一时期黄金产量的增长主要是由岩金的增长支撑的。此时期黄金产量结构如表 4–5 所示：

表 4–5　　　　1965—1974 年黄金产量结构

年份 / 种类（吨）	1965	1966	1967	1968	1969	1970	1971	1972	1973	1974	年均产量（吨）	比重（%）
副产金	3.495	2.806	2.331	1.413	2.286	2.556	3.965	4.547	5.050	4.267	3.272	31.67
矿产金	3.433	5.803	5.797	3.888	5.455	7.149	6.912	7.922	8.538	7.232	6.21	60.11
砂金	0.902	0.945	0.697	0.524	0.610	0.759	0.999	1.039	0.955	1.058	0.849	8.22

资料来源：《中国黄金工业统计资料汇编》

虽然在这一期间已有多达 12 个省市有有色副产金生产，但上海和辽宁这两个省市集中了全国近六成（59.75%）有色副产金产量，其中上海以 9.811 吨产量居全国第一，在全国副产金总量中占 30%，辽宁以 9.735 吨居第二位，占比为 29.75%。上海 98.23% 的黄金产量是副产金，只有 1.77% 产量是黄金料产，是副产金占绝对主体的地区。辽宁仅以 0.076 吨的差距列第二，但其副产金产量仅为其总产量四分之一强（26.64%），与黄金矿产金之比为 1∶3.3，是以黄金矿产金为主导的地区。其后，甘肃以 2.915 吨产量列这一时期有色副产金第三位，占这一时期副产金总产量的 8.91%，甘肃是 1967 年才有 26 公斤黄金产量报告的，但 1974 年产量已达 0.655 吨，增长了 24.19 倍，列当年黄金产量全国排序第 8 位，这显然是甘肃开发白银矿的结果，这是一个全部是副产金的产区。因有色金属生产发展而带动黄金产量增长的还有安徽，其 1970 年才有黄金产量报告，在这期间生产了 1.919 吨黄金，全部来源于有色副产金，虽然之后我国副产金在总产量的比重呈下降趋势，已下降到不足 20%，但绝对产量持续增长是我国黄金生产的重要支撑力。

在这一历史时期有 12 个省份有砂金产量报告，这在一定意义上讲是发动群众采金的成果，因这 12 个省市中有 6 个的黄金生产全部是由个体产金构成的，产量仅有数公斤，多者也仅有数十公斤，占产金省市总数的 26%。群采的推进扩大了黄金产地的广度，但群众采砂金产量仅占这一时期砂金总产量的 34.99%，而 65.01% 的砂金产量是由国营机械化企业生产的，其中 5.319 吨砂金，即总产量的 64.71% 是由黑龙江国营砂金矿生产的。黑龙江砂金在这一时期的生产总量为 5.457 吨，为全国砂金总产量的 66.39%，为黑龙江黄金总产量的 90.01%。黑龙江以砂金生产主导的生产格局从新中国成立初一直保持到 20 世纪 90 年代末，长达半个世纪之久，而砂金生产的式微也使黑龙江黄金失去了主产区的地位，2014 年黑龙江黄金产量排序仅为全国第 20 名。与黑龙江结局有所不同的是另一个砂金生产重要基地的内蒙古。

内蒙古黄金生产虽然是从砂金生产起步，但发展很快，1969年获得1.9公斤的砂金产量后迅速增长，并成为以砂金生产为主导的产金区。到1974年砂金产量达到了201.172公斤，占内蒙古黄金总产量的92.05%，成为内蒙古黄金生产发展的主动力。在这一历史时期，内蒙古总计生产了1.082吨砂金，为这一时期全国砂金总产量的13.17%，而到21世纪初内蒙古虽基本上停止了砂金生产，但并没走上黑龙江黄金产量衰减之路，岩金生产的发展使内蒙古黄金生产又跃上了一个新高度，2014年内蒙古黄金产量排序第6，进入了我国黄金生产第二集团。

三、在初步发展时期的“两条脚走路”方针

我国一些地区有悠久的个体采金和淘金的历史，由于社会动乱和政策禁止而中断，所以当1957年国家决定发展黄金生产时就首先聚焦于民采黄金积极性的发动，将发动群众采金作为增加黄金生产的国策，而下发了《大力组织群众生产黄金的指示》。但是之后数年的实践表明这一政策的实际成效并不大，黄金生产发展现状并不理想，因而1964年中共中央工作会议期间召开了“黄金经营与生产座谈会”又提了建立黄金机械化生产体系的六点建议，当时这些建议是从对原有黄金发展政策的完善和发展的基础上提出的，因而并没有否定发动群众采金路线，而是形成发动群采金和推进黄金机械化生产体系建设并行的“两条腿走路”方针，这一方针一直持续到20世纪80年代的中后期。

在国家普查资源尚未完成，存在大量空白的情况下，群众往往可以弥补这一缺陷而成为黄金资源的率先发现者，有一些大型黄金生产基地建设就是由民采开始的，而且民采也具有固定资金投入少、见效快的特点，成为一些地区迅速提高本地区黄金产量的有效手段，这是支持和发展黄金民采政策的客观存在的理由。

内蒙古就是一个民采发展黄金生产的典型。内蒙古曾经存在很大规模的民

众采金活动，但在新中国成立前夕已寥寥无几。1968 年在察右中旗牛灰沟发现砂金，1969 年 10 月 17 名农民组成采金联合体进行采金生产，很快又在西菜园发现富砂金矿，3 个月即产金 60 多两，因而在此基础上，1970 年 3 月建立了地方国营察右中旗金矿，从此内蒙古迈开了砂金生产发展的步伐。这个案例反映了支持群众采金的意义，群众采金往往具有先遣队和开路者的作用。

这一历史时期支持群众采金作为一项国家政策而得到持续的推进。冶金部于 1958 年 6 月 7 日在广西桂林、1965 年 8 月 25 日在山东招远召开群众采金现场会之后，1973 年 8 月 25 日至 30 日在河北遵化召开了全国群众采金现场会，总结和推广发动群众采金的经验。在这 10 年间，群众采金对我国黄金生产发展产生的积极作用表现有二：

（1）这一时期几乎 50% 以上的产金区是从民众采金起步的。黄金生产探路者和先锋队的作用突出；

（2）这 10 年群众采金产量比前 10 年产量增加了 174.63%，由 5.527 吨增长到 15.179 吨，为这一时期的黄金产量增长做出了贡献。

但仅此而已，这一时期我国黄金产量的增长的主动力还是来源于黄金机械化生产体系建设的推进，而群众采金仅是一种辅助性力量。

1965 年至 1974 年的 10 年间我国总计生产了 103.308 吨黄金，而其中群众采金的产量仅占 14.69%，即 15.179 吨，另外 85.31% 即 68.129 吨黄金是国营规模金矿生产的。另外这 10 年较前 10 年黄金产量增加了 49.365 吨，而群众采金增加了 9.652 吨，为总增加量的 19.55%，不足 20%，另外八成多的增长是国营规模金矿的贡献。所以无论从哪一个角度讲，群众采金都不是发展的主动力。黄金工业之所以在这动荡的 10 年中取得了比前 10 年更大的发展，是因为在这 10 年注入了更大的发展动力，即现代机械化大生产。这 10 年“两条腿走路”方针的实施也是这两种生产方式同台竞争的时期，而两者优胜劣汰的最终结果在 20 多年后揭晓。

群众采金虽然不是黄金生产的主力军，但作为重要的辅助性力量，贡献了这一历史时期 15% 的产量，支持群众采金政策一直延续到 80 年代中期，“群采”作为一种粗放落后的生产方式对环境的负面影响日益被人们警惕。另外，随着改革开放的推进，利益主体日益多元化而出现了黄金地下交易，久禁不止市场交易秩序出现混乱，“群采”是乱源之一。这两个因素最终导致了“群采”政策的调整。

第五章 黄金生产的第三次再出发

（1975—1984）

继1957年、1964年之后，1975年第三次增加黄金生产的全国战役打响，原因是这时出现的成套设备进口潮，将我国外汇需求推上了一个新高度，使以前黄金生产的进步变得微不足道因而需更大发展。为此，周恩来总理在病中亲自授命开国大将，时任国务院副总理的王震挂帅指挥，足见这次黄金生产战役意义之重大，国家高层对这次战役成果期盼之殷切。

王震，这个延安大生产运动的先锋是在当时国家经济遭遇困顿、政治纷乱的形势下挑起了“挽狂澜，克难关”的重任。但幸运的是这次增加黄金生产全国战役发动不久，“文化大革命”便宣告结束，从而避免了重蹈1964年黄金生产全国战役启动夭折的覆辙。稳定的经济发展环境为黄金工业提供了成长的沃土，而进入了独立的黄金工作体系创建形成时期，这是我国黄金工业发展史上的一个重要时期。

改革开放是中国图强之路。中国经济发展此时由封闭走向了开放。黄金对经济发展的战略性更加强化，国家高层对黄金生产寄予的期盼也达到了前所未有的历史高度……

20 世纪 70 年代初我国已将外债全部偿还，因而既无外债也无内债曾作为一项经济成就而对外广泛宣传，但因我国第二次成套设备进口潮的出现再次使外汇支付矛盾凸显了出来，因而国家高层自然又把关注点集中于黄金生产，要求黄金生产要有更大的发展。

周恩来总理病中“托孤”

1975 年，中国当代历史上的一个重要节点：“文化大革命”尚未结束，思想上的拨乱反正尚未进行，但是极“左”路线已是途穷。这一年 1 月，邓小平开始主持中共中央和国务院工作，立即开始对国民经济进行全面治理整顿，因而也在党内开始了与“四人帮”针锋相对的斗争，使国民经济的发展具有了强烈的路线斗争的特征，能否实现国民经济的稳定发展成为政治路线是否正确的角力。“四人帮”对发展经济的严重干扰和破坏，使我国的国民经济到了崩溃的边缘，连民众生活的基本保障都出现了困难。

满足民众基本生活需求是社会安定、政权巩固的基本条件，对于国家高层来说这是要解决的头等大事，因而党和国家领导 20 世纪 70 年代决定引进 18 套化肥和化纤成套设备以增加粮食和布匹供应，解决民众的吃穿需求。这 18 套化肥和化纤设备进口投资为 138.6 亿人民币，再加上配套进口，总投资 200 亿人民币左右，以当时的汇率计算超过了 80 亿美元，是 50 年代第一次成套设备进口潮用汇 22.97 亿元的 3.48 倍，因而国家面临了更大的外汇支付压力。

80 亿美元的支付在今天看来是“小菜一碟”，因为对于现在近 4 万亿的外汇储备来说，这仅是大海中的一滴水，而在当时却是难以跨越的高峰，因为已超出了当时国家的支付能力。进口这批成套设备是难为而不得不为之的决策，因而在当时的政治气候下，决策者不仅面临经济的巨大压力，而且面临巨大的政治风险。

较 50 年代，我国 20 世纪 70 年代的外汇、黄金储备均有增加，国际支付能力增长，但是仍难应对这次成套设备进口需要。我国外汇黄金储备 1970 年至 1974 年 5 年平均为 10.876 亿美元，这意味着这次进口成套设备用汇是当时国家储备的 7.35 倍；而 1975 年之后的 5 年间（1976 年至 1980 年）年均外汇储备规模为 54.604 亿美元，因而第二次成套设备进口潮所需外汇支付量又是这一时期国家外汇储备的 1.47 倍。也就是说，把这一时期全部国家外汇储备都砸进去也不够，这是一个严峻的现实。我国 20 世纪 70 年代外汇黄金储备见表 5–1。

表 5–1　　　　我国 20 世纪 70 年代外汇黄金储备

项目＼年份	1971	1972	1973	1974	1975	1976	1977	1978	1979	1980
外汇储备（亿元）	2.02	5.43	0.83	3.69	8.99	12.55	23.45	15.57	21.54	22.62
黄金储备（万盎司）	900	900	900	1380	1280	1280	1280	1280	1280	1280
黄金储备折美元（亿元）	3.15	5.33	8.76	20.19	20.62	15.98	18.91	24.73	39.26	78.41
合计（亿美元）	5.69	10.76	9.59	24.08	29.61	28.53	42.36	40.30	60.80	101.03

资料来源：《金融统计》

另一个外汇来源是对外贸易的出口创汇。改革开放以前我国的外贸规模很小，创汇能力极低，即使改革开放以后的1982年至1990年的9年间的情况，1990年经常项目下盈余超百亿，达到了119.96亿元，但这仅是个别年份，在这9年间有4年逆差，总计达265.69亿元，另外5年是顺差，但仅有242.40亿元，收支相抵，这几年对外贸易逆差23.29亿元，因而在很长一段时期里外贸创汇增储能力都很低。这一情况的改变已是20世纪末了，而在70年代依靠外贸创汇支付这80亿美元设备进口用汇有很大的困难。

在这种情况下，国家高层把解决这一外汇支付难题的希望目光聚焦于黄金生产，1972年3月，病中的周恩来总理在病床前亲自嘱托王震副总理说："你要把金子抓一抓。"当时王震分管铁路、邮电、交通和供销合作社，不管黄金生产，因而周总理对王震副总理的授权是非正常的。两位领导人都已作古，我们已难了解当时发生的细节，但今天我们可以想象一生讲规矩、讲纪律的周恩来总理已知自己来日无多，所以一定要把自己最关切的问题直接交付给自己最信任的人。周总理这个可以理解的非常规的行动很有些"托孤"式的悲壮。但是，王震能将这一嘱托付诸实践已是3年后，邓小平主持国务院业务工作的1975年了。显然之前王震也难以将周总理之托付诸行动。

可以说，我国黄金工业在共和国的困难时刻再一次充当了救火队的角色，被国家高层寄予厚望，此后，相似的剧情在历史的舞台上不断重演，正是在共和国的困难关头，黄金的表现使我们的整个社会深化了对黄金及黄金工业的认识。第二次成套设备进口潮出现的外汇支付困难再一次提升了黄金生产的国家战略地位，但这不是终点，之后共和国改革开放事业的推进使黄金生产甚至成了国务院直接指挥与管理的生产事业。

再一次挑起“垦荒”的重任

王震这个开国大将，曾在战场上叱咤风云，战功卓著，但对搞生产并不陌生。在抗日战争期间，作为当时卫戍延安的359旅旅长的王震是著名的大生产运动的先锋，延安南泥湾垦荒的领头人。解放战争挥师入疆，在新疆领导了10万将士屯垦戍边，之后又主政农垦部，与经济建设渊源颇深。据说，正是因在组织部队大生产时曾经组织过采金活动而成为周恩来总理授权王震挂帅抓黄金生产的一个理由，但更重要的是其在党内与“四人帮”斗争中旗帜鲜明，是一个可信任之人。

从1972年王震临危受命，到1975年紧急行动，相隔了3年的时间，中间发生的事情我们不得而知，但启动黄金生产全国战役的紧迫性从王震的讲话中可见一斑。作为起步，王老于1975年5月30日在北京召开了黄金工作座谈会，他开门见山地提出：“今天开一个动员会，要多挖金子，向生产深度和广度进军。1980年不是100万两，而是100吨（320万两），相当于5亿美金。要树雄心壮志，不要打败仗。”1975年黄金产量仅为13.785吨，王老的要求就是5年内黄金产量要增加6.25倍，（实际仅增长了75.95%），平均年递增率已达13.31%；这已是我国黄金产量年递增率最高的时期了，但王老的高产量指标的提出反映了国家高层对增加黄金生产希望之殷切。对于增产黄金的急切还表现在要求首先是从不需要搞基本建设的群众采金抓起，以期尽快见到成效，并且要求冶金部在两个月内向国务院提交增加黄金生产的报告。

王震走马上任后不是在办公室下命令，而是首先下基层搞调研，在1975年下半年的6个月时间里，马不停蹄地深入到山东、内蒙古、河北、湖北产金地进行调查，了解情况，分析问题。在此基础上，王震副总理组织了冶金部和国家计委地质局联合向国务院提出《关于大力发展黄金、白银的报告》。在该报告中对增加黄金和白银生产提出七点建议，并于1975年10月12日经国务院批准印发至相关部门，成为这次增产黄金运动的指导性政策文件，这是继1957年和1964年之后又一个重要的有关增产黄金的政策文件宣示，奠定了此后黄金政策与措施出台的基础。

该报告针对增加黄金生产提出的七条建议，可以归纳为五个方面：

（1）各级政府要重视黄金生产，把黄金作为国家重点产品，为此，各级要建立相应的管理机构，加强领导。

（2）实行特殊的发展方针，即“两条腿走路”，在建设和运行好国营金矿的同时，应积极开展群众采金；在金矿建设方针上实行边探边采，以加快黄金生产。

（3）加强地质勘探工作，为此要组建专业勘探队伍。初步确定达到1.1万人的规模。

（4）加强科研工作，搞好综合利用和环境保护工作；进行技术改造，提高机械化水平和综合回收率。

（5）制定有利于增加黄金产量的经济政策，如补贴、专项低息贷款、外汇分成、实物补助和物质供应保证等。

七条建议从总的来看没有突破1957年和1964年两个政策文件的内容。1957年发布的《关于大力组织群众生产黄金的指示》宣布了国家黄金生产政策的调整和优惠倾斜经济政策体系的构建，因而具有历史的开创性；1964年中央工作会议期间形成的六点建议的政策文件，确立了黄金机械化大规模生产之路，对我国黄金工业发展模式做出了修正而具有历史意义的突破性。而1975年10月发布的七点建议为主要内容的政策文件基本上是循规蹈矩的，与前两个政策文件相比在政策取向上没有变化，在具体内容上也没有发展，基本上是对前两个政策文件内容的综合和延续。

王震主管黄金生产的10年最大的成绩是奠定了我国独立的黄金工业体系的

基础，将黄金生产引入了一个持续增长的历史时期，将发展黄金生产的政治决策变为了现实。总的来说，王震主管黄金生产主要抓了4个方面的工作，也可以说是王震将军使出的“四板斧”。

一、王震将军迎敌的“四板斧”

经历了两次夭折和没有达到终点的起跑后，新中国成立已26年，但黄金工业仍十分弱小，1975年王震面对的是一穷二白现实，必须从头做起。

1. 推动全国统一的黄金生产领导指挥系统的形成与建设

建立全国统一的黄金生产领导指挥系统的努力始于1965年中国黄金矿产公司的建立，但这一努力因“文化大革命”冲击而勉强地存在了4年，于1969年6月解散。在1975年王震主管黄金生产之前，1972年国家计委已在《当前黄金生产建设中亟待解决的几个问题》的简报中，针对黄金行业公司解散后无专门机构和人员对黄金生产进行管理，黄金生产建设中的问题成堆，长期得不到解决的现状，提出冶金部和有关省市要设置必要的机构和专职人员，迅速改变代管、兼管、无人管的情况。

1975年10月，在王震同志支持下，冶金部和计委地质总局便向国务院提交了《关于大力发展黄金白银的报告》，首先就是提出要建立相应的机构，加强领导。12月，王震和谷牧两位副总理对冶金部成立黄金管理局做出批示，冶金部黄金管理局便于1976年1月1日成立，从此开始了独立的黄金领导指挥体系的建设，王震对这一管理体系的建设给予了大力支持和积极的推动。到1985年末已建立25个省级黄金管理机构，地市级管理机构87个，县级管理机构228个，一个覆盖全国从中央到地方的黄金工业管理体系基本建成，为黄金工业的发展提供了组织保障。

2. 推动专业的地勘队伍的建立与发展

黄金地质资源是黄金生产的基础和前提，但是已探明地质资源不足是我国黄金生产长期存在的一个瓶颈，因而1975年王震管黄金生产把抓黄金地质资源勘探放在关键位置，但“文化大革命”的冲击使王震面对的是无人无钱一穷二白的局面，要突破资源瓶颈首先要有人，要有勘探队伍，所以在动员已有专业勘探队伍加强黄金勘探的同时，又于1979年成立了一支从事黄金勘查的部队——基建工程兵黄金指挥部，到1985年，从事黄金地勘的专业队伍已达5.2万人。

3. 推动发展黄金生产的政策体系建立与完善

通过经济优惠刺激生产黄金的积极性，这一政策体系在王震同志主管黄金的10年间形成，并被后来者所遵循，主要有：

（1）价格补贴。1975年人民银行、冶金部下发通知，从1975年6月1日起在收购价格外每两增加100元政策补贴；1979年调整收购价，由每月260.5元到390.63元，政策补助100元不变。这一补贴政策一直延续到90年代初金价并轨之前。

（2）实物奖励。在生产、生活物资供应短缺时，交售黄金可获实物奖励。1975年冶金部、国家计委地质局下达文件规定交售万两黄金奖励钢材200吨、木材400立方米、炸药100吨供应指标。1978年在此基础上对农村社队又增加了化肥、布票奖励。随着物资供应日趋丰富和富裕，这一政策也自动消亡。

（3）建立基金。长期以来，黄金生产的发展除存在资源的瓶颈外，还有一个很大的资金瓶颈。价格补贴、税收优惠等措施可以使黄金生产者收惠，但不能解决扩大再生产新矿山建设和新资源勘探所需的资金缺口，为了解决这个问题，1979年建立了黄金发展基金，按每小两100元计入基金，1980年上调到200元，1986年上调到300元，到1989年又下调到200元，执行到1993年该基金取消。

（4）税收优惠。对黄金生产实行税收优惠并非始于1975年，但王震同志抓黄金生产期间不仅坚持这一政策取向，而且在原有优惠的基础上又有发展，

1984 年对黄金生产性基本建设投资免缴建筑税，1985 年黄金生产发展基金免缴所得税和能源交通重点建设基金。虽然有不同的意见，但黄金生产税收优惠成为一直实行的政策没有变化。

4. 推动群采规模的扩大和黄金产量提高

从 1957 年国务院下发《关于大力组织群众生产黄金指示》起，“群采”便成为提高黄金生产的路径选择，前已分析这是在既缺少资源，又缺少资金的情况下的权宜之计。1975 年王震挂帅抓黄金生产时面临的是相同的情况，因而也只能先从发动“群采”入手，把“群采”作为现实可以依靠的力量加以利用，相关部门也积极配合，多次下发文件和组织现场会和经验交流会，“群采”在这一历史时期出现一个高潮，当然也出现了一些问题，这是事情的另一面。

在这一历史时期“群采”得以形成高潮，成为增加黄金生产的一支重要力量，是在改革大背景下发生的现象。粉碎“四人帮”集团以后，改革之风涌起，而这个改革潮流首先是从农村开始的，极大地调动了农民生产的积极性，解放了农村生产力，“群采”的发展正是这个大潮流的一部分而水涨船高。据《当代中国的黄金工业》记载：民采规模 1985 年比 1975 年增加了 4 倍，由 2 万人增加到了 10 万人，产量增长了 1.26 倍，由 8.07 万两增加到了 18.23 万两。1976 年至 1985 年“群采”产量总计 147.25 万两，为同期总产量的 21.25%；为同期矿产金产量的 28.6%。

二、历史不会忘记

我国黄金工业发展经历了多年的反复波动之后，从 1975 年以后实现了 19 年的产量持续增长，年均增长超过了 10%，被视为黄金工业全面发展时期。在这个时期，我国黄金工业独立的生产运行体系基本形成，从此共和国诞生了一个新兴产业，并且这个新兴产业并不是一颗流星，瞬息即逝，而是在此后的岁月里走出了更为亮丽的步伐。毫无疑问，王震副总理是这一成就的奠基人和开创者。其前后主抓黄金生产有 10 年时间，80 年代中期以后虽不再主管黄金生产，但仍关心和支持黄金生产的发展，被业内人士视为后台和主心骨，凡遇重大问题往往还会听取他的意见，征取他的支持。伟人已逝，但影响仍存，在我国黄金工业发展史上已深深地留下了王震的身影。

在共和国的非常时刻王震接过发展黄金生产的大旗，挑起了重任是义无反顾的，首先是不辞辛苦，深入基层做发动工作，使第三次全民黄金生产运动迅速启动；其次是在王震的督促和协调下在较短的时间里，在一遍空白的条件下建立起了全国黄金生产指挥体系和专业的黄金勘查建设队伍，为黄金生产持续发展打下了坚实基础；更为重要的贡献是，利用其在党内的崇高威信协调国务院有关部门，推动了支持发展黄金生产的经济政策的出台，影响至今，虽然政策的具体内容不断变化，有调整有废止，但政策取向始终如一，从而为黄金生产的发展构筑了一个良好的政策导向。

经济政策具体有三个方面：

（1）建立发展基金；

（2）实行价格补贴；

（3）给予税收优惠。

这三项政策的建立和终止并不同步：发展基金诞生于 1979 年，终结于 1993 年；价格补贴开始于 1975 年，终止于 1993 年；税收优惠起始于 1957 年，延续至今。这三项经济政策是根据发展黄金生产的现实需要而推出的：建立发展基本的目的是解决黄金扩大再生产和行业管理所需的资金，这是发展黄金生产的必备条件；价格补贴和税收优惠是在国家定价，而长期国内金价低于国际金价的情况下对生产者一种补偿机制，这是保证和激发黄金生产者积极性的必要条件。因而支持黄金生产的经济政策是这一历史时期黄金产量实现持续增长的重要因素。

“以金养金”政策及演变

“以金养金”政策是这一历史时期黄金政策体系的核心，“以金养金”即黄金工业依靠自己的收益不断进行投资，形成滚雪球式的滚动发展，实现黄金工业持续扩张。“以金养金”政策是1975年扩大黄金生产全国会战启动后逐步形成的一项重要的黄金政策，于1979年推出，而这一政策的形成与1975年推出的黄金价外补贴政策存在着密切的关联性。

黄金价外补贴是1957年对黄金生产施行优惠税制和实物奖励政策之后，1975年对黄金生产施行的又一项重要优惠经济政策，即以财政补贴的方法刺激黄金生产的积极性。1975年9月中国人民银行、冶金部联合发出了《关于每两矿产黄金增加100元政策补贴的通知》，从此价格补贴政策出台。这一政策一直存在到1993年，先后达19年。

黄金价外补贴的本意是这一历史时期金价由国家定价，但国内金价长期低于国际金价。从1974年至1992年的19年间平均低27.92%，不仅低金价影响了企业对黄金生产的积极性，也影响了黄金企业扩大再生产的能力，因而建立价外补贴政策是通过国家财政补贴对黄金生产进行经济上的补偿，使黄金生产企业增加维持简单再生产和扩大再生产的能力。具体是每交售一小两黄金可获得100元人民币财政补贴，主要用于挖潜、技改、勘探以及集体企业所有制黄金企业亏损补贴。这一补贴政策对之后的黄金发展基金的建立和以金养金政策的形成都产生了极大影响。

1979年金价由每小两268元提高到390元，虽仍保留了100元价外补贴，但不再补贴到企业，而是由冶金部黄金局统一掌握作为黄金发展基金，用于新矿区的勘探、基建以及行业管理机构运行资金和偿还项目建设的银行贷款。因而价外补贴是黄金发展基金诞生之源，而黄金发展基金资金来源后来又增加了人民银行的价外补贴。

1980年价外补贴除财政每小两补贴100元不变，而金价由每小两390元提高到500元的同时，价外补贴再增加200元，但这部分补贴资金由人民银行拨付。因而这次从1980年7月执行的补贴调整，财政部拨款没有变而又增加了人民银行拨款。因人民银行拨款的资金来源是黄金收售及国内金价与国际金价的价差，这实际上是黄金流转环节的利润向生产环节的转移。

1984年黄金收购价又由每小两500元提高到了700元，但同时价外补贴由300元下调到200元，即财政部支付100元不变，而人民银行支付的由200元下降至100元。这次调整减少了黄金发展基金（100元），但为了照顾黄金生产企业的利益，每小两黄金价格增加了200元，但仅实行了1年。

1985年又将价外补贴以1984年交售黄金量为基数，基数内价外补贴每小两200元不变，超基数补贴300元，资金按财政部100元、人民银行200元拨付。对于乡镇企业和个人基数内的产量价外补贴计入收购价内，直接补贴到乡镇企业和个人，而超基数部分财政部另每小两补贴100元，这100元作为发展基金由行业管理部门集中使用。

1986年又发生了变化，价格外补贴增加到了400元，即财政部100元不变，人民银行支付的资金由200元上升到300元。在这400元中分列出100元设立黄金勘探基金，另外300元仍为黄金发展基金。这是黄金价外补贴最高的年份，一直到1989年3月，执行了3年的时间。

1986年国务院发布了《关于加快发展黄金生产的决定》，增加黄金价格补贴与这一政策取向是相一致的，从1986年12月至1989年1月，黄金收售价提升了114.29%，由每小两700元上升到了1500元，并且价外补贴一直仍保持在一个高水平之上，但是，从价外补贴中逐步延伸出来的黄金发展基金和地质勘查基金成了独立的概念，使这时我国实际金价由基本金价、地质勘查基金、生产发展基金和价外补贴四部分组成。

如1988年8月实际金价是1700元，其中基础金价1200元，这部分金价是黄金生产者可以拿到的实际收入，另外有生产发展基金300元、黄金地勘基金100元、价外补贴100元，总计500元。这500元是由行业管理部门集中使用，用于黄金新区的资源勘查、基本建设和技改，以及行业管理经费的资金支出。在这1700元的支出中，1650元由人民银行支付，50元由财政部拨付。因而从1989年开始国家财政拨付的黄金价外补贴减少了50%，由每两100元下降到了50元。这次调整使黄金行业集中用于扩大再生产投资，地勘资金和行管经费的90%资金是由人民银行拨付，而资金来源于黄金收售价差和黄金价差，从而基本形成了依靠黄金自有收入扩大再生产，实现了黄金生产滚雪球式的发展，达到了“以金养金”的要求。

1993年黄金市场化改革启动，“以金养金”政策终止，但作为这一政策的善后，价外补贴一直维持到1997年。其中1994年、1995年地勘费4亿元，每两可由财政部补贴50元，不足部分由人民银行补足，另外，人民银行每年拨付黄金行业管理经费5000万元。1996年国务院16号函又规定在国内收购价与国际金价并轨前，每年保证黄金地勘基金4亿元，其中财政部定额补助5000万，人民银行拨付3.5亿元，另外拨付8000万作为黄金行业管理经费，但也只延续到1997年最终结束。

1989年国务院6号文转发了1988年12月30日《关于研究黄金收购价格和金币发行问题的会议纪要》，在这次会议上明确我国实行“以金养金”政策，当年每收购一小两黄金实际支付1700元，其中人民银行支付1650元，财政部支付50元。在这1700元中，1200元为收购价，另外500元分为地勘基金100元、生产发展基金300元、价外补贴100元。从1975年到1988年从价外补贴出台到黄金发展基金建立，再到宣布“以金养金”政策历经14年，以金养金政策是逐步形成的。因“以金养金”政策是这一历史时期各项具体政策出台的源头，在当时构建黄金经济政策体系中占有重要地位，其重要性还表现在这一政策在当时社会资金紧张的形势中，提高了黄金行业的筹资能力，从而为黄金行业扩大再生产提供了资金保障。

从 1975 年至 1993 年的 19 年间，黄金行业“以金养金”政策集中筹资 78.46 亿元，其中约 55.83 亿元投入了固定资产投资，约占这一时期黄金行业固定资产投资总额 82.23 亿元的 67.89%；用于黄金地质勘探的资金约为 22.63 亿元，约为这一历史时期国家黄金地勘投入总额 60.63 亿元的 37.32%，也就是这一时期近七成的固定资产投资，近四成的地勘资金是以金养金政策的成果。而这一时期“以金养金”政策资金来源的大约四分之一（24.27%），即 19.04 亿元为财政拨款，大约四分之三（75.73%），即 59.42 亿元来源于人民银行拨款。

“以金养金”政策是计划经济体制的产物，黄金管制是其存在的基础，价差是其运行的条件，因而 1993 年黄金市场化改革启动后，其基础和条件都将不复存在，所以，“以金养金”政策也便走到了尽头。在统收统支的大一统计划管理体制中，国家对黄金企业实行“以金养金”政策，实际上是给了黄金生产一定的发展宽容度，而在对黄金免税的情况下，国家财政又先后给予了 20 多亿元的财政补贴，因而“以金养金”政策虽被戏称为“猪八戒啃猪蹄，自己啃自己”，但这却是当时一个对支持黄金工业发展发挥了很大作用的经济政策。

黄金发展基金的建立与终结

增加黄金生产的实质就是实现黄金扩大再生产，而扩大再生产就必须进行固定资产投资，从而实现黄金生产力的扩张。因而，投资的保证是 1975 年发展黄金生产第三次再出发实现预定目标的关键性课题，然而黄金固定资产投资不足是一个长期存在的问题：1949 年至 1964 年国家对黄金工业的投资为 8270 万元，年均仅有551.33万元；1965年至1974年的10年间投入资金14558万元，年均不到1500万元，虽比1949年至1964年增长了1.64倍，但绝对量对一个行业的发展来说仍是杯水车薪，那么今后发展资金的前景将是如何呢？

一、黄金发展基金的由来

1975年拉开了“全民黄金战役”的大幕，黄金生产被赋予了重大的政治内涵，在这种情况下，应该说增加对黄金生产的投资是会得到国家支持的，但1976年至1980年的5年间黄金固定资产投资年均不足亿元，仅为0.776亿元，因而年均新增生产能力仅为1.73吨，显然不能满足国家大力发展黄金生产，迅速增加黄金产量的要求。是什么原因影响了黄金固定资产投资的增长？

在当时计划管理体制中，黄金固定资产投资来源，一是财政拨款，二是银行贷款，而这两种资金的获得都需在具备一定条件下才能立项，并要按程序进行层层审核，但1975年第三次黄金生产“全民战役”展开因紧迫，是在准备严重不足的情况下启动的。首先是资源情况不明，使一些项目只能是“三边”工程，即边勘探、边设计、边施工，由于项目的不确定性很大，不规范，许多项目很难列入国家的正式基本建设计划中，即使列入了冗长的审批程序也不适应快速增加黄金生产的要求。基于同样的原因，虽然国家确定对黄金生产实行优惠贷款利率，但按程序审批获得贷款也有困难。所以，在拨款和贷款都受阻的情况下，建立黄金工业特殊的资金渠道就成了一个选择，黄金发展基金就是在这样的情况下诞生的。前后存在了19年，即从1979年至1997年，因黄金市场化改革而终止。

黄金发展基金起源于1975年价外补贴政策的建立，1975年10月冶金部和国家计委地质局在《关于大力发展黄金、白银的报告》中提出建立“价外补贴”政策，即要在收购价外另增加100元补贴，用于黄金技改、勘探、小型基建以及群采亏损补助。多数由各级管理部门集中使用，20%由产金企业使用。1979

年做了如下变动：价外100元补贴由人民银行直接拨付给冶金部黄金局统一掌握，用于建立黄金发展基金和用于偿还建设项目的银行贷款。黄金发展基金由此诞生。

为了满足黄金基建的资金需求，1980年5月国务院领导对冶金部《关于黄金、白银调价问题的补充报告》做了批复，同意维持财政补贴100元不变，另由人民银行补助200元，因而生产发展基金由每小两100元变为了300元。这一调整不仅是数量的增加，而且改变了资金的性质，在此之前，黄金发展基金全部是财政拨款，是以财政补贴的方式解决黄金生产扩张所需的资金投入，而从此以后，三分之二的生产发展基金来源于人民银行，而人民银行的这笔资金是来源于国内外价差和收售价差。

1984年12月，中央财经领导小组办公会议决定黄金价格在由每两500元提高到700元的同时，黄金发展基金由每两300元下调到200元，由财政部和人民银行按实际产量各支付100元；1985年8月，国务院106号函将黄金产量做了指标产量和超产产量的区分，指标内的产量生产发展基金按200元提取，超产的产量按300元提取，其中财政补贴100元，人民银行补贴200元；1986年国务院111号文再次做出调整，将生产发展基金上调到400元，其中财政补贴100元，人民银行补贴300元，在这400元的生产发展基金中，有100元为黄金地质勘探基金。这又正是黄金勘查基金的由来。

1989年3月，黄金生产发展基金再次调整，这次调整是国家计委、财政部、中国人民银行和国家黄金局联合以计工［1989］282号《关于调整黄金开发基金等几项有关政策的通知》文公布的，显然这是多部门协商的结果。该文明确黄金开发基金由300元下调到200元，而地质勘探基金由每两100元增加50元到150元。资金来源为财政补助50元，人民银行拨付300元。实际只是减少了50%的财政补贴。到1993年宣布黄金开发基金取消，先后存在了19年，是我国黄金发展一项重要政策。这是在黄金统收专营的管理体制中诞生的，也必然会随着黄金市场化改革的推进而完成历史使命走向终结。

二、黄金发展基金的作用和贡献

黄金开发基金的显著作用是促进了黄金的扩大再生产的推进。在黄金开发基金存在的 19 年中大约筹集了 78.46 亿元的资金，其中大约 22.63 亿元即 20.04% 为黄金地质勘查基金，而 70.06% 的资金即 55.83 亿元用于黄金基本建设项目投资，由于资金的保证，这一时期黄金基本建设投资有一个数量级的增长，而且是逐年提高，1976 年至 1980 年的“五五”期间年均投资额 0.777 亿元，是 1975 年的 5.34 倍；“六五”期间年均投资额突破了 1 亿元，为 1.5 亿元，是“五五”期间的 1.93 倍；“七五”比“六五”期间又增长了 4.17 倍，达到了 7.753 亿元，而“八五”期间前 3 年更突破了 10 亿元，年均达到了 10.66 亿元。这 19 年期间，黄金基本建设投资总额 82.32 亿元，因而黄金开发基金保证近七成（67.89%）的黄金固定资产投资的资金供给，对黄金工业扩大再生产的推动功不可没。各时期开发基金对固定资产投资保障度见表 5-2。

表 5-2　　开发基金对固定资产投资保障度

时期	年份	固定资产投资（万元）	开发基金可用于固定资产投资额（万元）	开发基金为固定资产投资比例（%）	新增能力（公斤）
“五五”期间	1975	1995.00	4411.20	221.11	67.25
	1976	5364	4708.80	87.79	727.65
	1977	6814	5125.76	75.23	1227.53
	1978	7202	6283.84	87.25	1369.25
	1979	7908	6671.04	84.36	1095.50
	1980	11596	23285.76	200.01	4780.99
	总计	38884	50486.40	129.84	9268.7

续表

时期	年份	固定资产投资（万元）	开发基金可用于固定资产投资额（万元）	开发基金为固定资产投资比例（%）	新增能力（公斤）
“六五”期间	1981	8810	24192.96	274.61	1069.52
	1982	15523	26168.64	168.58	3261.31
	1983	17839	29338.56	164.46	2768.21
	1984	16475	21712.64	131.79	1670.18
	1985	16342	25012.48	153.06	3919.12
	总计	74989	126425.28	168.59	12388.34
“七五”期间	1986	29025	42643.2	146.92	5480.76
	1987	55508	45899.92	82.69	6557.25
	1988	94931	47026.56	49.54	11888.42
	1989	105388	36069.40	34.23	11711.47
	1990	102798	42362.00	41.21	8866.82
	总计	387650	14001.08	55.20	44504.72
“八五”期间	1991	91419	48742.40	53.32	5825.35
	1992	105830	53776.64	50.81	7245.26
	1993	122460	60510.72	49.41	6378.52
	总计	319709	163029.76	50.99	19449.13

黄金扩大再生产投入资金的增长带来的一个直接的结果是产能的增长，1976年至1980年的“五五”期间，新增生产能力9200.92公斤/年；“六五”期间新增生产能力12388.64公斤/年；“七五”期间新增生产能力44504公斤/年；1991年至1993年“八五”前三年新增黄金产能是19448.12公斤/年。与“四五”做一比较，我们更能认识这一时期的进步，“五五”黄金新增生产能力是“四五”的7.85倍；“六五”是“四五”的10.57倍，而“七五”更是“四五”的37.97倍。新增生产能力的持续增长必然会使黄金产量在这一历史时期持续增长。

1975 年至 1993 年的 19 年是我国黄金产量持续增长的历史时期，如果我们以 1975 年为基年，那么“五五”期间年均黄金产量增长了 38.61%；“六五”期间增长了 126.38%；“七五”期间增长了 282.65%；“八五”期间的前 3 年增长了 515.97%，1993 年的产量是 1975 年的 6.86 倍，由 13.785 吨上升到了 94.548 吨，标志黄金生产力的持续发展。两年后的 1995 年，我国的黄金产量突破了百吨，达到了 108.405 吨，之后又过了 19 年，此期间我们连登了 4 个百吨台阶，2015 年黄金产量达到了 518.980 吨。

三、黄金发展基金的资金结构

黄金开发基金创立是用财政补贴的方式解决黄金扩大再生产资金不足的问题，开始是百分之百来源于财政拨款，体现了国家对黄金工业的政策倾斜，但逐步变为了以人民银行拨款为主、财政补助为辅，黄金开发基金性质也便发生了变化，变成了一种黄金现有生产企业对未来新建企业建设的无偿支援，所以人们形象地称之为“猪八戒啃猪蹄，自己啃自己”，这已有悖于黄金开发基金设立的初衷。

黄金发展基金运行 19 年筹集的 78.46 亿资金中，大约四分之一（24.27%）即 19.04 亿元资金是财政补贴，另外四分之三强（75.73%）即 59.48 亿元是人民银行拨款，而人民银行拨款的来源是国内外价差和人民银行收售价差。前者意味着黄金生产者不能得到全额金价，是对生产者利益的损害，而后者是人民银行利益的让渡。只有在黄金统收统配的计划管理体制中，这种无偿划拨式的利益分配才具有可行性，而在市场环境中就难以维持了。1993 年市场化启动黄金开发基金也就失去了存在基础，并且这也是重要的引发黄金市场化改革要求的诱因。我国黄金市场化改革并没一步实现黄金管制的解除，而是率先实现了黄金价格形成机制的市场化，从而实现了利益格局调整的市场化，成为摧毁黄金管制的致命一击。此期间黄金开发基金资金来源变化见表 5–3。

表 5-3　　　　黄金开发基金资金来源结构变化

年份	开发基金（万元）	财政补贴		人民银行拨款	
		金额（万元）	所占比重（%）	金额（万元）	所占比重（%）
1975	4411.20	4411.20	100	—	—
1976	4708.80	4708.80	100	—	—
1977	5125.76	5125.76	100	—	—
1978	6283.34	6283.34	100	—	—
1979	6671.04	6671.04	100	—	—
1980	23285.76	7361.92	33.33	15523.84	66.67
1981	24192.96	8264.32	33.33	16128.64	66.67
1982	26168.64	8722.88	33.33	17445.76	66.67
1983	29338.56	9779.25	33.33	19559.31	66.67
1984	21712.64	10856.32	50	10856.3	50
1985	25012.48	12506.24	50	12506.24	50
1986	56857.60	14214.40	25	42643.20	75
1987	61186.56	15290.64	25	45895.92	75
1988	62702.68	19677.52	25	47026.56	75
1989	63122.80	9017.6	14.29	54105.2	85.71
1990	74116.00	10588	14.29	63528	85.71
1991	85299.20	12185.6	14.29	73113.6	85.71
1992	94109.13	13444.16	14.29	80664.96	85.71
1993	105893.76	15127.68	14.29	90766.08	85.71

黄金发展基金资金来源经历了“国家财政补贴—国家财政补贴和人民银行共同拨付—人民银行为主拨付”的发展变化过程，最后人民银行成为黄金发展基金资金的主要支付者，而人民银行资金来源于黄金收售价差收入。在黄金管制时期，由中国人民银行实际进行黄金统购统配管理，收购价和配售价存在价差。因而，可以获得销售溢价收入。据我们获得的资讯推算，人民银行仅在

1982 年和 1989 年分别获得金价溢价收入 27.2 亿元和 1.06 亿元。但是，20 世纪 90 年代以前，国家严格控制黄金配售，每年配售仅数吨，所以那时人民银行实际能获得的销售溢价并不会很多，最大的潜在收入来源于国内黄金的价差。

在黄金统收专营的管理体制中，黄金由人民银行定价，而 1974 年至 1992 年的 19 年间，人民币金价长期低于国际美元金价，平均每克低 9.29 元，从理论上推算，因此使黄金生产者在此期间减少了 65 亿多元的收入，这应是人民银行主要的收入来源。

将黄金价格中的一部分转变为黄金发展基金，用于新矿区开发和技术改造，以及行业管理经费，这一特殊的黄金发展筹资体系损害了黄金生产者的利益而成为 1993 年黄金私卖潮冲击黄金管制的诱因，由此也拉开了黄金市场化改革的大幕。黄金市场化改革终结了黄金管制，我国黄金产业发展进入了一个新的历史发展时期。

增加黄金生产需要扩大再生产，而黄金扩大再生产需要进行基本建设而需资金投入。黄金基本建设资金瓶颈的存在是多年来黄金生产增长乏力的一个重要原因。黄金生产发展基金的建立为这一资金瓶颈的缓解或解决提供了可能，但这并不意味全部问题得到解决，因为增加黄金生产不仅需要增加基本建设投资，还要有地质资源供给做保证。然而，黄金地质资源供给瓶颈也是多年存在的影响因素，所以在这一历史时期，地质资源供给瓶颈的解决也是发展黄金生产的重要课题，为此在这一历史时期推进了多方面的改革并推出了多项措施。

黄金优惠税收政策体系的建立

使黄金生产得到经济上的优惠是刺激黄金生产者积极性的有效手段，因而从 1957 年发动群众采金之始，国家就采取了对黄金生产的经济优惠政策，而优惠税制是重要的延续至今的经济优惠政策。

一、黄金优惠税制的构成与演变

对黄金生产实行税收减免政策是最重要的一项黄金经济政策，因为从 1957 年国务院下达《关于组织群众生产黄金的指示》时就已确立而延续至今，已由一种特殊优惠政策变为了一种常态，是一种至今仍在发挥作用的政策。黄金优惠税制在计划经济体制中作为一种特殊优惠而又在市场经济体制中被确定为一种惯例，这很是出乎人们意料的，也有违于人们的常规思维，这一案例对于税制设计有很大的理论指导价值。

（1）免交产品税。基于外汇短缺的现实，1957 年决定大力发展黄金生产而出台了《关于大力组织群生产黄金的指示》，该指示的第 12 条规定："为鼓励黄金生产的发展，现行对黄金生产课税 5% 的规定，暂予取消。"开了对黄金生产减免税收政策之先河，从此，国家的每一次税制变化，黄金生产都可以得到减免待遇。1986 年国务院［1986］111 号文《关于加快黄金生产发展的决定》再次重申对黄金继续免征产品税。

（2）免征建筑税。1984 年为了抑制固定资产投资过热引起通胀国家推出了建筑税，财政部［84］财税第 154 号文中规定："为了有助于黄金生产发展，用银行、财政补贴的黄金生产专项基金和银行贷款安排的黄金生产的基本建设投资，给予免缴建设税的照顾。"黄金生产是当时要大力支持发展的产业，而不是过热需要抑制，因而免缴以抑制投资过热为目的的建筑税有正当的合理性。

（3）免交能源和交通重点建设基金。1985 年国家为发展能源和交通基础建设，解决制约我国经济发展的这两个薄弱环节而设立了能源与交通重点建设基金，以保证三峡工程和西部铁路建设的资金。而当时黄金生产是国家增加对外支付能力的重要手段，与发展能源与交通基础建设具有同等重要的地位，也需要有足够的资金保证，黄金开发基金与能源和交通建设基金同是国家筹集的重点建设基金，具有同等的法源，因而国务院［1985］106号文明确黄金发展基金免交能源和交通重点建设基金。

（4）减收所得税。1985年在免交能源和交通重点建设基金的同时，也实现了免交黄金开发基金的所得税，因而黄金生产企业所得税获得减扣黄金开发基金的优惠，之后1987年、1988年、1989年、1993年的相关文件规定了具体扣除数，每小两黄金分别是300元、200元、300元、100元。1994年我国税制改革商品流转税由产品税改为增值税，所以黄金开发基金免征所得税政策取消，因而这一税收优惠政策成为了历史。

（5）免交增值税。1994年我国进行税制改革，改革的主要内容是：实行消费税，统一流转税，调整关税，而流转税改革的方向是经过15年试点之后推进增值税全覆盖，变产品税为增值税。1994年财政部国税总局第24号文规定，在1995年以前对黄金矿山（包括伴生金）和冶炼企业生产销售的黄金给予免征增值税的照顾，并从1994年1月1日执行。1996年国办16号函中规定在国内黄金收购价与国际金价并轨前，继续免征黄金生产环节的增值税，在配售环节的增值税即征即退。2002年上海黄金交易所开业在即，财政部、国家税务总局下发了142号通知，规定黄金生产与经营单位销售黄金免征增值税，进口黄金和黄金矿砂免征进口增值税，这一政策经历了两次延期执行至今。

（6）免交城市建设税和教育附加。2002年财政部、国家税务总局142号文在规定免征黄金生产、流通环节的增值税的同时，也免征了城市维护建设税和教育附加费。财政部、国家税务总局2002年142号文件的意义，不仅是使黄金优惠税制得以延续，更大的意义是实现了黄金优惠税制向市场的平移，从而突破了黄金优惠税制是计划经济的产物的传统观念。

二、黄金优惠税制遭遇质疑

黄金税制具体内容是不断变化的，但对黄金生产及流转进行税收减免优惠政策的取向从1957年免交产品税开始就没有变化，国家每一次税制变化，黄金生产都能得到减免待遇，但减免的理由有所不同：1957年免交生产产品税是为了鼓励黄金生产的发展；1984年的免缴建筑税是对黄金生产者的照顾；1986年继续免征产品税是为了增强黄金企业自我改造和自我发展的能力；1996年继续免征黄金增值税的理由是黄金价格尚未完全并轨；2002年免征黄金增值税再次延续的理由是加强黄金交易的税收管理。理由不断变化，而减免黄金税收的政策从1957年开始至今已持续了58年，这可能是在诟病政策多变的中国仅有的政策长期稳定不变的案例吧！

对于黄金生产与流通获税费减免，在1993年以前没有任何反对声音，被认为是理所当然的事情。首先是因为国家要大力发展黄金生产，而经济优惠是刺激黄金生产的有力手段，为了实现黄金增产的目标，因而对黄金生产者实行税费减免的政策得到普遍认可，而没有任何阻力。另外，为了解决发展黄金生产固定资产投资来源问题设立了黄金开发基金，而黄金开发基金相当大比重是来源于人民银行黄金收售价差，因而国内人民币金价长期低于国际美元金价，这意味着国家通过黄金定价权而对黄金生产的利益进行了再分配。从1974年到1992年的19年间，国内金价平均每克比国际金价低9.29元，从理论上推算，因此而使黄金生产者减收65.2178亿元，因而税费减免也被视为对黄金生产者价格损失的必要补偿，具有合理性。这是1957年至1993年间36年的情况，而在1993年以后情况发生了变化。

1993年为了平息黄金私卖潮和回应黄金生产者推进黄金市场化诉求，而进行了黄金价格形成机制的改革：一是变固定价为浮动价，与美元金价挂钩，随美元金价变化而浮动；二是人民币国内金价与美元国际金价并轨，人民币金价即是以汇率换算后的美元金价。虽然黄金管制依旧，但黄金价格机制的改革立即就对黄金工业的运行产生了重大影响。

首先是国内外金价并轨后价差消失，而使黄金开发基金成了无源之水，黄金开发基金因而宣告终止。黄金开发基金除用于黄金基本建设投资外，黄金行业管理经费也是来源于黄金开发基金，从而终止黄金基金的筹集立即使黄金行业各级领导部门生存成了问题，从而开始了黄金行业管理体制改革。另外金价并轨价差消失，以税费减免对黄金生产者因价差损失的补偿也失去了存在的合理性，因而在金价并轨的同时也开始了黄金经济政策体系的再构，黄金经济政策取向做了调整，即由优惠调整为趋同，回归于一般税收制。

国务院办公厅［1993］63号规定："调整黄金价格后，取消其他现行的政策性补贴、低息贷款和免税等优惠政策。"黄金取消优惠待遇而回归一般待遇的决策产生于以下基本判断：虽然当时仍维持了统收专营体制，但这仅是一个临时性状态，因为解除黄金管制，推进黄金市场化的方向已经确立，因而在黄金计划经济体制中建立的黄金经济政策体系也应随之调整。既然金价实现并轨，使黄金生产者已获得了应得的全部利益，所以额外的照顾优惠就应取消，这是符合税赋公平和平等竞争要求的。但是这一改革原则在落实的过程中出现了争论与反复。在黄金增值税的减免上，表现得尤为突出。

1994年黄金价格已实现了国内外并轨，国家进行税改变产品税为增值税，因而征收黄金增值税就提上了日程，但黄金生产者以黄金管制没有解除，金价尚未完全并轨，黄金生产者以仍有10%的价差为由要求免征黄金增值税。这一理由为国家高层决策者认可。财政部、国家税务总局1994年下发024通知确定免征黄金增值税到1995年，这是作为一种对黄金生产照顾性的临时性的制度安排。而1995年新华社的一个内参引起了朱镕基总理的注意，做出了"黄金生产应予支持，不使萎缩，请经贸委牵头召集财政、银行等有关部门议定可行的措施上报"。作为对这一批示的落实和回应，国务院出台了《关于黄金经济政策的有关问题》的16号函，确定在国内金价与国际金价完全并轨前，继续免征黄金增值税。

2002年上海黄金交易所开业在即，因而国内金价与国际金价完全并轨也即将实现，免征黄金增值税原定前提条件也就将不复存在，因而征收黄金增值税便成了应有之义，但白银市场因增值税征收后发展受阻的现实使中国人民银行认识到实现黄金免征黄金增值政策向市场平移是上海黄金交易所成功运行的前提条件，因而坚持免征黄金增值税政策向市场平移，这种坚持以财政部、国家税务总局142号通知下达而如愿以偿，免征黄金增值税政策再次延续，但对这一政策的合理性的质疑并没有消失。因而2008年要求取消免征黄金增值税政策的呼声再次公开并激烈化，并使废止免征黄金增值税政策已到只差临门一脚的程度。

三、趋同的国际视野

2002年黄金市场化改革以上海黄金交易所建立为标志顺利达成，这恰是国际黄金市场结束了20多年的熊市，开始新世纪牛市的元年，到2007年国际金价较2001年增长了156.93%，由每盎司271.04美元上涨到了696.39美元，因而人民币金价由每克71.75元上涨到了171.41元，增长了138.33%。金价大涨带来了黄金生产盈利大幅增长，黄金行业盈利增长了6.51倍，由12亿元上升到了90.176亿元。黄金企业盈利大幅上涨而使社会产生了黄金生产暴利的印象，因而提出黄金生产不应再受到税收减免的优惠待遇，而应取消免，与一般企业税赋趋同才能实现税赋公平、平等竞争。

对于社会的这种呼声，税收主管部门是赞同的，已初步做好了开征的规划，但遭到了黄金生产者的反对，因据说如开征黄金增值税要影响当年黄金行业盈利的三分之一，这是对利益损失的本能反应，但关键要有正当的理由，并能为税制决策者所认可。

黄金生产者提出应维持免征黄金增值税的主要理由是，如果只从国内视野看，征收黄金增值税是税制制度趋同，这种选择从税赋公平和平等竞争的角度看有其道理，但立足于国际竞争，免征黄金增值税制才能体现税赋公平和平等竞争原则。增值税是一个舶来品，其发源于欧洲并逐步成为一种国际性税制为多国所引进实行，而欧洲实行的是黄金特殊增值税制，这在税制极其严格的欧洲是唯一的特例。欧洲黄金特殊增值税制的核心就是对黄金生产和流通环节实行增值税零税赋，即免征增值税，而实现特殊黄金增值税制是欧洲基于国际竞争，形成黄金市场核心竞争力的需要。

欧洲既不是世界黄金生产区，产量仅占全球总产量的 1%，也不是黄金主消费区，仅约占全球总消费量的 5%，但欧洲是官方黄金储备比重最高的地区，2013 年达到全球总量的 41.54%，显然欧洲重视的是黄金的金融属性，因而其视黄金市场是其金融市场的重要组成部分而被高度重视，至今欧洲仍保持着全球最大的黄金物流中心、黄金交易中心和黄金定价中心的地位，成为欧洲金融核心竞争力的一部分，而金融竞争力是当今国家利益格局博弈的重要工具，具有国家战略意义，欧洲黄金市场在全球黄金市场体系中的核心地位既是历史的传承，也是当代打造的结果，一个突出的表现是黄金特殊增值制的建立。

欧洲黄金市场在全球的中心地位的形成与黄金特殊税制存在着密切的相关性，黄金生产与流通的零税赋使欧洲成了全球黄金交易的税收洼地，正是这一税制使全球各国生产的黄金选择在欧洲交易、交割，自然成了全球黄金交割的中心。同时这一税制也使黄金与其他信用标的在金融市场取得平等竞争的地位，因为信用标的是征收营业税而无增值税，因而这一税制保证了黄金交易在金融市场中的顺畅，促进了黄金交易在欧洲的增长。总之，欧洲特殊税制是国家立足于国际竞争为取得金融竞争优势而做出的一个国家战略的选择，而无关于所谓税赋公平原则。

欧洲黄金特殊增值税制的实施也等于树立了一个国际标准，其他国家可以与欧洲趋同，也可以做相反选择，但结果不同。与欧洲趋同，则意味着可以在同一个起跑线上与欧洲平等竞争发展黄金市场，如果相反选择则意味从一开始就是放弃了竞争，使黄金市场的发展受挫。然而是否需要发展黄金市场也是国家的战略选择。澳大利亚和南非是主要的黄金生产国都只是把黄金作一种出口换汇的商品，所以征收增值税结果促使黄金基本全部出口到欧洲国际黄金市场换汇，因而也不需要发展自己的黄金市场，但对于中国而言，不走澳大利亚和南非之路也是我们国家的战略选择。

30 多年的改革开放使我们民族和国家获得了一个巨大的发展机遇，我们已成为世界第一大出口国，经济总量已是仅次于美国，列世界第二，因而与美元主导的经济体系产生了日益增长的利益摩擦已成为美国的竞争者，所以获得强大的金融竞争力是我们的战略目标，为此，我们必须大力发展金融市场，因而需要大力发展黄金市场，因为黄金市场是金融市场体系的重要而不可或缺的一环。在这样一个基本的判断之下，黄金增值税制与欧洲趋同就成了一个必然的选择，因而征收黄金增值税在临门一脚的时刻而被化解，免征增值税为主要内容的黄金优惠税制被延续至今。

对黄金实行特殊税制，在 2002 年以前的目的是为了刺激黄金产量的增长，而 2002 年之后是基于黄金市场的发展需要，而无论是增产黄金还是黄金市场发展都是实现国家战略的要求。前者是基于增加国家国际支付能力，后者是基于提高国家金融竞争力，但是，增加国家国际支付能力是紧迫而现实的需要，因而那时实行黄金特殊税制极易形成上下一致的共识，而提高金融竞争力是一个多要素的长期积累过程，使黄金市场的作用隐性化，所以有一个认识过程。在这个过程中分歧争论时有发生，从 1993 年到 2008 年我们用了 15 年的时间才基本完成了这个认识过程，一些误读才基本厘清。

突破资源瓶颈：一支地勘部队的建立

增加黄金产量、扩大黄金再生产规模所需的资金投入问题，通过黄金开发基金的建立筹集到了这一时期近七成的基本建设的资金，使新增生产能力有十多倍的增长，但仅有钱还不行，作为一种资源型产业，资源是生产的前提条件，而黄金资源恰恰是我国多年增加黄金生产的瓶颈，有一段时间因地质资源不明而出现了基本建设项目甚至无点可布的情况。

我国是全球黄金资源赋存较丰富的国家之一，但黄金勘查工作的滞后和勘查手段的落后导致长期没有大的发现而成为贫金的国家。1957 年我国之所以率先发动群众采金也和地质资源不清有关；1964 年以后大力推进黄金机械化大规模生产首先遇到“拦路虎”也是地质资源问题。1964 年当时主管经济的副总理薄一波就在《关于中国黄金专业公司成立的报告》上批示：“黄金生产的关键是地质工作问题，目前主要缺矿山储量。”王震 1975 年出山在发动各地方生产黄金的同时就提出要加强地质勘探，为此要恢复黄金勘探专业队伍，并且两年内要达到 2 万人。10 多年后的 1991 年，李鹏总理在对第二次全国黄金工作会议代表的讲话中又明确指出：“加快黄金生产的发展，第一位是抓好地质勘探，要把储量搞到手；有了储量下一步才是开采问题，所以黄金生产能不能搞上去，关键是能不能找到地质储量。”可见，从 60 年代到 90 年代，资源问题一直是困扰我国黄金生产的老大难问题，几乎到了年年讲、会会说的程度。

突破黄金资源瓶颈具有不确性，因为地质资源赋存是大自然造物的结果，非人的愿望可以左右。另外，黄金资源赋存于地下，即使资源客观存在，但真正发现它也是十分困难，因而黄金地质资源勘探具有极大的不确定风险，必须要有足够的人力、财力才能攻克之。由于长期投入不足，没有大的新发现，故只能吃老本，只能是走古人的路、挖古人的洞，使资源瓶颈长期不能突破，所以 1975 年增加黄金生产运动第三次再启动必须解决对黄金资源勘探投入不足的问题。

首先是黄金勘探专业队伍，当时还处于“文化大革命”时期，“文化大革命”已将原有的黄金专业队伍冲散，因而必须要重建，王震副总理 1975 年出马立即就听取有关部门关于黄金地质资源勘探工作汇报，调动现有勘探队伍投入黄金地质资源勘探，同时着手黄金地质资源勘探专业队伍的组建。王震在 1975 年 5 月一次会议上确定的目标是 1976 年要达到一万一千人，1980 年要达到两万人，不仅要恢复黄金专业勘探队伍，而且要快恢复。当时党政机关的情况复杂，难以在很短的时间内形成统一政令，因而决策层把眼光投向了当时已存在的解放军基建工程兵，拟定了在基建工程兵第五十一支队的基础上扩编组建黄金地质勘探专业队伍方案，于是诞生了基建工程兵黄金指导部。这在国际上几乎是绝无仅有的，但在当时中国却是一个可行的选择。

在“文化大革命”这样一个特殊的环境中，解放军不仅是那时重要的社会稳定力量，而且也成了经济建设的重要力量，承担国家具有战略性的民用和军用的基础工程项目的施工，因此组建了基建工程兵、水电工程兵和交通工程兵，这些部队的经费并非来源于军费，而是工程项目费用，因而这些部队只是穿军装的施工队，而采用军队搞工程建设方式具有成本低、便组织、好指挥的优势。因此组建基建工程兵黄金指挥部承担突破黄金资源瓶颈的任务，在那时并非不可理解，反而是反映了当时党和国家领导高层对黄金生产的重视。

实际上在工程兵黄金指挥部成立之前，铁道兵就已进入黄金工程项目建设领域。1975 年 4 月根据王震副总理的指示和中央军委的命令，铁道兵八九三一三部队已进驻黑龙江乌拉嘎金矿露天矿区担负了剥离表土的任务，这是我国发现的第一个大型斑岩型金矿，也是当时的首批 500 吨 / 日处理能力的机械化金矿山建设项目，是当时的重点工程。

中国人民解放军工程兵黄金指挥部的具体筹备组建方案是扩编工程兵五十一支队，组建工程兵五十二支队、五十三支队，因而新增定员 12720 人，从 9640 人扩编到 21360 人，为军级单位，这一方案于 1979 年 3 月获得批准。由此，王震副总理提出的 1980 年黄金资源勘探专业队伍要达到 2 万人的工作目标得以提前超额完成。

工程兵黄金指挥部驻地北京，下辖 3 个支队，这 3 个支队的规模和分工是：五十一支队辖 6 个大队，负责东北三省黄金地质普查、勘查和生产任务，大队总部驻哈尔滨市；五十二支队下辖 5 个大队，驻河北廊坊，负责河北、内蒙古、山东地区的黄金资源普查、勘探和生产；五十三支队驻成都，下辖 4 个大队，负责四川、陕西、云南、湖南地区的黄金地质资源的普查、勘查和生产任务。

工程兵黄金指挥部队的地勘专业人员，来源于冶金工业部在各省从事黄金地质勘查的 10 个勘探队和原东北地勘探公司划归河北地质局的 2 个勘探队。在此基础上改编为 13 个地质团，分别由黄金指挥部的 3 个支队领导，从事黄金地质勘探工作，开始了以部队建制从事黄金地质勘探工作的探索之路。

基建工程兵黄金指挥部所属部队党政和军事行政工作归各地区军队领导机关管理，业务上由冶金部管理，因而在 1981 年 7 月实行了冶金工业部黄金局、中国黄金总公司、基建工程兵黄金指挥部合署办公。1988 年国家黄金局成立后，基建工程兵黄金指挥部又独立办公。1982 年军队裁军，工程兵撤销，但黄金指挥部得以保留，于 1984 年转入了中国人民武装警察部队系列至今。

工程兵黄金指挥部的诞生极大地加强了黄金地质勘探工作。这支部队为我国黄金资源的开发做出了贡献，如发现了与超基性岩有关的墨江金厂金矿，成为云南哀牢山金矿带开发的突破点；1981 年提交的四川白水河谷砂金矿床的地质勘探报告，是南方大型砂金矿的突破，从而提高了砂金在探明储量的比重，由 1975 年的 8.2% 上升到 1985 年的 11.7%，到 1985 年黄金地质勘探队伍已发展到 5.2 万多人，工程兵黄金指挥部大约占 50%，是当时黄金勘探的主力军。但是，从全局上看，工程兵黄金指挥部的建立并没有彻底解决黄金地质资源瓶颈问题。

1985 年工程兵黄金指挥部已诞生 7 年，这一年我国已探明岩金地质储量还不足 600 吨（573.06 吨），砂金不足 100 公斤（83.53 公斤），即使在当时年产量不足 40 吨（39.082 吨）的低水平的情况下，静态保障年限也仅 7 年，显然不能满足增加黄金生产的要求，而需要进一步加强黄金地质勘探工作。造成黄金地质勘探工作仍相对滞后的原因分析有二：

（1）工作体制问题。多年来已形成地矿部门和冶金部门分别开展的黄金地探工作体制；1979 年建立了一支新的地勘队伍——工程兵黄金指挥部；1983 年又成立了有色总公司，其也承担了黄金地勘任务。多部门的介入增加了黄金地勘量，但也出现了互相封锁信息、争抢矿点、各自为政、重复工作，造成了人力物力的浪费，工作效率低，因而在工作指挥体系上需要统一。为此，1985 年 10 月成立了跨部门的“全国地质工作领导小组”，统一政策、统一计划、统一协调黄金地勘工作。

（2）资金投入不足。武警黄金指挥部的业务经费既不是来源于军费，也不是国务院专项拨款，而是部分来源于国家基建拨款，部分来源于国家地勘资金，当时这两个方面的资金都是紧张的，而使武警黄金指挥部开展黄金资源勘探受到资金上的掣肘，而难以大展拳脚。事态表明，要突破黄金资源瓶颈只解决了队伍问题还不够，还需解决做事的费用问题，也就是不仅要解决“人”的问题，还要解决“钱”的问题。因此，1986 年设立了黄金地质勘查基金，成了黄金勘查资金的重要来源。

以部队的形式组建黄金勘探专业队，并以军事化的方式进行管理，在全球来说是一个少有的案例，我们无法通过比较来评述其优劣，但这是在当时中国特殊的情况下的现实选择，而在我国黄金发展史上写了一个特殊的章节。随着我国政治环境的正常化，这种特殊的经济形态日益式微，纷纷转业为地方建制的企业由军转民，但武警黄金指挥部这支黄金勘探队得以保留，但在承担的职能上有了更多的内涵。

盘点十年得与失

1975 年至 1984 年这 10 年跨越 3 个五年计划时期，起始于“四五”最后一年，这也是“文化大革命”的最后一年，第三次启动增加黄金生产全国战役由王震挂帅，既是增加黄金生产的需要，也是政治性的选择，而“四人帮”的倒台、“文化大革命”的结束，使党内极“左”路线被扬弃，稳定了黄金工业发展的社会环境，也使王震同志的权威影响力得以更大发挥，因而没有重蹈前两次中途夭折的覆辙，而使黄金生产走上了持续增长的道路。虽然在这一历史时期开始了改革开放，但改革开放刚刚起步时还没有确定改革的市场化方向，因而这 10 年仍是计划经济体制主导的历史时期，故黄金生产的种种政策的出台、实施无不打上了计划经济的烙印，并一直延续到 1993 年，这一政策体系才完成了历史使命，开始了发展黄金生产政策体系再构进程。

在这 10 年期间，我国黄金工业取得了多方面的进步。这个进步最主要的标志是一个独立的黄金工业生产与管理体系初步形成。黄金在过去仅是冶金部有色司小矿处管理的小矿种之一，经过了这 10 年的发展，已经成为一个独立的工业部门：有了完整的独立管理体系、独立的政策体系、独立的企业群体。10 年进步具体表现在以下几个方面。

一、黄金生产力持续扩张

从 1975 年至 1984 年王震副总理领导主管黄金生产的 10 年时期，实现了黄金生产的持续增长，年递增平均为10.41%，1984年比1974年黄金产量增长了1.66倍，由12.742吨增长到了33.926吨。1977年黄金产量突破1911年15吨的历史纪录，达到16.018吨，完成了一次66年的超越。这10年增长，总计生产黄金226.268吨，比1965年至1974年的10年产量104.063吨增加了122.205吨，增长了117.43%；比1949年至1964年16年的产量88.04吨增加了138.228吨，增长了157.01%。这10年平均每年产量22.627吨，是前10年平均年产量的2.17倍，是之前16年平均年产量的4.11倍。

黄金产量的增长背后反映的是生产能力的增长，10年新增生产能力18.038吨，是1965年至1974年10年间新增生产能力6.78吨的2.11倍，是1949年至1964年16年间新增生产能力4.22吨的4.27倍。

1975年至1984年的10年黄金生产力得到了扩张，其原因是稳定的政治环境的形成为经济的发展减少了干扰，黄金生产得以顺利发展，而直接的原因是在这一历史时期固定资产投资的大幅增加，这10年黄金固定资产投资总计12.116亿元人民币，而1965年至1974年10年仅有固定资产投资1.45亿元；1949年至1964年16年仅为0.83亿元。因而这10年年均固定资产投资1.212亿元，是前10年年均投资额的0.145亿元的8.36倍；是前16年的0.052亿元的23.31倍。固定资产投入的增加使更多的黄金基建项目得以上马，建成了一批新黄金矿山。

在1975年至1980年山东建成投产25座小金矿的同时，在这期间还建成了焦家和新城两座日处理能力500吨的金矿；1984年8月日处理能力1500吨的三山岛金矿开始建设。1981年河南日处理能力500吨的文峪金矿投产；1983年日处理能力700吨的黑龙江团结沟金矿投产；1978年日处理能力500吨的河北张家口金矿投产。大型、正规黄金生产能力的形成保证了黄金生产的稳定性，并成了黄金生产的主力军，而黄金固定资产投资能够大幅增长又得益于这一历史时期国家黄金发展政策体系的建立。

二、黄金发展政策体系化

从 1957 年政务院下发《关于大力组织群众生产黄金的指示》起就明确了对黄金工业给予包括政治与经济上支持的政策取向，但各项政策是独立地存在的，缺乏关联呼应。1975 年至 1984 年的发展期不仅使支持增加黄金生产政策持续推出，还逐步形成了一个政策体系。这个政策体系的形成发展的方向有两个：

（1）从建立黄金价外补贴政策，在此基础上设立了黄金发展基金，在这一基金的基础上又分列出黄金地质勘查基金，最终形成了“以金养金”政策体系。这一政策体系建立了当时计划经济体制中的特殊黄金生产发展融资渠道，保证或基本保证了黄金基本建设的所需资金；解决或缓解了黄金扩大再生产资金短缺的矛盾。因而为这一历史时期黄金产量持续增长提供了黄金生产力条件，这是不言而喻的。

（2）经济优惠刺激生产积极性，有两个工作方向：一是黄金生产免税，也就是国家让利于黄金生产者，先后曾免除的税种有产品税、营业税、建筑税、重点建设基金，现在仍在免征的有增值税、城市建设税、教育附加；二是贷款低息，这是金融业让利给黄金生产者。1993 年 8 月国务院 63 号函明确取消黄金专项贷款利率，一律按现行固定资产贷款利息执行。

经济优惠使黄金企业有了更多的现金流，不仅企业劳动者因此而有了更多收益的可能，因而刺激了劳动者的积极性，而且可以更多地保证维持简单再生产和扩大再生产的现金需求，这是保障黄金生产发展的要件。1975年至1984 年我国黄金政策体系重要的形成期，影响至今，当然，如今与那时已有很大的不同。

三、建立黄金生产领导指挥体制

基于“文化大革命”已将建立黄金生产领导指挥系统的努力夭折，1975 年第三次启动增加黄金生产全国战役之始，这就成了一个迫切需要解决的问题。王震组织冶金部和国家计委地质局联合撰写的给国务院的报告《关于大力发展黄金、白银的报告》，经国务院1957年10月21日批准印发各部门，在该报告中就特别提出：“各级政府要加强对黄金工业的领导，建立管理机构，在冶金部成立黄金管理局；各重点产金省、自治区、直辖市建立相应机构。”

1976年1月1日冶金部黄金局挂牌办公。为了在政企职能上有所分离，1979年又成立了中国黄金总公司，统一管理央属黄金企业的生产与发展，而在1983年中国有色总公司成立，两机构业务交叉部分是黄金矿山和黄金冶炼厂归中国黄金总公司统一管理；有色金属矿山和有色冶炼厂回收及副产金归有色金属总公司统一管理。在之前后长达20多年的时间里，一直是冶金部黄金局和中国黄金总公司合署办公，因而我国黄金工业管理体制政企不分的色彩浓厚，这一管理体制直到新世纪初才彻底终结。

冶金部黄金管理局成立以后，地方黄金管理机构建立也进入了快车道。山东黄金总公司于1976年9月4日成立；12月7日内蒙古黄金公司成立；1977年四川、辽宁黄金公司相继成立；1979年以前先后已有9个省（区）成立了黄金生产管理机构，到1985年末全国已有省级黄金管理部门25个，地市级管理机构87个，县级管理机构228个，基本实现了全国产金地全覆盖，黄金生产管理体制基本形成。这是一个计划经济产物，政企不分，所以必定在向市场经济转轨时受到挑战，因而1993年黄金市场改革启动，黄金行业管理机构改革便提上了工作日程。

1993年黄金行业管理体制改革是不得不为之，也许是1975年推进黄金行业管理机构建设过于急迫、匆忙，所以当时机构建立了但人员经费并没有全部进入财政列支，而属于自筹性质，从黄金生产发展基金中支取。所以1993年实现国内外金价并轨，取消黄金生产发展基金以后，各级管理部门的经费就成了无源之水，各级管理部门的人员必须分流转岗，各级管理机关必须政企分开，重新定位。从建“庙”到拆“庙”，18 年又走了一个轮回，但并不是时代发展的停滞而是进步。

四、黄金生产力布局发生了极大变化

1975 年至 1984 年黄金产量较 1965 年至 1974 年 10 年产量增长了 117.43%，产金地区由 1974 年的 23 个增加到了 27 个，新增加了 4 个，它们是江西、贵州、宁夏、新疆。这四省在当时产量分别是 50.311 公斤、0.652 公斤、1.201 公斤和 266.474 公斤。在 27 个产金省区中分别居第 23 位、第 27 位、第 26 位和第 20 位，才是“小荷才露尖尖角”。而到 2014 年除宁夏外，江西、新疆、贵州已是黄金主产区，产量分别排第 3、第 9 和第 12 位。

在这 10 年间，各省区黄金产量绝大多数即 96% 以上都是增长的，但增长幅度不同，故彼长此消，1975 年黄金产量前 10 排序到 1984 年有 70% 都发生了变化。辽宁和山东产量分别增长了 114.49% 和 143.19%，达到了 11.282 吨和 3.373 吨，其第 1 位和第 2 位排序没有变，另一个位次没有变的是内蒙古，黄金产量增长了 1.68 倍，达到了 1.149 吨，居第 10 位没有变。

在这 10 年中进步最大、产量增长最快的是云南、河南和黑龙江。云南 1984 年比 1957 年黄金产量增长了 32.69 倍，以 1.752 吨由第 18 位上升到第 5 位；河南增长了 14.78 倍，以 1.958 吨产量由第 14 位上升到第 4 位；黑龙江增长了 5.51 倍，以 3.052 吨由第 7 位上升到了第 3 位。30 年后的 2014 年，河南则是全国各省区的第 2 位，并已保持了 20 余年；云南居第 7 位，大体上保持了稳定，而黑龙江则退居第 20 位，不再是我国黄金主产区。

在这一历史时期，黄金产量下降或相对停滞的地区是甘肃，黄金产量由 0.546 吨下降到了 0.385 吨，由第 8 位下降到第 15 位；吉林只增加了 4.22%，以 1.383 吨居第 9 位，排序下跌 6 位。30 年之后到 2014 年，甘肃又回归全国排序第 8 位；而吉林则下跌到第 16 位，从全国主产区变为非主产区，这实际是东北地区黄金生产相对停滞的反映，我国黄金生产力半个世纪发展的一个显著特征是传统东三省老产金地被新兴产金地超越。产金量排序前10各省区变化见表5-4。

表5-4　　　　产金量排序前10名省区变化表

省区	辽宁	山东	黑龙江	河南	云南	上海	湖南	河北	吉林	内蒙古	甘肃	安徽
1984年产量（吨）	11.28	3.373	3.052	1.958	1.752	1.711	1.679	1.600	1.383	1.149	0.385	0.907
1984年排序	1	2	3	4	5	6	7	8	9	10	15	11
1975年产量（吨）	5.26	1.387	0.676	0.124	0.052	0.818	0.741	0.903	1.314	0.428	0.546	0.523
1975年排序	1	2	7	14	18	5	6	4	3	10	8	9
1984年排序比1975年排序	—	—	4	10	13	-1	-1	-4	-7	—	-7	-2

资料来源：《中国黄金工业统计汇编》

产量前10名省区产量占全国总产量的85%以上，30年后的今天依然如此，但因各省产量消长，舞台上的主角已有变化，不仅黄金生产力在地域分布上有变化，在品种构成上也有很大变化：

1984年矿产黄金33.498吨，其中岩金产量22.445吨，占总产量的67%；砂金4.887吨，占总产量的14.58%；有色副产金6.169吨，占总产量的18.42%，比1975年岩金产量增加了180.6%，所占比重上升了8.44个百分点；砂金产量增加了174.85%，所占比重由8.02%上升到14.58%，增加了6.56个百分点；有色副产金增加37.61%，所占比重下降了14.4个百分点。在这10年中，岩金、砂金、有色副产金产量都有增长，但增长幅度不同，因此，有色副产金所占比重下降了43.88%，而岩金和砂金比重上升。

1984年有17个省区岩金产量达到1吨的有3个：山东3.397吨，河北1.518吨，河南1.099吨。这3个省岩金产量为全国总产量的26.35%；有19个省区生产砂金，黑龙江和内蒙古是最大的砂金产区，而黑龙江就占了全国砂金总产量的56.12%，为2.741吨；生产有色副产金有16个省市，辽宁、上海是最大的副产金生产地，产量分别为1.62吨和1.499吨，这两地产量占全国副产金产量的50.56%。

五、战斗尚未穷期，目标尚未达成

王震挂帅指挥黄金生产的这10年给后人交出的一份答卷是：黄金产量实现了持续增长，总计产金226.269吨，比上一个10年增长117.43%，即增加了122.206吨，翻了一番多，独立的黄金工业体系初形已现，但是，大功并没有告成。

1.“以金养金”政策的局限性

“以金养金”政策是王震挂帅黄金生产10年建立起来的一项重要的黄金工业发展政策。这一政策因在一定程度上解决了黄金工业扩大再生产基本建设及新区资源勘探资金问题而受到肯定，但是当时金行业创利和社会融资能力也很低，所以“猪八戒啃猪蹄，自己啃自己”的筹资方式就限制了这一政策的效能，并且也影响了黄金生产企业的利益，妨碍了生产企业活力的发挥。所以这一历史时期固定资产和更新改造投入最多的“八五”，总计也不过47.815亿元，年均仅有9.563亿元，对于一个行业发展需要来说是远远不够的。与此形成鲜明对照的是，新世纪进入全面市场化环境的黄金工业投资，一个项目就达十亿元、数十亿元，而且并不罕见，可以说十分平常。一个大型黄金企业的总投资甚至可达数百亿元，发展所达到规模是“以金养金”政策所难以达到的，受“以金养金”政策的局限，1975年至1984年的10年，黄金工业有了实实在在的进步，但离实际要求还有距离，因而才有了之后的黄金生产第三次全国战役的升级。

2. 地质资源瓶颈约束仍存

从 1957 年决定发展黄金生产之始，黄金地质资源供给不足便是一个现实约束条件，成了一个发展的瓶颈，因而王震上任便抓黄金地勘队伍建设，以期建立专业地勘队伍实现黄金资源勘探的突破，为此，王震在原有的地勘系统内设立黄金基金，向下压任务；同时又组建了一支万人编制的军级黄金勘探部队，以便于直接调动指挥，这些努力是有成效的。但是，到 1985 年底我国黄金矿山保有资源工业储量仅不到 300 吨（298.46 吨），远景储量 382.6 吨。1985 年黄金产量是 39.082 吨，以当时资源损耗率 2∶1 计，维持这样一个低水平生产年耗资源 78.164 吨，也就是已探明工业储量静态保证生产年限不足 4 年（3.82 年），即使已探明远景储量对生产的静态保证年限也不足 5 年（4.89 年），这是一个维持生产很困难，更不要说发展的资源条件。因此攻克资源瓶颈就成了后来者的一项首要工作，而之后的事态正是如此发展的。

3. 黄金私卖潮开始泛起

黄金管制基于国家外汇短缺的现实，虽然为了解决这个经济建设的瓶颈而进行了长期努力，但四分之一个世纪过去了，外汇短缺矛盾的解决那时仍是正在进行时，所以，此时解除黄金管制的条件并不成熟而需维护，可是这时黄金私卖潮的泛起已严重地冲击了黄金管制政策的实施，而个体采金者是黄金私卖潮推动的主体。

依靠群众，发动群众采金一直是作为我国发展黄金生产的经验而大力提倡。1975 年王震走马上任后首先就是深入基层发动群众采金，到 1985 年已发展到 25 个省区 429 个县 10 多万人参加，产量达 5.7 吨，是 1975 年的 2.3 倍，成为发展黄金生产的一支力量。但是，黄金私卖潮也愈演愈烈，对此，中央领导多次做出批示，但屡禁不止，对于个体采金的管理成了棘手的问题。随着这一矛盾的深化，“群采”的负面效应也日益显现，对“群采”的治理成为后来人的一项摆在面前的紧迫任务。

第六章 黄金生产第三次再出发的升级期

（1985—1993）

1985 年以后王震不再分管黄金生产，后来者沿着王震的工作思路将黄金生产升级成了国务院直接领导管理的事业。如果说王震是受周恩来总理之托领导黄金生产，还有些彼此个人的色彩，而此时是由国务院领导任组长成立了国务院黄金工作领导小组，进行全面谋划和实施具体领导，上升为一种国家意志。因而我们说这是黄金生产第三次全国战役的升级时期，并原以为我们因此已经找到了发展黄金工业的正确之路而可持续推进，但是出人意料，1993 年 8 月，因黄金市场化改革的启动而中止而进入了一个新时期。

从 1985 年至 1992 年的 8 年间是我国黄金生产第三次全国战役的升级时期。这一时期的国务院总理先后是赵紫阳和李鹏，因而这两位总理是新中国成立以来 7 任总理中与黄金工业发展有着最密切联系的两位总理。黄金生产在此时被高度政治化，这与我国从 20 世纪 80 年代开始推进的改革开放大业的需要密切相关，黄金工业再次显示了其国家的战略价值。

或许是对于过去10年取得成绩的不满足；或是现实的挑战空前严峻；或二者兼而有之，1985年国家领导人对黄金生产第三次全国战役升级行动迅速而坚决。

4月，国家总理开始行动

1985年4月26日上午召开了一次不是唯一也是少有的专门研究增加金银生产的国务院常务会议。会后下发了会议纪要。而在之前，2月国务院已批转下发了人民银行、轻工部、商业部联合上报的《关于加快黄金饰品生产和做好储备、销售工作的报告》；之后的8月国务院又下发了《关于增产黄金、白银问题的通知》。在召开国务院4月常务会议之前的2月15日，赵紫阳总理听取国家计委原材料工业情况汇报时，就对黄金生产发表了自己的意见，最后提出："黄金问题要好好研究一下，一年多搞二十吨行不行。"对于增产黄金的渴望表露无遗。《关于增产黄金、白银问题的通知》指出："增产黄金、白银要充分调动企业和群众的生产积极性，贯彻'放开、搞活、管好'的方针，要在价格、税收、资金方面给予优惠，以增加企业活力。"国务院常务会议确立了发展黄金生产的大政方针，但作为加快黄金生产的升级行动，这仅是开场锣鼓，随后在国务院主导下的增加黄金生产的举措密集出台：

（1）1986 年是“七五”开启之年，1 月 8 日便根据赵紫阳指示国务院副秘书长白美清召集有关部门召开了增加黄金生产的会议，确定了全年生产目标，并决定财政增拨 1 亿元给黄金地勘资金，归全国金矿领导小组使用；由人民银行增拨 1 亿元贷款指标作为黄金专项贷款。

（2）在国务院连续下发《关于增加黄金、白银问题的通知》《关于增加黄金生产会议纪要》《关于研究一九八七年黄金生产和地质勘查等有关问题的会议纪要》之后，于 1986 年 12 月 30 日出台了《国务院关于加快发展黄金生产的决定》。这是继 1957 年、1964 年、1975 年之后的第四个加快发展黄金生产的中央文件。

（3）针对地质资源瓶颈的长期存在、地勘资金投入不足的现实，1986 年设立了黄金地勘基金，并用这一基金建立了黄金储量承包制，调动了社会勘探黄金资源的积极性。虽然它是从黄金生产发展基金中分列出来的，但在黄金生产发展基金取消以后，黄金地勘基金仍存续到“九五”中期。

（4）1986 年对黄金矿产品继续免交产品税，同时将黄金发展基金由每两 300 元提高到 400 元（包括 100 元地勘基金）。这是黄金发展基金建立以来最高提取额。

（5）1987 年 1 月，国务院召开了第一次全国黄金工作会议，黄金生产上升为国务院直接领导的生产事业，田纪云副总理致开幕词，方毅副总理致闭幕词，国务委员张劲夫做工作报告。可见会议的规格安排极高，一般工作部门工作会议有一个副总理到会已属不易，之后于 1991 年和 1996 年分别举行了国务院第二次和第三次全国黄金工作会议。

（6）1988 年国家机构改革，在压缩编制的情况下将冶金部黄金局升格为国家黄金局，成为国务院直管的司局级机构，这是我国黄金行业管理机构的最高配置。之后，国务院多次压缩机构，但黄金局的建制一直保留到2002年。

（7）1988年国务院发布《关于对黄金矿产实行保护性开采的通知》，将黄金矿产列为特殊的保护性开采矿种，充分体现了对黄金矿产保护政策，同时宣布停止向个体发放黄金矿产开采许可证，对“群采”政策做了全面调整。

（8）1988年在黄金收购价提高20%，由每两1000元提高到了1200元的同时又减免了所得税，免交了能源交通重点建设基金。

（9）1989年黄金地勘基金由每两提取100元提高到150元，以增加黄金地勘资金投入。

（10）1990年1月国务院黄金工作领导小组成立，由国务院副秘书长白美清任组长（后由国务委员李贵鲜接任），负责研究协调黄金生产、建设、地质、加工、销售等方面的重大问题。

（11）1991年1月国务院第二次全国黄金工作会议召开，李贵鲜、刘仲藜与会讲话。会后李鹏总理接见了全体代表，他指出：“黄金是重要的战略物质，硬通货，黄金储备是国家经济实力的标志之一。”因而要求“为了适应社会主义四个现代化建设的需要，国家需要多生产些黄金”。

（12）1993年国务院下发63号函，即《关于调整黄金经济政策问题的复函》，该复函在保持黄金统收统配体制的前提下，确立了市场化改革方向；在实现政策平稳过渡的前提下，确定经济政策向市场轨转变，开启了黄金市场化改革的大幕。

以上所列事件表明，在这一历史时期内几乎每年都有新的支持黄金生产的举措出台，是我国历史上国家支持黄金生产政策出台密度最大、力度最大的时期。对黄金生产重视程度提升的宏观大背景是我国在20世纪80年代开始推进改革开放，逐步实现经济全球一体化而需要国内经济运行有更大的稳定性和支撑力，因而使黄金工业发展具有了更大的全局战略价值。

为改革开放构筑强大支撑力

1976年以“四人帮”的被捕宣告了“文化大革命”的结束；1978年12月中国共产党十一届三中全会确立了改革开放发展经济的总路线。中国主动而不是被动地向世界打开了大门，开始走向了国际经济一体化之路。在改革开放以前，发展黄金工业是为了增加国家的外汇支付能力，应付国家出现的某项紧急需求，打开国门走上国际经济一体化之路后，我国外汇来源增加，到20世纪80年代，我国经常项目的国际支付虽总体仍呈逆差状态，但我国在资本项目下已成外汇流入国，黄金外汇储备比70年代也提高了10.61倍，由年均16.01亿元增长到了185.89亿元，因而要应对1975年因进口成套设备而出现的外汇支付已绰绰有余，但黄金生产对于当时的中国来说仍有重要意义，改革开放的推进使我国对于硬通货的使用范围逐渐扩展，无论是开展国际贸易还是保持金融稳定，都日益显现出黄金的价值，而使黄金工业战略性上升到了一个全局性的新高度，这是这一历史时期增加黄金生产行动升级的根本原因。关于这一点王震就有这样的论述：

1980年3月王震在全国群众采金工作会议上说：

> 我们这么大一个国家，银行里多储备一点金子总是好干事情的，黄金是硬通货，同时现代化的技术，也要用不少黄金、白银。我们同外国人做生意，什么延期付款呀，什么减息借贷呀，有这些了，我们没有外汇储备，胆子就小，逼起账来的时候，你要再延期，他就要高利贷，这个与我们的国家声誉有关。所以，我们有黄金嘛，你有黄金储备就神气一点了。

王震是从改革开放的大局谈黄金的时代价值，而做出更全面论述的是田纪云副总理。他在国务院第一次全国黄金工作会议开幕的致辞中就主要对黄金生产的时代价值做了分析总结。具体有以下四点：

（1）可以增加我国黄金储备，提高我国的经济实力和对外经济交往的信誉。黄金是硬通货和保值手段，国际上把黄金储备作为衡量一个国家支付能力和经济实力的重要指标之一。如果我国的黄金产量能够较大幅度地增长，我们在世界上的资信就会进一步提高，有利于更多地吸引外资，扩大我国对外合作与交流。

（2）可以为国家多创外汇，为了加快我国经济建设的发展，尽快赶上世界先进水平，国家需要大量的外汇资金引进国外的先进技术和设备。黄金在国际市场上需求比较稳定，创汇率较高。如果我国黄金产量翻一番的计划按期实现，可为国家多创几十亿美元的外汇。这将是一笔可观的外汇来源，对实现外汇平衡将有一定的作用。

（3）可以改变产金地区经济落后的现状，使广大群众较快地增加收入，走上致富道路，推动地方经济发展。我国产金区一般都地处山区或边远地区，交通不便，自然条件差，历来比较贫困，而搞黄金采矿、淘选，在技术上并不太难，简便易行，投资少，见效快。产品国家全部收购，不存在销路问题。因此，开发黄金资源，是这些地区积累资金、发展经济，解决多余劳动力就业，增加群众收入的一个既稳妥又实惠的路子。现在许多地区已经有了良好的开端，取得了可喜的成效。

（4）可以满足工业生产和人民生活的需要。黄金在工业上有广泛用途，特别是电子、电器、宇航、化工等工业对黄金的需求量越来越大。另外，人民的生活提高以后，对黄金饰品的需求也热起来了。现在各地的金饰品都比较紧俏，随着经济发展和消费结构的变化，市场对黄金的需求将会越来越大。由于目前我国黄金产量不高，我们还不能拿出更多的黄金来满足群众的需要。如果能够较快地增产黄金，就可以增加黄金饰品供应市场。这对回笼货币，保持经济稳定也是有好处的。

由于改革开放政策的实施，20 世纪 80 年代黄金在我国经济活动中的作用已超越了单一的外汇支付手段，而具有了更广泛的多元价值，成为改革开放政策的支撑力，因而需要黄金生产有更大的发展，实现升级。而 1986 年 12 月 30 日国务院出台的《关于加快发展黄金生产的决定》则是这一历史时期指导黄金生产加快发展升级的指导性文件。

升级的行动纲领

《国务院关于加快发展黄金生产的决定》（以下简称《决定》[①]）是继 1957 年《关于大力组织群众生产黄金的指示》出台，29 年后出台的第二个国务院下发的黄金生产的政策文件（还有两个分别是中共中央书记处出台和国务院批转的中央文件），反映了在我国发展黄金生产是一个长期性的任务。在《决定》出台之前已有国务院《关于增加黄金、白银问题的通知》（1985 年 8 月）、《关于增加黄金生产的会议纪要》（1986 年 1 月）、《关于研究一九八七年黄金生产和地质勘查等有关问题的会议纪要》（1986 年 12 月）下发，表明《决定》是在大量调查研究和认真分析讨论的基础上产生的。该决定对发展黄金生产提出了 12 条工作原则和措施，所确定的黄金产量目标是在 1985 年产量的基础上 5 年翻一番（也就是到 1990 年黄金产量达到 78 吨，实际完成了这一预定目标的 85% 左右，为 66 吨）。发展政策在前 10 年的基础上又有调整和发展，主要有：

（1）提出要建设一批有活力的以骨干矿山、冶炼厂为中心的黄金生产群体，因此开始大力推进黄金生产基地建设，这也是新世纪黄金企业集群形成之前身。

（2）将黄金地勘工作置于优先地位，为此，不仅对地质队实行金矿项目管

① 《决定》内容详见附录。

理、部分储量承包和超交储量奖励政策，以调动地质队工作积极性，同时建立了黄金地勘基金，以增加黄金地勘的资金投入。

（3）将黄金开发基金提高到每两黄金提取 400 元（包括 100 元地勘基金），这是黄金发展基金历史上最高提取额，以增加基本建设的资金投入，增加黄金生产力。

（4）从 1957 年至 1986 年的 29 年中，先后有 4 次下达发展黄金生产的中央文件，而首次提出搞好环境保护，防止环境污染，黄金生产过程中的环境保护提上了工作日程。

（5）首次提出的还有人才问题。该决定的第 11 条专门提到要加强人才培训工作，这是因为随着黄金生产力的提高，专业人才的素质和能力也必须相应提高。

（6）首次提出的还有黄金产品收购与管理问题，这是因为出现了日益严重的黄金私卖现象，必须从改进收购工作和打击走私两个方面巩固黄金统收统配工作体制。

（7）提出“群众采、定点收、集中选、国家炼”的黄金生产模式，也就是放开采矿，管住选冶。这一生产模式的提出与抑制黄金私卖、加强环境保护存在着密切的关联性。

（8）决定进一步提出了对黄金生产的组织领导，对黄金资源开发建立全国统一协调的全国资源工作领导小组；明确冶金部黄金局是全国黄金主管部门，两年后又升格为国家黄金局。

（9）强化了对黄金生产的各项优惠支持性政策，如实行计划单列，保证所需物质供应；免征产品税；减少黄金企业负担；贷款专项下达、直接发放等。对黄金行业的技术进步提出了更为明确的要求。

与历次关于发展黄金生产的中央文件比较，这个《决定》在多个方面有新的发展，同时对原有的一些行之有效的措施予以坚持，并进一步强化，集中地反映了国务院发展黄金生产的基本工作思路。1988 年 1 月国务院黄金工作领导小组组长白美清对《决定》进行了提炼，提出黄金生产发展的“四个取决”：

（1）取决于资源的勘探。地质勘探是黄金工业基础和前提，所以《决定》将加强地质勘探工作置于了突出地位，并设立了黄金地勘基金，不但要从地勘工作人员数量方面予以加强，而且要从资金投入方面予以加强。

（2）取决于技术进步。科技就是生产力，科技进步一定会推动地质工作和生产发展，使黄金工业迈上一个新台阶。对科技工作的重视和推动是这一历史时期黄金工业发展的新特征。

（3）取决于黄金产业政策。故完善和发展国家对黄金工业的扶植政策和保护政策是《决定》的重要内容，在全国所有部门基建和贷款指标都下降的情况下，唯有黄金行业是增加的，对黄金工业实行支持保护性政策延续至今。

（4）取决于我们的工作。为此，《决定》为了调动工作积极性而推进企业内部的经济责任制和“两金工资含量包干”等。

三大黄金生产基地建设

建设新矿山、新基地是《决定》确立的重要工作目标，为此提出建立胶东黄金生产联合体、黑河地区林金联合体、北方有色金属黄金联营集团的设想，但推进并不理想，而取得实际成果的是山东、河南、黑龙江黄金三大生产基地的建设。这三大基地建设的推进使所在省份的黄金产量占居了全国前三，达到了1993年全国黄金产量的近四成（39.65%），总计生产了37.491吨黄金。其中，山东产量22.67吨，为总产量的23.98%；河南黄金产量7.86吨，为总产量的8.31%；黑龙江黄金产量为6.961吨，为总产量的7.36%。而且山东省、河南省到21世纪仍牢牢地占据冠亚军地位，而黑龙江2014年已由第3名退居到了第20名。

一、山东胶东黄金生产基地

山东有着悠久的采金传统，但新中国诞生后因种种原因而造成了生产的断层。在1957年前年产量不足百公斤，到1969年产量才突破1吨，一直不是我国黄金的主产区。1975年以后山东黄金生产逐步加速，1984年产量突破3吨，达到了3.373吨，超过黑龙江而居辽宁之后的全国第2位；1990年更以14.185吨产量超越辽宁成为黄金生产新冠军，并一直保持到至今。山东省黄金产量持续增长得益于黄金生产基地建设的持续推进。

山东黄金生产基地位于山东胶东半岛。那里从招远到平度的招平断裂带是国际闻名的黄金富集区，在这一断裂带上的招远县，早在明朝时就有较大规模的采金活动，新中国成立后一度中断。1975年以后国家加大了对山东黄金基本建设的投入，建成了我国最大的黄金生产基地。为了建设山东黄金生产基地，从1980年至1993年投入建设资金超过了21亿元人民币，大约为这一时期全国总投资的四分之一强。

1975年以前投资建设的主要金矿项目是招远金矿和沂南金矿，投资1603万元扩建玲珑矿区，使招远金矿达到了500吨 / 日的采选规模；投资517万元，使沂南金矿达到了300吨 / 日采选规模。1975年以来投资集中于莱州地区，在1975年至1980年建成两座500吨 / 日采选能力的焦家金矿和新城金矿。1985年12月又批复同意扩建新城金矿到日处理能力1250吨，1984年又开始建设当时规模最大的，日处理能力1500吨的三山岛金矿。在这期间，地方中小型矿山也迅速发展，到1985年已建中小型金矿山37座，再建8座，而到20世纪90年代，这一生产基地中已有固定生产能力的大小金矿山200多个。

到1990年，山东黄金生产基地已是我国最大的黄金生产基地，山东省成为我国最大的黄金生产省份，这一年黄金产量是14.296吨，为全国总产量66.175吨的21.6%；到1999年黄金产量为37.220吨，为当年全国总产量169.089吨的22.01%；2014年黄金产量是171.446吨，为当年全国总产量512.775吨的33.43%，仍然保持着我国最大黄金生产基地的地位，在我国黄金生产中的地位日益突出，产量已从25年前占比两成上升到现在的三分之一。

三山岛、焦家、新城、玲珑这4个20世纪80年代建成的大型金矿山，至今仍是我国名列前茅的大型矿山，2014年的产量分列全国的第2、第3、第7、第8名。2014年产量1吨以上的黄金矿山中，山东有9个，为全国总数的21.43%，是占比最大的省。在这一历史时期建成的山东黄金生产基地，在此后20多年的岁月中表现出旺盛的生命力，在21世纪有更为精彩的表现，而成为中国黄金工业攀登世界之巅的重要推动力。

二、河南小秦岭黄金生产基地

河南省生产黄金的历史也十分悠久，砂金生产可上溯到春秋至秦汉；岩金可上溯到宋代；但河南新中国黄金生产的发展应上溯到20世纪60年代中期小秦岭地区金矿资源的发现与开发。小秦岭金矿区位于河南西部和陕西东部交界处，河南地质队经过3年地质普查于1964年提出这一地区蕴藏着一个较大的金矿带，因而国家开始在这里规划建设第二个黄金生产基地，“七五”“八五”时期加强了小秦岭地区的黄金开发建设。

中国黄金总公司于1965年11月在地质队开展进一步勘探工作的同时派出工作组实地考察，确定该基地的远期规划规模为3000吨/日。1966年6月长春黄金设计院根据国家计委和冶金部《关于开发小秦岭黄金资源的决定》开始基本建设设计工作。1966年8月完成了秦岭金矿金洞岔矿区的初步设计，并于同年列入国家基本建设项目计划，1968年3月开始井巷工程，拉开了秦岭金矿建设的序幕，日处理能力500吨的秦岭金矿于1980年建成，位于小秦岭矿区东部的文峪金矿在此后的1985年建成；位于矿区西部的潼关金矿于1987年建成。小秦岭地区总计形成1750吨/日采选规模，生产能力达年6.56万两（2.05吨）。

到1985年，河南已在32个县发现了黄金资源，因而除国家投资兴建的秦岭、文峪、潼关金矿外，以县、社联营和省、地、县、社联营方式共在小秦岭地区建成了10座金矿，采选规模总计达1050吨/日，因而小秦岭黄金生产基地3000吨/日生产规模的规划基本实现，黄金产量突破了2吨。灵宝、嵩县、桐柏三县分别于1982年、1984年、1985年成为黄金产量万两县，而到2014年小秦岭地区的黄金产量已超过40吨。但是，小秦岭黄金生产基地与山东胶东黄金生产基地比较，无论是企业的规模还是企业的集中度都有一定差距，虽然河南省黄金产量居全国第2，但河南没有一个企业黄金产量可进入全国前15名之列，这与其资源分布状况有关。

根据普查资料而启动了小秦岭黄金生产基地建设，在这总面积约1100平方公里矿区的东部建设了秦岭金矿，在中部建设了文峪金矿，在东部建设了潼关金矿，但这些金矿建成后都遭遇了资源不足的困境，发展受阻。另外，20世纪80年代后期出现了乱采乱挖之风，严重地影响了采矿秩序，使有序开发受阻，为此，在90年代初，国务院开展了小秦岭矿区资源管理专项治理整顿，对于小秦岭地区黄金开发产生了深远影响。

三、黑龙江砂金生产基地

黑龙江省黄金生产的历史也很悠久，据《册府元龟》记载，黑龙江采金始于唐朝天宝年间，即公元742年，已有1300余年。不但在近代是我国黄金主产区，也是新中国成立初期产量前三的省份都以砂金生产为主，1983年我国第一座大型露天矿乌拉嘎岩金矿的投产才结束了单一砂金生产的历史，因而黑龙江是这一历史时期重点建设的砂金生产基地，是我国采金船发展的摇篮。

新中国建立的初期，黄金生产遇冷，国家极少有投入，黑龙江多数砂金矿是使用简陋的工具进行手工生产，并且许多矿山停产，到1952年只有少数几个企业维持生产。1957年国务院《关于大力组织群众生产黄金的生产的指示》下发后情况才有了变化，国家增加了固定资产投资，黄金生产开始复苏，1958 年第一艘 50 升间断斗链木结构采金船在黑河建造，1960 年在罕达旗金矿投产，迈开了从手工生产向机械化生产的第一步。在此基础上，1963 年又设计建造了两艘采金船并于当年投产。20 世纪 70 年代先后有 11 艘采金船投产，并且在这个过程中培养了我国一支采金船设计、施工、操作专业队伍。

1975 年我国增加黄金生产战役第三次再启动，对黑龙江黄金生产给予了格外重视，1976 年至 1980 年的“五五”期间国家投资达 11584 万元，是之前 17 年的 5 倍；1981 年至 1985 年的“六五”期间达 13530 万元，又增加了 16.8%。投资的增加加快了采金船的建设，1975 年国家一次建造采金船 11 艘，于“五五”期间陆续投产，“六五”期间更建造了 55 艘各种规格的采金船。因而到 1985 年已建和在建采金船总计达 112 艘，采金船数量已居全球第三。当年黑龙江砂金产量达 3.555 吨，比 1975 年增加了 3.086 吨，增长 6.58 倍，占全国当年砂金总产量 5.638 吨的 63.05%。标志着黑龙江砂金生产基地建成。

1985 年是黑龙江省“六五”时期砂金生产的高峰年，但“七五”年均砂金产量比 1985 年增长了 23.38%，“八五”时期保持了“七五”时期的水平，年均产量是 1985 年的 124.81%。但 1998 年创造了 5.852 吨的最高产量纪录以后，便出现了大幅下滑，1999 年产量比 1998 年大幅下降了近七成（69.42%），并且产量持续下跌，现在黑龙江几乎已无砂金生产，全部转向岩金，因而黑龙江持续了数百年砂金生产成为了历史的记忆。

新中国黑龙江砂金生产基地建设从 1975 年开始，到 1980 年产量突破 1 吨，标志着生产基地已初具雏形，再到 1998 年创 5.852 吨最高纪录，历经了 20 年的发展期，总计产金近 80 吨，约为这一时期我国黄金产量的 4.84%，在我国黄金生产史上占有一席之地。

黑龙江砂金生产萎缩是我国砂金生产萎缩的缩影，砂金是我国先人最早开采的黄金资源和主要的黄金品种。在新中国建立的初期，砂金产量曾占总产量的三分之一，但产量很快由 2 吨多下降到仅有数百公斤，并且低水平生产持续了 20 年，基本上是 1975 年以后随着国家投入的增加，从手工作业向机械化生产转变，砂金生产才出现持续增长的局面，大约持续了 23 年。其中，1976 年至 1980 年年均产量 1.757 吨；1981 年至 1985 年为 4.263 吨；1986 年至 1990 年为 7.276 吨；1991 年至 1995 年为 9.106 吨；1998 年达到 13.112 吨后产量开始持续下降，到 2012 年砂金产量已下降到仅有 12 公斤，在全国黄金总产量中的比重仅为万分之三左右，已成为一个无足轻重的生产品种，现在仅在四川还有少量的砂金生产，砂金生产萎缩的速度非常快。

砂金萎缩的原因，不是投入资金出现瓶颈，在一定意义上讲也不存在技术上的瓶颈。首先是砂金资源的有限性，难以支撑持久的黄金生产需要。在历史上也曾经在美国、澳大利亚、俄国出现过砂金生产的高潮期而闻名世界，但基本上是如同潮水，来势汹涌，退潮也很迅速，因而砂金生产萎缩并非是发生在我国的特有的现象，而存在着发展的必然性，从全球的角度看，砂金生产也呈现萎缩状态。

另一个原因是环境保护要求的提高。砂金生产过程对河床和地貌会产生一定程度的破坏，而需要一定的环境恢复成本。与环保要求提高相适应的是需要提高环境恢复成本，因成本的增加而使砂金生产失去了经济性。我国已禁止在草原和生态保护区从事砂金开采活动，所以，2014 年虽然我国砂金储量仍有 489.61 吨，但多数因环保要求而不能开采。

发展路径选择的调整与扬弃

1988 年国务院下发《关于对黄金矿产实行保护性开采的通知》明确规定：

“自本通知发出之日起，停止审批个体采金，不得再向个体发放黄金矿产采矿许可证。”对于个体采金公开说“NO”，而1957年发展黄金生产正是以发动群众采金起步的。从发动“群采”到禁止“群采”，我国黄金生产发展路径选择进行了调整，“群采”路径的扬弃是这一历史时期发生的重要的政策调整。这个调整即有内在的必然性，也有现实的权宜性。

一、一种无奈的选择

我国黄金工业有一个遭遇“遗弃”并不辉煌的起步，所以1957年决定发展黄金生产时，国家手中的资源极少，只能动员不需基本建设的人力资源，走“群采”之路。而1964年基于“群采”之路并没有使我国黄金生产走出困境而改弦易张，开始了机械化生产的努力，但很快爆发的“文化大革命”使这一努力受挫。所以这一转变的推进十分困难迟缓。

1975年王震副总理举起我国第三次发展黄金生产全民战役的大旗，亲自深入各产金地调查，一个地方一个地方地去做鼓动工作和组织工作。他说1980年黄金产量不应是100万两，应该是100吨。同时和1957年相似，再次把发动群众采金作为了主要手段，这是因为此时“文化大革命”进行了10年，政治风暴已将1965年建立的现代黄金工业雏形冲击得面目全非。在既无资源储备可用，又缺少专业人员和完整组织体系，不能组织现代机械化生产的情况下，为了尽快拿到黄金，只能走群众运动这条路了。这种选择是无奈，而不是规律的必然。但是，在一个很长的时期内，这一选择作为经验被提倡、被固化、被肯定。

1975年第三次发展黄金生产全国战役启动，开始首先就是着眼于发动群众采金，当年6月12日王震听取黄金地质工作汇报时说：“我国人口众多，要黄金，搞砂金、脉金，不要多少投资。烟台地区有个招远县，过去（周）总理问过多次。”8月20日在湖北采金工作座谈会上又指出：“我出来时，小平、先念当面指示，要和各省委商量，要推广山东招远县的经验，搞社队联营，他们生产了黄金，就把生产出黄金的钱来换化肥和机器，支援农业生产。”为此，1976年8月1日至9日冶金部在山东烟台召开了山东、湖南、河南、河北、内蒙古、黑龙江六省区黄金生产座谈会，与会代表参观了招远群众采金现场，王震在会议上指出：“发展黄金生产，主要靠地方。要在全国推广招远县县社队联营采金的经验。”

在国家大力倡导下，1975年我国群众采金2.52吨（8.07万两），为当年总产量的18.29%，到1985年产量增长了1.25倍，达到了5.7吨（18.23万两），占当年总产量的28.6%，成为我国黄金产量的重要组成部分，群采人数超过了10万，群采金的活跃也与当时农村经济改革大批农村劳动力被解放密切相关。但20世纪80年代中期以后，“群采”被是发挥中央和地方两个积极性的提法所取代，而80年代后期政策则发生根本性变化，对群众采金由支持变为了禁止。1988年国务院下发的《关于对黄金矿产实行保护性开采的通知》明确从本通知发出之日起，停止审批个体采金，不得再向个体发放黄金矿产采矿许可证。至此，“群采”路径选择成为历史，走到了生命的尽头。

二、“群采”之祸

提倡“群采”是无奈之举，并不是必由之举，由于其是一种落后的生产方式，对增加黄金生产的贡献是有局限性的。仅以增长率看表现亮眼，但从绝对贡献看，群众采金1985年产量比1975年增长了3.18吨，仅为总产量增长量25.297吨的12.57%，显然不是黄金产量增长的主要贡献者，难当历史大任。更为严重的是20世纪80年代后“群采”产生的负面影响日益显现，成了一个必须切除的病灶。

（1）从20世纪80年代到2002年黄金市场建立之前，出现了一股黄金地下私卖潮，冲击了黄金统收统配体制。对此，1986年国务院下发的《关于打击黄金走私，加强黄金管理工作的会议纪要》中指出："仅去年一年就至少有二十万两黄金未入国库（折合为6.25吨左右，当年黄金产量为39.082吨。相当于产量流失了16%以上），其中绝大部分被金贩子收购和走私掉了。这不仅影响黄金生产的发展，破坏国家金融秩序，使国家蒙受经济损失，而且也腐蚀人们的思想，扰乱社会治安，败坏社会风气。"又据《我国黄金工业发展概况及政策演变》的披露，地下黄金交易最高达40万两。显然已成一个突出的社会问题。国家领导多次批示要求严办，制止地下黄金交易。

为了抑制黄金走私贩私活动国务院还同意给公安部增加1500人警力编制，在黄金生产区增加警力，落实、充实公安派出所建设，并从1988年开始对警方缉私罚没的黄金视同为矿产金，计入当地的黄金产量，每两人民银行支付1000元，另支付200元作为公安或工商、海关等部门办案补助费，再支付100元给省（区、市）人民银行，黄金公司专门用于补助采金区的治安管理和打击倒卖走私黄金活动的经费，并且多次下达国务院文件要求加强市场管理。开展了多次专项黄金市场秩序整顿活动，整顿市场秩序成为20世纪80年代至新世纪的一项持续性工作。

在这个黄金私卖的地下交易中，个体采金者是骨干力量，公安部在1985年9月26的通报中指出："青海省五万多个体采金人员，今年一至五月向国家交售黄金四十五两，入库率仅为百分之一。今年前八个月内蒙古自治区公安机关查破倒卖、走私黄金案件达一百六十五起，查处人犯七百八十七名，缴获黄金四百五十多两。"黄金地下交易并呈日益活跃之势，不仅开辟了经广东、福建至港澳的走私路线，而且又开辟了由西藏至尼泊尔和印度的走私路线。因而，"群采"成为一个负面社会效应之源，但这并不是决定性因素，更大的负面社会效应是"群采"对环境产生的破坏力。

（2）因为"群采"是一种低水平的生产方式，除表现为低效率外，还有开采技术的低水平，不仅造成了资源的浪费，而且造成了对环境的破坏，"群采”基本上是个体手工生产，设备小型化，而小汞板、小溜槽、小氰化池因缺少环保措施，对土壤、植被、水质有很大的污染性和破坏性。环境事关子孙万代，环境保护胜于经济发展，因为环境破坏不仅造成现实的严重消极影响，而且还需要几代人才能修复，保护环境是发展经济的底线。因而随着环境意识的提高，“群采”对环境负面影响日益被关注。小秦岭金矿区治理整顿的核心就是治理群采，小秦岭金矿区问题是“群采”问题的集中暴露，环境破坏触目惊心。

当然对“群采”的认识有一个过程，起初出于增产黄金的急迫性而更多看到的是“群采”的优点，而加以宣扬，是在实践中我们才逐步认识了发展矿业的规律性。1995 年邹家华副总理在小秦岭金矿区秩序治理整顿工作会议讲话中反思道：“过去在某个历史条件下提过的国家、集体、个人一起上的口号和方法，当今新的情况下，在矿产产业中已经不适用，我们要统筹规划，加强管理，指导矿业产业的发展。”而早在 1988 年国务院《关于对黄金矿产实行保护性开采的通知》下达，黄金矿业就已告别了“有水快流”的发展思维。

突破资源瓶颈，勘探基金的建立

由于黄金地质资源供应瓶颈的存在，资源不足成了发展黄金生产长期存在的“拦路虎”，因而攻克资源瓶颈成了国家发展政策的着力点。1957 年因我们缺乏资源准备，所以只能组织低层次的群众采金，这种低水平的黄金生产不能满足国家经济发展的要求。所以 1975 年王震副总理挂帅，黄金生产重新启动了增产黄金生产的全国战役，为了突破黄金资源供给瓶颈，从一开始就将黄金资源勘探工作置于优先位置，但经过 10 年努力，黄金资源仍很紧张，与发展的要求仍有很大差距，资源瓶颈仍存。

一、黄金勘查基金的建立与使用

1975 年王震副总理为了突破资源瓶颈首先是抓专业黄金地勘队伍的建设，因为没有人就做不了事，要做事一是要有人，经过 10 年努力，黄金地勘队伍到 1985 年已达 5 万多人，比 1975 增加了 2.6 倍，但并没有使资源紧张的矛盾得到彻底解决。1985 年全国黄金矿山拥有黄金储量共 681.06 吨，按当时的资源耗损率 2∶1 计划，对黄金量生产的静态保证年份为 8.71 年，而黄金工业储量 298.46 吨，静态保障年份仅为 3.82 年，这仅是在生产低水平的情况下已很紧张，如用大幅增加黄金生产的要求看，这样的资源现状更难令人满意。原因是突破黄金地质资源瓶颈不仅需要人，还需要钱，有了人而没有钱也做不了事，所以突破黄金资源瓶颈还需解决钱的问题，这就是黄金勘查基金设立的背景。

当时地质勘探工作由国家投入资金，地质勘探队伍是事业单位其经费由国家拨款，由于国家地勘费有限，已出现了地勘单位有吃饭钱无干活钱的情况，所以从国家地勘费中增加对黄金地质资源勘探资金投入有相当大的难度，因而解决黄金资源勘探资金投入必须另辟财源。1979 年黄金工业就建立一个特殊的筹资渠道——黄金发展基金，因而这一渠道也成了黄金勘查经费的主要来源，并以此为基础建立了黄金地质勘查基金。这是这一历史时期的一项重要的制度建设，大约存续到“九五”初期。

1986 年 12 月国务院下达了国发［1986］111 号文件《关于加快黄金生产发展的决定》。提出了 12 条加快发展黄金生产的措施，第三条主要是加强黄金地质勘查工作内容，认为这是发展黄金生产的基础。为了调动中央和地方专业勘查队伍的积极性实行项目管埋，部分储量承包和超交储量奖励的政策，但这些政策的落实都有一个资金问题，所以在第四条国家对发展黄金生产实行扶持和鼓励政策的内容中做出以下规定：

为保证黄金持续稳定地发展，每交售一两黄金，由中央财政补贴一百元，人民银行拨付三百元，共四百元，专门用于加速黄金地质勘查和扩大再生产。其中一百元作为黄金勘查基金；三百元作为黄金生产发展基金，实行部分有偿使用。

这是黄金地质勘查基金的由来，此后 1989 年，又由每小两 100 元上调到 150 元。国家计委、财政部、人民银行、国家黄金局联合出台文件（计工一［1989］282 号）规定："黄金地质勘探基金由每两 100 元增加到 150 元后，原来的 100 元列在国家黄金管理局名下，使用办法仍按原规定办理，并进一步完善。增加的 50 元，由国家黄金管理局负责管理，与地矿部门协商，主要用于生产建设急需的勘探项目和对全局有影响的一些关键性项目及扩建现有矿山能力的储量的项目上，其中用于有色生产矿山伴生金查定应占 3%。"

该基金原来在地矿部指导和管理下，由全国金矿地质工作领导小组负责金矿资源勘探工作的计划的实施。但是，这一年因成立了国家黄金局，根据其三定方案实行勘探、开采、生产一体化管理，地矿部进行业务监督，因而取消了全国金矿地质工作领导小组。但黄金地勘资金资金管理作为过渡期的安排是：国家预算内用于黄金勘探的资金每年约 2.2 亿由地矿部管理；黄金地质勘查基金由国家黄金局管理，地矿系统承包项目资金切块给地矿部管理。因而，1986 年对新增的 50 元黄金地勘基金的使用权限和项目与地矿部做了具体的划分，建立了以黄金局为主、地矿部为辅的资金管理体系，而最终也未实现黄金局一家统一管理。

这样的管理体制一直维持到 1993 年。1993 年实现金价的国内外并轨，生产发展基金取消，黄金勘查基金成了无源之水，也宣布取消，但为了保证"八五"承包项目的完成，每年 4 亿元资金拨付到 1995 年，资金来源由财政每小两产量补 50 元，不足部分由人民银行从黄金收售价差款中支付，这一过渡性的安排到 1996 年又得到延续，保持到国内外金价完全并轨以前，4 亿黄金勘查基金的来源改为财政部定额补助 0.5 亿元，人民银行从黄金收售价差中拨付 3.5 亿元，因而又延续了两年到 1997 年，黄金勘查基金从 1986 年至 1997 年存续了 12 年。

二、黄金地勘基金的使用与效果

黄金地勘基金从 1986 年至 1997 年的 12 年间大约筹集到专项基金 30 亿元，成为这一时期除国家预算内资金外的黄金地勘资金的重要来源。先是以每吨黄金储量 150 万 ~ 160 万元的价格以储量承包的方式购买专业地质队的勘查成果，所提交的地质成果由金矿无偿使用。1994 年黄金勘查基金变为有偿使用，具体的运作程序是：

黄金地勘基金由冶金部黄金局管理，由拨款制变为贷款制，黄金地勘资金年度规模由冶金部黄金局统筹安排，列入国家地勘费用计划，黄金地勘资金的发放、回收业务黄金局委托中国工商银行代理。因勘探资金有偿使用，勘探成果转让也必须是有偿的，因而黄金地勘基金的有偿使用促进了黄金资源市场的发展，黄金探矿权和黄金开采矿权因实现了商品化而进入了市场，成为交易标的。因而黄金地勘基金有偿使用的改革是我国地质资源市场化的组成的一部分。

1989 年国家黄金局利用黄金地勘基金启动了金矿“892”储量承包项目，向 16 个省区黄金工作领导小组发包 37 个勘探项目，总计 685 吨黄金储量，将已知的 45 个大中型矿区的勘查全部纳入了“892 计划”。1991 年又与 27 个省（区）政府签订了 1493 吨的承包合同，承包定价以每吨岩金 150 万、砂金 120 万计算，承包资金按普查、详查、勘探不同阶段以 3：3：4 的比例拨付。超交储量实行奖励，岩金每吨奖 15 万 ~20 万元，砂金奖 10 万 ~15 万元。地勘承包明确了责任主体，调动了工作积极性。当时主管地质工作的邹家华副总理在1995年1月指出："1986年，国家设立黄金地质勘查基金，并实行地质储量承包，这是当时地勘改革的一个新举措，大大调动了各方面地质勘探的积极性，取得了良好的成效，8年来，共提交可供工业利用黄金质储量2900吨。"

黄金储量承包制对黄金储量的增加有积极的推动作用，该制度实行5年后，"七五"最后一年，1990年已探明储备在保证产量增长耗用增加的同时比1985年增加了1.07倍，突破千吨，达到了1411.275吨；而"八五"最近一年，1995年又达到了近2000吨，为1900.854吨，更为1985年的1.79倍；"九五"第一年，1996年突破了2000吨，为2018.68吨。表明在使用黄金地勘基金，实行储量承包的12年确定实现了已探明储量的持续增长。

资源条件的改善，提高了黄金矿山的服务年限和自我发展能力，1991年至1994年的4年间就提交地质报告36份，提交储量511吨，使120多个金矿山增加了黄金储量，保证了企业产量的持续增长，使124个中小企业资源危机得到缓解，平均延长服务年限3年；为34个矿山扩产总规模2000吨/天提供了资源条件，因此增加了黄金年生产能力12万两。

三、运行机制转轨的困惑

1993年随着国内金价与国际金价的接轨而取消了黄金地勘基金，黄金资源推进市场化，实现有偿使用，因而资源勘探资金也要市场化，但因为当时黄金仍在管制之中，尚无黄金资源市场，黄金资源还未实现市场化，因而黄金资源的市场化也必定不能实现。所以，1993年以后虽然保持五年过渡期，在这期间黄金地勘资金短缺又见端倪，形势开始由有资金而无点可布变为有项目但资金不到位，并且已对"九五"计划产生影响，资源条件开始紧张。

在黄金工业运行机制变轨的过渡期内，新老体制的磨合而出现的矛盾，使黄金工业的固定资产投资和地勘资金都出了一定问题，引起了人们对进入市场的顾虑，但没有想到的是全面进入市场之日恰是空前大牛市来临之时，市场给了黄金工业一个难得的发展机遇。这是一次幸运的眷顾吧。

黄金生产力增长及格局之变

1975 年至 1994 年是新中国成立 66 年历史上最长的黄金产量持续增长期，在这 19 年中黄金产量年均递增率达 10.71%。1975 年至 1984 年的 10 年由王震副总理挂帅；后 1985 年至 1993 年的 9 年黄金生产升级为国务院直接管理的生产事业。这两个发展阶段有着各自不同的特征，但从本质上是一脉相承的，直到 1993 年黄金市场化改革启动，我国黄金工业的发展才开始了一个不同于这 19 年的一新的发展期，因而我们也可以把这 19 年看成是一个连续的发展过程，发展政策和发展成果都具有延续性。

一、黄金生产力的持续提高

1975 年至 1993 年的 19 年总计产金 779.859 吨，是之前 1949 年至 1974 年这 26 年产量的 4.06 倍，由年均产量 7.78 吨增长到了 41.045 吨，而且呈现不断增速的趋势，这期间的“五五”时期的产量是“四五”的 1.43 倍；“六五”又是“五五”的 1.63 倍；“七五”是“六五”的 1.64 倍；而“八五”前 3 年的年均产量是“七五”的 1.58 倍。这一历史时期最后一年的 1993 年产量达到了 90.964 吨，是 1974 年的 7.14 倍。这一历史时期年均递增长率 10% 以上，是产量增长持续时间最长的历史时期，长达 19 年。能与这一历史时期相媲美的是 2000 年以后出现的持续增长期，至今也仅有 16 年，而且增长率仅是个位数。因而，这一历史时期黄金工业发展不是绝后，但已空前。1975 年至 1993 年黄金产量变化情况可见表 6–1。

表 6-1　　　　　　　1975—1993 年黄金产量变化

时期		年份	产量（公斤）	时期总计（公斤）	时期递增（%）	时期平均递增（%）
持续快增长时期	—	1975	13785	—	8.19	10.71
	“五五”时期	1976	14715	95509	11.97	
		1977	16018			
		1978	19673			
		1979	20847			
		1980	24256			
	“六五”时期	1981	25201	156028	10.01	
		1982	27259			
		1983	30561			
		1984	33925			
		1985	39082			
	“七五”时期	1986	44420	264286	11.31	
		1987	47802			
		1988	48986			
		1989	56306			
		1990	66772			
	“八五”时期	1991	76747	250251	12.08	
		1992	82535			
		1993	90969			

资料来源：《中国黄金工业发展五十年》

这一历史时期黄金产量持续增长的本质是黄金生产力的提高，1975 年至 1993 年的 19 年间，我国新增黄金生产能力 94461 公斤 / 年，而 1949 年至 1974 年我国 26 年间，黄金新增生产能力仅为 10999 公斤 / 年。以年平均值比较，1975 年至 1993 年平均新增生产能力近 5 吨（4.972 吨），而 1949 年至 1974 年仅为 0.34 吨，前者是后者的 11.37 倍，因而年均黄金产量也由 7.68 吨增长到了

41.05 吨，增长了 4.35 倍。1986 年至 1990 年的“七五”是这一历史时期新增生产能力增长最快的历史阶段，分别是“六五”的 3.24 倍、“五五”的 3.09 倍、“四五”的 38.79 倍，即使比此后的“八五”也高出了 48.62%。这一历史时期黄金产量增长的动力是黄金生产力的增长，而黄金生产能力之所以能够增长又缘于基本建设投资的持续增长。

二、黄金基本建设资金的保障

不论是黄金扩大再生产，还是维持简单再生产的需要，作为一种资源型产业，受资源枯竭的影响生产力存在自然削减规律，必须不断地有新增生产力做补充，但资金投入不足长期存在，即使 1957 年以后国家增加了对黄金生产的资金投入，但相对于国家对增加黄金生产的要求仍有很大差距，所以，增加对黄金生产的资金投入一直是一个引人不懈努力的目标。

在这一历史时期对黄金固定资产的资金投入为 88.4929 亿元，年均 4.6575 亿元，而这一历史时期之前的 26 年固定资产投资 2.2738 亿，年均仅 0.0875 亿元，多方努力增长了 52.23 倍。这一历史时期固定资产投入资金有三个来源：

（1）价格补贴形式的国家财政拨款。从 1975 年到 1993 年累计大约有 19.114 亿元；

（2）人民银行价外拨款。这一时期大约为 59.42 亿元；

（3）银行贷款。在理论上推算从总投资额中减去第一项和第二项资金即为银行贷款额，但按当时规定财政补贴和人民银行价外拨款中大约有 25%，用于非生产性用途，即总计大约只有 58.845 亿用于了黄金固定资产投资，因而这一历史时期黄金固定资产投资使用银行贷款约 29.6479 亿元。

总之，这一历史时期黄金生产固定资产投资来源主要是财政与人民银行价外拨款，而银行贷款为辅，两者大约为 2∶1。这一时期黄金固定资产投资与新增生产能力变化情况详见表 6–2。

表 6-2　1975—1993 年黄金固定资产投资与新增生产能力变化

时期	年份	固定资产投资（万元）	新增生产能力（千克/年）	累计		本期合计		时期平均递增（%）	
				投资额（万元）	新增能力（千克/年）	投资额（万元）	新增能力（千克/年）	投资额（万元）	新增能力（千克/年）
“五五”时期	1975	2893	556	25721	11556	63226	14722	42.42	58.07
	1976	11195	544	36916	12100				
	1977	12142	2397	49058	14497				
	1978	12606	4033	61664	18530				
	1979	10331	2261	71995	20791				
	1980	16952	5487	88947	26278				
“六五”时期	1981	16510	2475	105457	28753	105740	14000	8.22	-16.57
	1982	20405	1232	125862	29985				
	1983	22678	3431	148540	33416				
	1984	20984	4644	169524	38060				
	1985	25163	2218	194687	40278				
“七五”时期	1986	33363	6056	228050	46334	395009	45459	32.51	31.94
	1987	60697	7195	288747	53529				
	1988	92763	11591	381510	65120				
	1989	105388	11750	486898	76870				
	1990	102798	8867	589696	85737				
“八五”时期	1991	91419	6525	681115	92262	473877	30588	-9.64	-9.53
	1992	105830	7244	786945	99506				
	1993	120812	5955	907757	105461				

资料来源：《中国黄金工业发展五十年》

黄金固定资产投入资金增长与保障得益于黄金开发基金的建立，这一基金的建立向黄金基本建设领域提供了资金保障基础；同时，又开辟了人民银行拨款这一新的资金来源，而且这一新的资金供应源的资金供应是另外两个资金源供给的 1.31 倍，是最大的资金来源，占到总资金量的近三分之二（66.5%）。所以黄金开发基金的建立是这一历史时期重要的政策成果。这一基金不仅对于黄金新增生产能力起到重要保障作用，也为缓解黄金生产存在的资源供求矛盾发挥了重要作用。

黄金开发基金于 1979 年设立，为了加强黄金地质勘探工作，突破地质资源瓶颈，于 1986 年在黄金开发基金内分列出 100 元，设立了黄金地质勘查基金，并于 1989 年上调到 150 元。1993 年黄金经济政策调整，黄金地质勘查基金取消，但为了完成当时的黄金储量承包合同，国务院同意每年由财政和人民银行支付四亿元，到 1995 年又后延到了 1997 年，因而黄金地质勘查基金先后存在了 12 年，总计筹集黄金地勘基金约 30 亿元（30.0893 亿元），使我国黄金地勘资金投入 1992 年达 4.8767 亿元的最高水平，是 1975 年 1145 万元的 42.59 倍。投入资金增加的直接的结果是探明储量的增加，1985 年已探明黄金地质储量不足 600 吨（573.06 吨），而砂金不足 100 公斤（83.53 公斤），到 1995 年除用于增产增耗外已探明储量增加了 2.06 倍；达到了 1756.491 吨。当然这还不是资源瓶颈的彻底解决，而只是矛盾得到暂时缓解，但也是一个很大的进步。

黄金新增生产能力与已探明储量增长为这一历史时期黄金产量持续增长提供了必要条件，因而增加黄金生产全国战役的第三次启动取得了比前两次更大的成果也就不足为奇了。这也是一个政府行政力量不断强化对黄金生产支持力度的历史时期，黄金生产得到了国务院的高度重视，不仅表现在政策上，而且表现在对具体问题的处理上国务院的领导都亲力亲为，因而在业内留下了不少令人怀念的事例，但是，1993 年市场化潮流改变了这一切，而开始了向市场经济体制转轨的改革历程。

三、山东、河南新兴产金区的崛起

从黄金生产区域变化看，在这一历史时期我国生产黄金的省市达到了 29

个，大致上形成了我国黄金生产力全覆盖的分布格局，而这一历史时期最大变化是黄金生产龙头老大省份的更替。

辽宁省是从 1950 年以来绝对的产量第一名，是首个产量突破 5 吨、10 吨产量台阶的省份，1987 年达到了 12.70 吨的历史最高纪录，保持了 40 年我国黄金生产排头兵的地位，但 1990 年被山东省超越，到 1995 年辽宁在全国排序已下降为第 6 位，产量较历史高峰也下降了 44.41%。从此开始了山东省的领军黄金生产的时代，黄金生产中心由东北向华中转移。

山东省生产黄金的历史悠久，但在新中国黄金生产史上却是一个“后来者”，新中国成立 20 年后的 1968 年产量还不足 1 吨，仅有 0.658 吨，1975 年山东以产量 1.387 吨列居全国第 2 名时，但也仅是第 1 名辽宁产量的四分之一强，而当 1990 年山东成为全国产量冠军时产量已达到 13.285 吨，是第 2 名辽宁当年产量的 1.51 倍，到 2016 年山东已持续 27 年保持黄金产量第一，而且目前看来还没有挑战者，未来 10 年或更长时间内也不会变化。

在这一历史时期崛起的另一个新兴产金地是河南省，河南是名副其实的后起之秀。1970 年河南才有黄金产量报告，仅为 0.236 公斤，全部来自个体砂金生产，没有正规的机械化金矿，到 1985 年产量已达到 2.224 吨，居全国各省市第 4 位，1991 年上升 1 位到第 3 位，1992 年再升一位位居山东之后的第 2 位，直到今天已有 25 年。河南和山东今天的情况相似，目前还没有挑战者，2015 年第 3 名的江西产量仅是其产量的 54.5%，绝对额相差 32.03 吨，如无意外，这个差距在三五年内是难以超越的。

山东、河南是这一历史时期出现黄金双子星座，在 20 世纪 90 年代登上黄金冠亚军之位，并成了 21 世纪我国黄金生产的重要基地，表现出了强大的持续发展力，山东是近期我国黄金产量具有突破 200 吨大关潜力的唯一省份，而河南是可突破 100 吨大关的唯一省份。1975 年至 1993 年的 19 年间山东年均黄金产量由 1.387 吨提高到了 16.546 吨，提高了 10.93 倍；河南由 0.124 吨提高到了 5.612 吨，提高了 44.26 倍。远高于全国 5.86 倍的增长率。而到 2015 年山东和河南产量分别已达 172.226 吨和 70.395 吨，两省产量已近总产量的一半（47.03%），成为新世纪我国黄金生产的引领者和最大的贡献者。

这是一个黄金生产普遍开花的时代，在政府强力的推动下，黄金产地增长了 27.27%，达到了 28 个省市，并且其中近九成的省区市产量都有不同程度的增长，除山东、河南两省外，黑龙江、河北、陕西、内蒙古也都有很好的表现。产量 1 吨以上的省区市数量 1993 年是 1975 年的 4.33 倍。

这一历史时期各产金省区市产量变化情况见表 6-3。

表 6-3　　1975—1993 年各产金省区市产量变化

1975 年		1985 年		1993 年		1993 年比 1957 年（%）
省区市	产量（吨）	省区市	产量（吨）	省区市	产量（吨）	
辽宁	5.260	辽宁	11.305	山东	22.670	1634.46
山东	1.387	山东	5.798	河南	7.86	6442.62
吉林	1.324	黑龙江	3.949	黑龙江	6.961	929.73
河北	0.903	河南	2.224	河北	6.321	700.00
上海	0.918	云南	1.985	陕西	4.987	249350
湖南	0.741	湖南	1.836	内蒙古	3.953	823.60
黑龙江	0.674	河北	1.702	辽宁	3.665	-30.32
安徽	0.556	吉林	1.606	吉林	3.218	143.05
甘肃	0.546	上海	1.311	江西	2.926	100
内蒙古	0.428	安徽	1.276	甘肃	2.840	420.15
湖北	0.266	内蒙古	1.155	新疆	2.636	515.89
四川	0.275	甘肃	1.077	湖南	2.400	223.89
广西	0.172	四川	0.792	四川	1.215	417.02
河南	0.127	浙江	0.473	浙江	0.786	100

续表

1975 年		1985 年		1993 年		1993 年比 1957 年（%）
省区市	产量（吨）	省区市	产量（吨）	省区市	产量（吨）	
广东	0.187	湖北	0.488	安徽	0.636	15.01
江苏	0.089	江苏	0.333	广西	0.598	247.67
天津	0.068	新疆	0.287	贵州	0.543	100
云南	0.052	广西	0.267	云南	0.499	2395.00
北京	0.016	山西	0.266	北京	0.392	2350.00
山西	0.012	天津	0.252	湖北	0.273	2.63
陕西	0.002	北京	0.237	青海	0.281	574
青海	0.0005	广东	0.209	广东	0.143	22.22
—	—	陕西	0.100	海南	0.069	100
—	—	江西	0.045	宁夏	0.056	100
—	—	青海	0.037	江苏	0.024	-73.03
—	—	福建	0.003	福建	0.059	100
—	—	宁夏	0.0017	西藏	0.009	100
—	—	贵州	0.0002	天津	0.005	-92.31

黄金企业规模有了很大提升，但仍是由小企业主导。1993 年对 633 个黄金生产企业的统计表明，黄金产量万两以下的小企业比重高达 91.75%，其中产量不足 10 公斤的无固定生产点比重达 15%。企业规模的小型化是黄金生产力低水平的标志，因而黄金生产适度规模化提上了发展日程，规模经营取代有水快流成为黄金生产的工作方针，这是我国黄金生产政策的重要转变。1993 年我国岩金生产总规模为 63.83 吨 / 年，砂金生产总规模为 10.76 吨 / 年。山东以 20.11 吨 / 年居岩金全国之首；黑龙江以 4.966 吨 / 年居砂金全国之首。全国职工人数已达 16.17 万人。

从维稳预期到推进改革的突变

1985 年至 1990 年的“七五”计划时期是国务院倾力推动黄金生产的历史时期，因而我国黄金工业在这一历史时期有了更大的进步：黄金产量较“六五”时期增长近七成（69%），年平均递增率为 11%，是增速较高的历史时期；新增生产能力是“六五”时期的 2.76 倍，提交的地质储量是“六五”时期的 2.7 倍，新增储量 1405 吨。

“七五”黄金工业的发展，使我国在保持了一定的黄金储备规模的同时还可以有一定数量的黄金出口创汇，大约创汇了 30 亿美元，以当时的平均金价推算这期间大约出口了 230 吨黄金。这 30 亿美元是国家自有外汇，而“七五”期间国家自有外汇年均也仅有 50 多亿美元，因而黄金出口成为我国外汇增储的重要之径，发展黄金工业取得了沉甸甸的收获。

黄金生产的发展也对稳定国内经济产生了积极影响，20 世纪 80 年代推动价格改革而引起了比较严重的通胀，增加国内黄金的市场投放成为回笼货币、抑制通胀的有效手段，因而 1982 年恢复了黄金首饰的市场供应，1985 年一次就向首饰制造业投放黄金 100 吨，以当时的牌价计算可出笼货币 54.4 亿人民币，而且在黄金销售环节和黄金首饰销售环节又各自可实现 11.4 亿元的增值，总增值率高达 71%。既繁荣了市场，又有很好的经济效益。

黄金生产发展所产生的多方面的效益，使国家高层给予“七五”时期黄金工业正面评价。

1990 年国务院黄金工作领导小组组长白美清这样评价道：“党的十一届三中全会以来，特别是 1985 年以来，根据中央和国务院领导同志的指示，国家采取了一系列发展黄金生产的优惠政策和改革政策。实践证明，这些政策绝大部分是正确的、有效的。这些政策包括‘以金养金’，金矿地质储量承包和合理的价格政策等，应不断充实、完善和提高，不要轻易改变。大家比较关心的黄金政策问题，特别是价格政策。价格、价格补贴、地质勘查基金、生产开发基金等政策，是经过多年实践制定的，是行之有效的，要继续实行和充分完善。还有，‘两金工资含量包干’的政策也必须继续完善，不少金矿实行的承包经营责任制，也不要轻易变更。”

对于“七五”黄金生产政策的肯定，因而直接影响到了对“八五”黄金生产工作的安排是萧规曹随，将“七五”的政策延伸到“八五”，保持稳定，是当时的基本政策取向，因而“八五”没有大的改革出台安排，而是要在稳定的基础上推进中向世界产金大国前进。这是因为1989年政治动乱暴发后我国受到西方的全面经济制裁，为了打破西方经济封锁，国家对黄金有了更为紧迫的需求。

白美清指出：“根据国家的要求，下一步发展黄金生产的奋斗目标初步设想是：‘八五’期间要‘保九争百’，即1995年前后黄金产量达到90吨，争取100吨（实际达到108.405吨）。这是一个宏伟的目标，也是一项艰巨的任务。实现这个目标，将使我国黄金生产上一个新的台阶。当前国家十分需要加快黄金生产的发展，一方面要增加国家的黄金储备，多创汇，以应付偿还外债的高潮；另一方面，发展黄金生产利国利民，有利于增加我们国家的经济发展。特别是现在西方帝国主义国家对我们实施经济制裁的情况下，我们增加了黄金生产，就增加了国家储备，增加了国家的资信。如果达到了年产100吨，就将进入世界产金大国的行列，这对于我们冲破帝国主义的封锁和进一步改革开放都会产生一定的作用。”

国家需要黄金工业有一个更大发展，向世界产金大国进军，而要实现黄金工业的更大发展，“要保持黄金政策的连续性和稳定性，这是黄金生产能否发展的关键”。我们正是抱着这样的信念告别“七五”进入“八五”的，但谁也没有料到航船在途中突然改变了方向。1993年辽宁感王民营黄金市场的出现打破了黄金政策的连续性。我国黄金工业一直是在严格的计划管理体制中生存发展，因而其运行机制打上了深刻的计划经济的烙印，被称为计划经济的堡垒。然而1993年我国黄金工业在没有任何预案的情况下，开始了向市场经济体制转机变型，从而进入了一个新的发展期。我国黄金工业体制改革将进入的是一个崭新的历史阶段，因而又迎来了新的挑战。

第七章 发展体制转轨变型时期

（1993—2002）

改革开放经历了15年的探索之后，我们终于冲破了迷茫：邓小平同志拨乱反正，并经中共十四大确认，我们放弃了传统的计划体制，走上了创建社会主义市场经济体制的历程。这是中华民族走向复兴的抉择，但出人意料的是黄金工业这个最为典型的计划经济体制的坚固堡垒却率先举起了市场化改革的大旗，开始了历时10年的经济体制转机时期。在这一历史时期，政府有形之手作为黄金工业发展的主要责任承担者渐渐淡出，造成了发展外置动力的持续弱化，而在市场无形之手的驱动下，黄金生产企业的发展内动力不断成长，也正是这一动力源的置换成为我国黄金工业抓住新世纪黄金牛市发展期的基础，但发展动力的置换是具有极大挑战的过程。

在变革中再造，在转轨中涅槃，是这一历史时期黄金工业发展的概貌。前方不确定性的增加，忐忑不安并没阻挡住前进的步伐，坚守、拼搏、努力，天不负人一个意想不到的机遇就在前面……

“七五”黄金生产的发展被首肯，“七五”期间推出的黄金政策被肯定，因此“七五”黄金发展政策向“八五”延伸也就成了应有之义。“八五”要在“七五”政策的基础上向全球产金大国进军，具体目标就是到1995年黄金产量确保达到90吨，力争达到100吨。但这个预定的目标超额实现了，而“七五”的发展政策却基本上被否定，从而必须另起炉灶，1993年以后开始了政策体系的重构。“八五”原本确定稳定是工作的主基调，但却成为一个变革频繁的时期，开始从计划经济体制向市场经济体制转轨。对于业内人士来说，这有些突然而缺少准备，是被逼上梁山的，但形势比人强，是我国宏观大势变化的结果。转轨变型之变可能是看似在不经意间生出的枝叶，其却是深深地植根于中国社会大变革的土壤之中即将成长的参天大树。

黄金市场化之帜在1993年举起

1992年10月发生了一件我国历史上具有改天换地意义的大事，邓小平这年初的“南方谈话”所确立的要建立社会主义市场经济体系的改革目标，在中共十四大上得到确认。其后发生的事态表明，这一事件不仅影响了中国，也影响了世界的发展的进程。但当时没有料到的是在没有任何准备的情况下，“地震”便在我们的身边发生了。

一、坚冰下的急流汹涌

从中华人民共和国成立之日起，黄金便处于管制之中，禁止自由买卖黄金被社会严格遵守，民间黄金买卖绝迹。但20世纪80年代情况逐渐发生了变化，民间黄金交易开始出现，并呈日益扩张之势。黄金走私贩私活动出现的原因有二：一是汇率的调整，使国内人民币金价低于国际美元金价，并长期存在。从1974年至1992年的19年间，平均价差27.92%，地下交易有利可图，因而在利益的驱动下出现了许多铤而走险者，突破黄金统收专营体制而从事地下交易；二是因民众收入的增长而对黄金需求大幅增加，但国家为了保证国家储备和创汇需要，而对民用金严格控制，计划供给量大大低于需求量为黄金地下交易提供了市场空间。

在经历了10年“文化大革命”之后，我们国家开始了拨乱反正的历史进程。突出的事件是1979年中共十一届三中全会召开，决定党的中心工作由阶级斗争转向经济建设，推进改革开放。我国改革是从经济改革开始的，而经济改革的切入点是国有企业改革。国有企业改革的核心是变产品生产者为商品生产者，实现自主经营、自我发展、自负盈亏，从而使企业有了独立的自我利益诉求，发展动力源也由外转内。黄金企业作为中国企业的一部分也必然会和其他企业一样走上了以产品生产者向商品生产者转轨的道路，但是，那时黄金管制的存在与黄金企业的改革发生了碰撞。

自主经营就要求生产要素配置市场化，放开要素市场，实现自由交易，到20世纪90年代多数生产要素市场实现了自由交易，而黄金市场并未放开，对黄金企业来说所需要素配制是市场化的，而产品销售是计划分配，形成一头放开、一头卡死的运行机制，阻碍了企业自主经营改革。

自负盈亏就是要求企业不仅负责生产过程，生产合格产品，还必须进行经济核算承担经济责任，即盈利可以分享，亏损企业自负，盈利与生产者切身利益相关，因而企业有了追逐利益的动力，而在黄金管制的情况下，国内黄金价格与国际黄金价格长期存在价差，损害了黄金生产者利益而要求改变。生产者与政府的博弈公开的方式是不断要求提高黄金收购价格，而隐蔽的方式是在体制外进行地下交易。正是企业从产品生产者向商品生产者转变的改革培育了黄金管制制度的掘墓人。

这时从表面看黄金管制如故，但坚冰下激流汹涌，地下交易日趋猖獗。到20世纪80年代中期，地下交易量已达7万~8万两，相当于当时国家黄金收购数量的15%~20%，开始引起了国务院领导的重视，当时书记处书记胡启立、副总理田纪云、总理赵紫阳都先后做出了批示，要求解决黄金地下交易问题。为此，1986年3月国务院召集有关部门领导举行了打击黄金走私加强黄金管理工作会议，决定采取更为严厉的手段打击黄金走私活动，因此为公安部增加了1500人的编制，以充实第一线干警队伍，专管打击黄金走私贩私活动。凡是累计交易达50克黄金便列入大案给予处理；7月1日以后仍存在黄金地下交易的地区要追究有关负责人和主要领导的责任。

严厉的打击抑制了黄金走私贩私活动，但黄金走私并没有消失，只是潜伏起来，因为造成黄金买私贩私的根源仍然存在。黄金管制与经济改革出现了日益严重的碰撞，终于在1993年初造就了辽宁感王民营黄金市场的出现。地下黄金交易由暗转明，向黄金管制提出了公开挑战。民营黄金市场是经过了当地工商部门登记注册，属合法企业，但未经中国人民银行批准而从事黄金交易便是违反了《金银管理条例》，属于违法行为，但是，感王民营黄金市场1993年的出现有其更大的政治背景，这就市场化改革的确立，也因此对感王民营市场的处理成为了棘手的问题。

我国改革开放起步于1978年，但改革开放最终目标的确立却经过了10多年的探讨和斗争，其分歧的核心是坚持计划经济体制还是扬弃计划经济体制。改革开放初的目标不是扬弃，而是改善计划经济体制，在计划经济体制内增加市场因素，以计划经济为主，市场经济为辅。但是，邓小平 1992 年“南方谈话”一锤定音，党的十四大确立了社会主义市场经济体制目标。民族实现了一次思想解放，改革开放进入了一个新的历史阶段。正是在这一历史大转变的时刻，感王民营黄金市场出现了。

如果说在十四大确立以社会主义市场经济体制为改革最终目标之前，《金银管理条例》具有法律上的绝对权威，任何黄金交易脱离统收统配体制都被视为违法而受到严厉打击，而确立市场化改革目标以后，《金银管理条例》成了改革的对象而失去了其绝对权威性。仅从推进市场化诉求上看，感王黄金市场应该得到支持，而不应禁止，所以感王市场对黄金管制的公开挑战不仅没有受到社会舆论的谴责，反而获得了一片喝彩声，被视为改革的先锋。而且引起全国各地纷纷效仿，而挂出了民营黄金市场的招牌，这就给黄金管理者出了一道难题，使黄金统收统配管理面临严重危机。

二、国务院 63 号函透露的信息

感王这个辽宁省海城市的一个小小的乡镇，因其民营黄金市场的出现而引起全国的震动，一时被视为市场改革的先驱，但因此也使黄金统收专营的工作体制面临瘫痪的危险，因而国务院对此作为必须的应对而下发了《关于调整黄金经济政策的问题的复函》，即国发 63 号函。该函所透露出的强烈政策信号是要在维持黄金统收统配体制和推进市场化改革之间取得平衡，这是一个折中的现实选择。

在党的十四大确立了社会主义市场经济体系改革目标以后，黄金市场化就成了应有之义，但当时还没有任何的准备，而需要慎重而行。更为重要的是虽然改革开放的推进已使我国外汇储备超过百亿，但与需求的增长相比仍不宽裕，因而取消黄金管制存在很大的不确定性，故解除管制的条件并不成熟。所以 63 号函是在保持对黄金统收统配体制的同时又确立了黄金市场化方向，并推出了三项市场化推进措施：

（1）进行黄金价格机制的改革。变固定价为浮动价，实现国内金价与国际金价接轨联动，随国际金价变化而变化，在暂时的过渡期内为了保障行业管理经费，暂按低于国际金价 10% 的水平制定；

（2）责成中国人民银行会同国家经贸委等有关部门，着手研究建立规范的国家黄金交易市场；

（3）要求国务院法制局会同中国人民银行等有关部门，根据与《全民所有制工业企业转换经营机制条例》相衔接的原则对 1983 年颁布的《金银管理条例》提出修改意见。

因国务院 63 号函虽然仍是维护了黄金统收统配体制，但第一次在政府的文件宣示了黄金市场化方向并推进了金价的市场化形成机制，因而 1993 年被称为黄金市场化改革元年。而金价市场化改革也使黄金工业进入了计划经济体制向市场经济体制转轨的过渡期，这个过渡期从 1993 年到 2002 年经历了约 10 年时间。

1993 年国务院 63 号函的下发相对稳定了黄金的流通秩序。因金价一次提高了七成多（76.8%），由每克 56.56 元提高到 96.46 元，极大地满足了黄金生产者的利益诉求，因而虽然没杜绝但也极大地抑制了黄金私卖泛滥的发展，从而使黄金统收统配体制又得以延续了 10 年。“成也萧何，败也萧何”，1993 年金价并轨减轻了对黄金统收统配体制的冲击，而这也正是从 1997 年以后这一体制运行日益困难，危机重重，令人始料不及。

感王黄金市场经整顿，缩小经营范围后，以黄金首饰市场之名奇迹般地被保留了下来，成为我国黄金自由交易的标志。这个市场的基本特征是其交易价格随国际金价变化而变化，而不是以人民银行报价交易，从而会产生套利的机会，所以直到上海黄金交易所运行之初，感王市场的报价仍是社会重要的参考指数。随着上海黄金交易所交易价与国际金价完全并轨，感王市场才失去了报价功能，因而也被边缘化而式微，从而完成了历史使命走向了生命的终点，现在感王黄金市场仅是存在于历史之中的一个故事了。

如果说国务院63号函的下达使黄金统收统配的生命得以延缓，但立即引起黄金工业一场不可逆转的变革，63号函在确定实现金价并轨的同时宣布取消政策性补贴、低息贷款和免税等经济优惠政策。黄金开发基金的资金来源于政策补贴和价差，因而黄金开发基金成为无源之水而被取消，而黄金开发基金的取消影响到黄金的基本建设，因此必须进行黄金基本建设投资体制改革，同时使行业管理经费和地勘基金的资金来源也出现了问题，也必须进行制度性的重建。“八五”原定维持“七五”政策体制不变，而实际成了告别“七五”，重建黄金工业发展政策体系的“八五”。

告别“七五”意味着从1957年以来的36年逐步形成的黄金优惠经济体系建设的终结。选择了黄金市场化的改革目标之后，企业要成为发展主体，而政府这只有形之手要从直接的介入变为政策指引。对黄金工业发展动力内置化需要是终结黄金优惠政策体系的根本原因，然而这一转变是生产者利益的损失也是黄金生产利益格局的重塑。

三、1993年：黄金工业发展的分水岭

在出人意料的情况下，1993年成为黄金工业发展的分水岭，虽然黄金管制如故，黄金统收统配得以延续，但改革的大幕已经拉开，黄金工业发展模式告别了过去，开始新道路的探索。在这个进程中有忐忑、有彷徨，但从此再没有改变前行的方向，从而开启了我国黄金工业发展的一个历史新时期。

黄金是一种具有全球统一定价机制和统一交易体系的金属，因而流动性极强，对其管制难度极大，即便我们实行了严格的统收统配管理，并施以重刑，

但只要价差存在，地下的自由交易便不能完全杜绝，这也就是1993年感王能够迅速崛起对黄金管制发起挑战的原因，而社会主义市场经济体制目标的确立，为感王"犯规"提供了一个政治上的理由。感王黄金市场的出现从其积极的意义上看是推动了我国经济市场化进程，在十四大刚刚结束不久，便如同一只报春鸟报告了我国市场化春天的到来，感王民营黄金市场的出现实际上宣告了我国黄金垄断经营的终结。

国务院63号函出台后，黄金统收统配的工作秩序大体得到稳定，黄金私买私卖得到抑制，但地下交易并没有停止，人民银行黄金收购工作仍面临很大压力，所以1994年7月国务院又下发了取缔自发黄金市场加强黄金产品管理的通知，加大了对黄金自由交易的惩罚力度，要求在1994年6月以前全面取缔已建或正在筹建的自发黄金交易市场，如7月1日以后还有非法交易的地区要追究当地主要负责人的责任。而且规定凡是累计地下交易50克就视为大案处理。这表明黄金私卖的影响还在发酵，甚至使黄金产量持续增长过程中断，1994年人民银行的收购量下降了4.6%。从罚没黄金数量看，在此后的数年中，黄金走私贩私活动的规模仍呈增长态势。改革或迟或早发生，但前行方向已不能改变，黄金市场已表现出破土而出的顽强性。

为了稳定黄金统收统配而进行的金价形成机制改革，直接导致了黄金工业管理体制、发展模式的全面再造，因为原来的发展模式存在的政策基础已不复存在，从而黄金工业在探索中走上了一条新的发展之路，这条新发展之路在当时的政治环境中只能是市场化道路。我国黄金工业是为了解决国家外汇短缺的矛盾而由国家调动行政力量推动得以发展起来的，而1993年国务院63号函清晰地表明行政力量将全面弱化，但这并不意味1957年前的"弃儿"历史重演，而是要做发展模式的调整，这就是实现黄金工业发展动力的内置化，具体而言，就是黄金企业的竞争力的形成与强化。黄金工业发展动力源的内置化是1993年国务院63号函对黄金工业发展产生的最为根本性的影响。

或者自愿，或者无奈，或者被迫，我国黄金工业在1993年开始走出政府“输血生存”模式，逐步走上了自存、自救、自我发展之路，而这种企业的觉醒较其他行业滞后了10多年，因而黄金工业被戏称为计划经济的“最后一个堡垒”。传统是顽固的，传统的思想、传统的行为方式并非能一朝化为乌有，而是长期相随。因而“最后一个堡垒”的攻克是一个长期渐进的过程，而1993年是起步之年、行动之年。

黄金行业管理体系霍然崩塌

1993年，感王民营黄金市场的出现打乱了原来的工作安排，从维持原有政策体系不变，原有工作体系不变，变为了原有政策体系全面退出，因此也引起了原有工作体系的调整。这或许是被动的反应，但也存在着必然性。从现实上看直接受到影响的是黄金开发基金的取消立即使黄金行业各级管理部门断绝了经费来源，从而把黄金行业管理体制改革提上了改革日程。如果说1993年黄金价格改革的最大受益者是黄金生产者，那么利益最大受损者首当其冲的是各级管理部门，其立即面临断炊之困。这与我国黄金工业特殊的发展历程有关。

一、中央黄金管理机构的演变

中华人民共和国成立的初期，黄金工业发展被边缘化，因而在国家工业管理系列中并没有专门的黄金管理机构。1956年国家冶金部成立，内设有色金属工业管理局，黄金归其小矿种处管理的矿种。1957年国务院下发《关于大力组织群众生产黄金的指示》以后，黄金生产才被列入国家计划，因而1959年冶金部在天津召开了全国黄金生产会议。各地黄金生产则由地方冶金厅、局负责管理。1964 年在中央工作会议期间，邓子恢主持召开了黄金座谈会，要求成立一个统管黄金生产的机构，以适应增加黄金生产的要求，因而 1965 年 1 月经国家经委批准成了中国黄金矿产公司。这是我国成立的第一个独立的黄金生产管理机构，但是，因“文化大革命”的冲击于 1967 年 6 月解散撤销。

1975 年王震同志出山第三次组织黄金生产大会战又把统一指挥的问题提了出来，因而 1976 年国务院批准成立了冶金部黄金局，1988 年又将其升格为国家黄金局，对全国黄金工业实行勘探、开发生产建设统一管理。1993 年国家机构改革，国家黄金局又回归为冶金部内设局。以上是在中央层面上黄金管理机构的变迁历程，表明在大多数时间里黄金工业都是属于冶金工业的一部分，其管理是冶金工业管理的一部分，因而各级地方黄金管理机构也是冶金部管理机构的一部分。这个独立统一的黄金管理体系的发展起始于 1975 年，终止于 1993 年。

1975 年以后黄金工业管理体系调整重建成为一个重要的问题，而受到重视。到 1985 年省级管理机构已达 25 个，地级管理机制已达 87 个；县级机构 228 个；还有多个事业教育及研究单位。1988 年冶金部黄金局升格为国家黄金局之后得到了更大的推动，到 20 世纪 90 年代初，一个独立的黄金管理体系初步建成（如图 7-1 所示）。

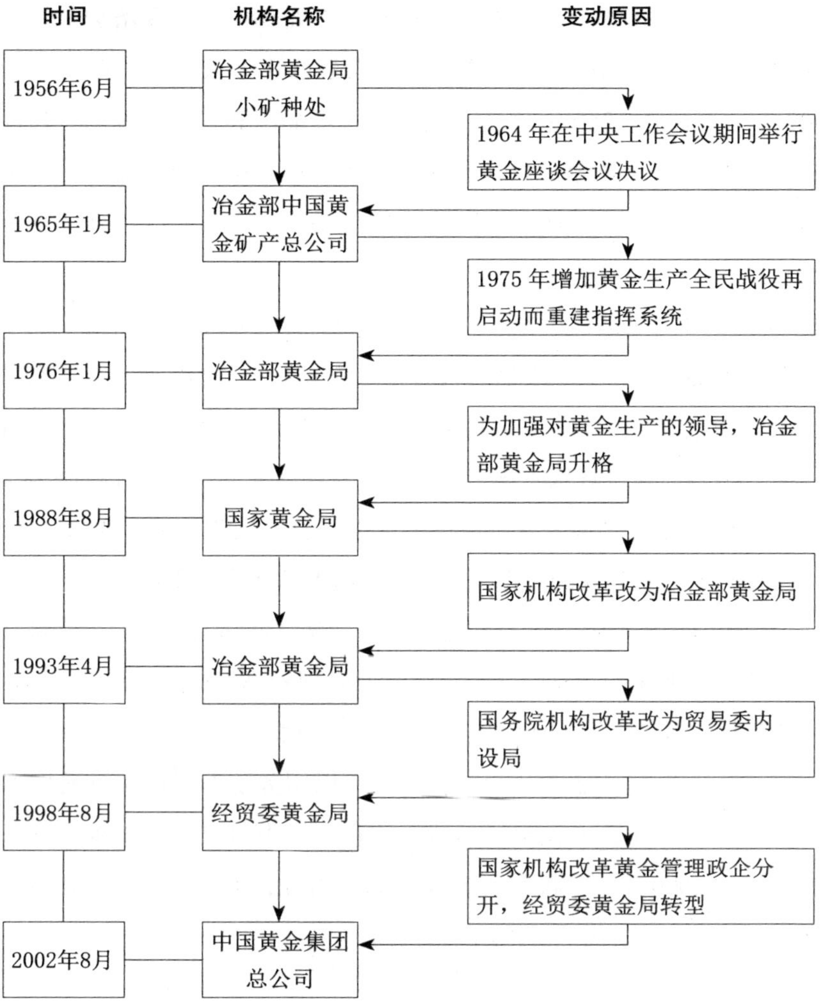

图 7-1　国家层面上的黄金管理机构变迁图

二、独特的经费供给来源

建立管理机构就必须设置人员，而随着黄金工业的发展，在冶金部门的内设黄金机构独立出来，成为黄金行业管理专业部门，以及增加了日益增多的事业机构编制。到 1990 年，事业单位人数已达万人规模，而人头费用超过 5000 万，因而在 1980 年就将解决黄金管理部门和事业单位的管理经费列入了工作日程，由于黄金行业管理体系处于发展之中，还不能按正规编制定额管理，所以按国家编内职工财政拨款的人很少，多数职工经费都从黄金开发基金中拨付。

1979 年 8 月，中国人民银行 39 号文件确定建立黄金开发基金，1980 年 1 月冶金部下发的《关于黄金发展基金管理办法和使用范围的规定》明确黄金发展基金的使用范围有五个方面，其中第五项就是用于省、地、县黄金管理部门的管理费。因当时黄金各级管理部门和事业单位是政企不分的工作体制，所以这些部门的经费还有其他来源，但黄金开发基金的拨款是最主要的经费来源。在这一个期间大约有 20% 的黄金开发基金是用于了行动管理方面的开支。所以，1993 年国务院 63 号函确定取消黄金开发基金就立即切断了黄金管理部门和事业单位的经费主要来源，这意味着黄金行业管理者率先成为革命对象，因而黄金工业管理体制改革在没有任何预案的情况下启动。

因黄金行业管理体制改革没有准备，所以国务院给了两年过渡期到 1995 年，在过渡期内每年由人民银行从黄金收售价差中每年拨付 5000 万元。1995 年再次延缓到 2000 年，并将拨款增加到 8000 万元，但实际延缓到 1997 年就彻底关上了拨款的大门，宣告一个时代的结束。

三、黄金工业管理体制改革路径选择

1993 年黄金工业管理体制改革在没有任何预定方案和准备的情况下启动了，而在之前感王市场出现时黄金各级管理部门大多是支持者，积极为推进黄金市场化改革鼓掌与欢呼，因而对于出现这样的后果也只能承担。管理机关的改革没有一个统一的方案，而根据不同的具体情况分别处置，因而最后的结果也不一致。总的情况是因旧的经费供应中断，当时建立新的管理经费来源又无条件，所以只能自我革命、断腕求生，走机构转型，人员分流之路，但总的来看，因规模不大，黄金工业管理制体制改革是平稳和顺利的。具体改革推进路径是：一是权力移交：将原承担的综合管理权移交给政府综合部门，将企业经营业务管理权还权企业。二是机关转型：机关转型大致有三个方面：（1）撤并。将原机构人员合并到其他政府综合管理部门，多是成为经贸委内设机构；（2）转型。将政企不分的管理机构，通过政企分离转型为纯企业，现在全国四大黄金企业集团，其中三个都有行业管理机构转型的背景。（3）地方化。一些黄金主产区保留了黄金管理机构，经费由地方财政拨付。从全国看，到“八五”末这一进程基本完成，但善后工作直到“九五”初才结束。

从建“庙”到拆“庙”，看似20年又回到了原点，让人唏嘘感慨，但又过了20年，今天我们再回顾这一历程或许有了不同的认识。从1975年到1993年的19年间是我国黄金工业管理体制从无到有、逐步完善的时期。这一时期也是计划经济管理时期，因而这一历史时期建立的黄金管理体系最显著的特征是政企不分，而当我们选择了建立市场经济体系方向以后，政企不分的管理体系便成了改革对象，而进行了一场延续至今的管理体制市场化改革运动。而1993年由于黄金开发基金取消迫使黄金行业改革以最快的速度付诸实践，推倒了自己一手创建的黄金计划管理体系，而成为最早松绑放权，与市场经济接轨的行业。这是新世纪黄金工业能够获得一个空前历史发展机遇的重要条件。

生产者的忐忑与管理者的转变

1993年黄金市场化大潮来也匆匆、去也匆匆，很快退去变为潜流，逐渐恢复平静，并且这个平静期持续了6年，直到1999年黄金市场化改革才再启动。

之所以黄金市场化大潮退却而回归平静，原因是政府加强了市场整顿的力度，交易秩序得以恢复，但最重要的是国内外金价的并轨大幅度提高了国内金价，从而满足了黄金生产者的利益诉求，达到了“造反”的目的，黄金市场化改革也便失去了推动力量。1993 年 8 月人民币金价由每克 54.56 元提高到了 96.46 元，一次增长了 76.8%，但黄金生产者利益的获得是暂时的，不具有持久性。因这一次利益的获得而从此承担了一个大麻烦。对黄金管理者人民银行来说同样如此，几乎是与生产者同时遭遇了相同的大麻烦。

一、金价市场化是两面刃之剑

1993 年 63 号函确定改革金价形成机制，国内人民币金价由固定制变为浮动制，从此金价不再是只涨不跌的单向运动，而变为有涨有跌双向波动，从而结束了我国金价 48 年只涨不跌的历史。但因 1993 年改革后的 1994 年和 1995 年金价出奇的平稳，分别为每克 96.46 元、95.48 元和 95.22 元，仅有 1.29% 的下跌，因而对金价双方波动变化并未有太大的反应，但 1997 年以后，金价发生了持续下跌，因而对黄金生产者产生了日益增长的压力，成为黄金企业发展不能忽视的重要问题。

1997 年 1 月人民币金价出现了新中国成立以来第一次下跌，由 1996 年 12 月的 95.73 元每克下降到 90.40 元，因跌幅仅为 5.57%，并没有引起黄金生产企业过度的反应，半年后又下降 2.65% 到 88 元，维持了不到 8 个月的时间，到 1998 年 2 月 21 日又下降了 8.52%，到了 80.5 元，至此，金价已累计下跌了 15.91%，已影响到生产者的盈利，于是生产企业以黄金尚未走向市场，在一头卡死、一头放开的非正常发展环境中生产为由要求实行保护价。并认为过去多年是低价收购，现企业亏损理应保护。这个要求虽勉强但很难说一点道理都没有。

当时黄金仍是国务院定价，价格调整需要相关方协商统一认识，所以继续下调金价因黄金生产部门表示反对就不能调整，最终达成的调价原则是当国际金价低于每克 80.5 元时，国内收购价按高于 3% 确定，国内配售价以不高于收购价的 2% 确定。这也就是实行国内保护价，因此生产者发现在黄金管制的体制中可以得到国家保护，有利于生产者自然不仅不会去冲破黄金管理制，反而对此产生了依赖性。

之后金价持续下跌，到 2001 年均价比 1996 年 12 月份下降了 25.05%，受金价持续下跌影响，2001 年黄金行业产量比 1996 年增长了 51.26%，而实现利润却下降了 18.36%，亏损企业增加，成本控制成为第一要务。黄金行业发展遇阻。市场金价的变化导致黄金生产企业生存受到威胁，使黄金生产者不再是对黄金市场充满渴望，面对市场金价的不确定风险而对走向市场忐忑不安，对黄金统购统配计划管理体制由批判转为肯定。原经贸委黄金局负责人在 2001 年的一篇文章中写道："中国黄金工业一直在统购统配的管理体制中运行，这种体制曾给黄金工业带来辉煌。"那时是希望推迟进入市场，而不是加快进入市场，这就是黄金走向市场前夕黄金生产企业的实际状况。

二、人民银行成为黄金市场化推动者

1993 年国务院 63 号函延续了黄金统收统配，人民银行作为黄金统收统配的责任主体和利益的分配者必然是 63 号函的积极贯彻执行者。但令人始料未及的是金价机制改革使国际金价上涨国内金价也上涨有了制度保证，而国际金价下跌时，又要实行保护价，因而黄金生产者有了双保险，但中国人民银行却面临日益增加的维护成本和市场风险。这是因为人民银行既是黄金统收统配政策的执行者，又是统收统配业务的执行者，在 20 世纪 80 年代初将黄金投放国内市场，用于繁荣国内市场以后，人民银行日益成了这两种角色的混合体，也有了自己的利益诉求，黄金收售价差成为人民银行经济投入的来源。因而在市场环境恶化的情况下其利益也要受损。

由于市场金价下跌而生产者要求给予保护，使国内收购价与国际金价之差，1993 年至 2002 年 10 年平均仅为 -0.26，基本持平；而配售加价一般不超过 2%，而在 20 世纪 80 年代收售价差达 10% 以上，因而人民银行配售盈利空间极大压缩，能否做到收支平衡都成了问题。而且因黄金从收购入库到配售出库有一定的时间周期，在金价持续下跌的情况下，人民银行还要承担由此产生的金价下跌风险，使黄金购售业务不仅不能盈利，还可能会产生亏损，而且实际亏损已经发生，据说高达数亿元。

另外，随着我国经济开放程度的加强，与国际市场的联系日益密切，对两个市场互动要求大大提高了，如果国内金价与国际金价出现差额就会出现黄金走私。这种走私是双向的，当国内金价低于国际金价就表现为向外走私，如国内金价高于国际金价就表现为向内走私。甚至由于走私手法日新月异，日益金融化，对我国黄金工业的发展也产生了负面影响，突出的表现是在这一历史时期产量表现大幅波动：10 年间 3 年下跌，而 1997 年和 1995 年的增幅又高达 50.58% 和 20.18%，这种不正常的波动其背后都有黄金走私的影子。而且黄金走私的金融化使黄金走私日益成了一种套利行为，而又成为冲击我国金融稳定的因素。

为了使国内金价与国际金价实现变化的一致性，人民银行加快了国内金价的调整频率，成为人民银行维系统收统配黄金工作体系的重要手段。金价调整频率由数年调整一次，数月调整一次，到 2001 年变为每周调整一次。金价调整频率的加大，增加了人民银行的工作量，金价周调已是人民银行可以做到的最大频率了，但仍然与时时变化的国际金价不完全同步，这表明黄金统购统配与市场经济体制的矛盾已难以用改良的方法解决，必须推进体制改革。

面对这些现实的矛盾，人民银行认识到只有推进黄金市场改革才能摆脱被动，因而人民银行由黄金管制的维护者变为了黄金市场化改革的推动者，但开始是十分谨慎的，迈出的步子不大，更多的是试探性的，但拉弓已没有回头箭。

黄金市场化改革在沉寂6年以后，人民银行于1999年推动了黄金市场化改革再启动。形势比人强，黄金市场化改革再启动有着必然性，与1993年比较，1999年我国经济市场化进程已大大推进了，因而黄金市场化具有更成熟的社会条件，已势在必行了。

三、开弓没有回头箭

黄金市场化改革6年后再启动，推动者不再是黄金生产者，而是管理者人民银行。人民银行启动黄金市场化改革是极其谨慎的，第一步没有推进黄金市场化，而是白银市场化，从一开始人民银行便将白银市场的建设和管理权交付给了当时的内贸部，而内贸部决定由上海华通有色金属市场组建白银市场，并于1999年当年宣布白银市场建设完成，于2000年1月开业，从此白银管制宣告废止。白银市场的建设进度是极迅速的，但这并不意味着最终成功。

对于黄金市场化，中国人民银行采取小步试探性推进，甚至今天看来是无关痛痒的小改革，在当时可能牵一发而动全身，而在深圳推出黄金寄售业务，让境外黄金通过深圳人民银行以寄售的方式进口国内，满足了首饰商对金原料的需求，这是一个立竿见影的改革举措。虽人民银行是小心“求证”，但消息传出立即在社会上引起回应，因为社会主义市场经济体系的理念已经确立，并有了数年的推进实践，所以，黄金市场化的启动看似改革的一小步，便立即使一些地方政府看到了巨大的发展机遇。

最早开始行动的是北京市，1999年11月就成立了由一名副市长和一名副秘书长牵头组成的申办领导小组，并正式向国务院提出了申办黄金市场的报告，据说，当时北京市是将申办黄金市场列为排在中关村高科技园之后的北京市二号工程。之后当时的书记贾庆林、市长刘淇还分别向江泽民和李鹏致函表示申办意愿，可见北京市对申办黄金市场之重视。在北京市之后提出或表达申办黄金市场的城市还有上海、深圳、天津、沈阳四个城市。

多城市争办黄金市场使原来人民银行十分谨慎的黄金市场建设启动后，很快就成了一个社会关注的热点，并在国际上引起了反响，拉弓已无回头箭，最终花落上海。上海成为5个申办城市中的幸运者，但此后也是一波三折，先是上海市政府退出筹办，改为由在上海的央企筹办，最终是人民银行亲自操刀，以上海外汇交易所为平台推进黄金交易市场建设，于2002年10月30日正式开业。我国黄金市场化改革完成了黄金交易方式由统购统配向自由交易的转变，黄金生产企业也从此进入了全面市场化发展时期。

黄金工业在这一历史时期面对的最大变化是发展环境由计划经济向市场经济转变，黄金由管制向开放转变。虽然确立了黄金市场化改革目标10年后才迎来了上海黄金交易所的开业，但在这10年中我国黄金工业开放的脚步从来没有停止：1994年国务院批准低品位难选冶金矿开发对外开放；1995年国家保密局解密黄金产量，1990年黄金价格由国务院定价变为人民银行根据国际金价变化随时调整。而1999年黄金市场化改革再启动更表明黄金市场已近在咫尺，走向市场已是必须面对的现实，不会再有疑义，只是半个多世纪的隔绝使我们对黄金市场十分陌生，即将面对它有几分忐忑，所以，黄金业行对于如何迎接全面市场化时代进行了持续数年的大范围讨论，但此时市场化的前景已日益清晰。

黄金工业发展动力内置化之变

从1957年国家决定大力发展黄金生产开始，“有形之手”的推力日益增强，“七五”时期达到高峰，建立起了一套完整而严密的政策体系和领导体系。但1993年市场化改革则宣布了这一政策体系和领导体系的崩塌，而开始了黄金工业发展政策体系和领导体系的重构，而重构的本质是要实现黄金工业发展动力的内置化，将黄金生产发展由国家的需求转变为生产者的需求，将黄金生产发展的推动力由“有形之手”转变为“无形之手”。

一、发展动力内置化源于企业角色转变

企业是当代人类生产活动的基本组织形式，构成人类生产力的基石。在计划经济体制中，发展经济、保证供给是生产活动的原则，因而企业是社会产品的生产者与供给者，而在大一统的经济核算的体制中，企业没有自有独立的利益诉求，甚至这种诉求被作为大逆不道而受到严厉批判。但是，20 世纪 80 年代为了改善企业的效率开始了企业改革，使企业实现从产品生产者到商品生产者的转变，企业要自主经营、自负盈亏、自我发展。

产品生产的目的是满足需求，而商品生产的目的是用于交换，交换是商品的使用价值与价值的同时让渡，因而商品生产者有了自有独立的利益追求，而且企业需要自负盈亏，所以生产成为企业获得自有独立经济利益的手段，企业社会角色的变化使企业成为经济利益的追逐者。企业改革是一个逐步的积累的过程，对于黄金企业而言，这个社会角色的转变大约比一般生产企业滞后了 10 年，但在黄金工业转轨变型期的后期也基本完成了社会角色的转变，只是“一头放开、一头管制”的运行体制还在制约着行业发展，此时，摆脱制约进入全面市场化环境已是“临门一脚”了。

生产要素市场交易而产品计划分配的所谓“一头放开、一头管制”的运行只能是暂时性的，即便在严格的黄金管制的体制内，黄金工业发展随黄金生产企业社会角色转变的推进而出现了日益增多的新情况。表现是围绕价格的博弈日益激烈，黄金管制面临日益增加的挑战，因为当时国家黄金定价机制阻碍了企业对独立经济利益的追求。

黄金作为一种具有统一市场和价格的金属，其国际美元金价与国内人民币金价存在互动关系和相互协调的关系，但是，在黄金管制、国家定价在体制中，

人民币金价长期人为地低于国际美元金价。1983 年至 1992 年的 19 年间年均价格低了近三成（–29.6%）而 1987 年达近四成（–39.78%）。因而黄金管制成为黄金生产企业获得自有独特经济利益的障碍，也就成了黄金生产企业要改革的对象。但是，这种改革也是由小到大逐步完成的，而 1993 年则是由隐蔽到公开爆发的临界点。

1993 年初，党的十四大刚刚闭幕不久，黄金生产者就高举起市场化改革大旗，对黄金管制发起公开挑战，黄金自由交易由暗转明，民营黄金市场公开亮相而导致黄金市场化改革开启。市场化诉求是名，黄金生产企业自有特殊利益诉求是实，因而 1993 年国务院 63 号函确定金价并轨，国内人民币金价随国际美元金价变化而变化，人民币金价由每克 54.56 元上调到了 94.46 元，一次上调 76.8%，黄金生产企业的自有特殊利益诉求得到了满足，黄金市场化大潮很快退去，黄金管制体制又延续了 10 年，而 1993 年黄金市场化改革推进开启了黄金工业发展动力内置化之变。

二、金价浮动是市场利益调整的指示器

市场价格机制是市场经济体系运行的关键，1993 年推进黄金市场化改革，虽然黄金管制依旧，黄金交易仍然维持统收统配，但是，黄金价格形成机制的市场化即意味着利益调节已从政府调节变为市场调节，因而 1993 年国务院 63 号函表明了有形之手退后，无形之手强化的明显的政策取向，而黄金利益调整市场化极大地改变了这一历史时期黄金工业的发展运行状态。

市场经济体制就是通过价格的浮动，对市场交易的相关方的利益进行调节，并为资源配置提供指示，使资源不断从低效益领域流出，而流向高效益的领域，从而实现资源配置的高效益最优化，因而黄金生产者、经营者、管理者的利益联系在了一起。

1993 年黄金市场化改革的背后就是一次利益格局的调整，黄金生产者因金

价的大幅提高而获益，但同时取消了对黄金生产的优惠补贴政策，从而减少了国家财政补贴；金价由固定制变为浮动制之后，围绕着金价的变化，黄金生产者与人民银行利益博弈成为了一时的工作主旋律。这个博弈的最终结果导致了黄金管制的崩溃。从1993年黄金市场化启动黄金管制虽又存在了10年，但因金价的市场化推动而逐步实现了发展动力的内置化，因黄金生产已成为生产者追求利益的行为，对于产量的追求是在利益得以保证的前提下才能实现，而利益与每一个事关者相关，每一个相关者都是利益的主动追求者，因而以追求自有利益为目的的黄金生产行为改写了黄金工业的发展形态。

1986年至1990年的“七五”，由于固定投资的增加，是新增生产能力最多的历史时期，因而惠及“八五”，1991年、1992年及1993年分别实现了15.09%、10.33%、12.52%的年递增，但1994年却突然出现了负增长，为-4.6%。从而使连续十九年黄金持续增长的进程中断，而进入了一个产量上下波动的发展期。

从1993年到2002年的10年中黄金年产量虽然呈增长，2002年比1993年产量增加了100.76%，达到了189.81吨，但有3年产量下降，7年上涨，而年增长最高超过50%，而最低为-4.8%，高低悬殊。1993年至2002年黄金产量与增长率变化情况如表7-1所示：

表7-1　　1993—2002年黄金产量与增长率变化

项目＼年份	1993	1994	1995	1996	1997	1998	1999	2000	2001	2002
产量（吨）	94.548	90.200	108.405	120.607	181.610	177.623	169.089	176.910	181.83	189.810
环比（%）	12.52	-4.60	20.18	11.26	50.58	-2.20	-4.80	4.63	2.78	4.39

看上表一定会对这一历史时期黄金产量增幅的波动印象深刻，甚至难以理解，那么一定有一种新的不断变化的因素成了影响这一历史时期黄金工业发展的重要力量。“八五”“九五”期间黄金固定资产投资一直保持在一个高水平上，

因而为这一历史时期黄金产量增加打下了良好的基础，但这一历史时期黄金产量并没有与新增生产力变化同步，而是与金价的变化密切相关。

三、一个新的发展课题

以追求自有独特利益为目的的黄金工业发展动力的内置化，不仅改变了我国黄金工业发展的形态，而且成为一个新的发展课题，对黄金管制的维护提出新挑战。1993 年推进黄金价格市场化改革，从一定意义上讲是维护黄金管制，并在一定程度上达到了预期目标，但从根本上讲正是金价市场化改革而加速了黄金管制的崩塌，因为黄金价格市场化改革在黄金工业发展动力内置化的情况下强化了黄金生产企业与人民银行博弈，两者的博弈成为这一历史时期我国黄金工业发展的一个显著特征。

1993 年黄金私卖潮虽然在国家强力的压制下得以退潮，但并没有消失，我国黄金交易出现了结构两元化市场，即以人民银行收购价交易的公开市场和以伦敦市场报价交易的隐形市场，而趋利的黄金生产者总会选择对自己有利的市场，因而两个市场出现了跷跷板现象。人民银行为了维护黄金统收统配管理就必须要使自己报价与隐形市场报价平衡，因在法律的威慑下生产者不会越界交易，黄金管制得以维持。如果报价出现偏差，无论高还是低都会出现很大问题，所以 1994 年黄金产量由增转跌就是由价差引发出现的一个虚假现象：

1994 年全年国内平均金价比国际金价低了 11.29% 左右，而在短期内存在的价差更大，而且国内首饰用金供不应求，因而体制外交易可以使黄金生产者有超 10% 的额外收入，造成为了追求更大利益而冒法律风险，在体制外进行交易，造成了人民银行统收统购数量的减少，出现了负增长，估计这一年流失的黄金产量超过了 32 万两，为了扭转被动局面，国务院下发了打击非法交易的通知，开展市场整顿，第二年（1995 年）产量便恢复到正常水平，由负转正，环比增长了20.18%，1996年递增率为11.26%，但1997年再一次出现非正常状态。

虽因基本建设投资增加，新增生产能力为黄金生产增长提供了有力的支撑，但是，1997年黄金产量高达188.61吨，出现了50.56%的增长，也是一种虚假现象。1997年与1994年黄金产量的变化方向不同，但同样是金价造成的一种非正常的状态。这一年黄金工业部门统计黄金产量为166.3吨，环比增长37.9%，但人民银行收购量还更多出15.31吨，达到181.61吨，以此计算全年增产了61.03吨，环比增长50.56%。因而创生产量、增长量、增长幅度三项历史之最，对此，当年笔者对61.03吨增产量的构成作了如下分析：

（1）实际矿山正常增产量18吨左右，为总增产量的29.49%，正常环比增长约为14.92%；

（2）个体采金交易由暗转明而增加的收购量约10吨，为总增产量的16.39%；

（3）境外走私入境交易高达33吨左右，为总交易量的54.12%。

以上分析表明多数增产量并非是我国生产，而之后1998年、1999年黄金产量连续下降也表明我国黄金生产力确实不能支撑1997年黄金统计产量的水平，那么是什么原因产生了这个非正常状态？

从1997年开始国际金价走上了下行通道，国内人民币也随之下调，到1997年下半年已下调两次，金价由每克95.73元下降调到了88元，下调了8.06%，但国际金价持续下跌因而国内金价面临第三次下调，黄金生产企业强烈反弹，要求给予保护，在相持中人民币金价与美元金价差距扩大到10%以上，成为黄金走私入境的诱因，大案频出：曾一次截获利用民航走私数百公斤大案；贵州天柱县过去只有数百两黄金产量，1997年产量一下突破了50000两。

1997年与1994年出现的黄金流失不同，是黄金流入，但对黄金管制的冲击力甚于1994年，黄金交易中出现了纯以盈利为目的的套利行为，其影响从黄金市场延伸到金融市场，黄金市场管理日益成为金融市场管理的一部分，而黄金市场流动性的日益增强必然会增加黄金管制的工作难度，从而增加了黄金管制的维护成本，成为我国黄金工业发展的一个新问题。

四、黄金管制在博弈中走向终结

面对黄金交易中出现的日益增加的套利行为，人民银行的对应之策就是加快人民币金价的调整频率，使之与时刻变化的国际美元金价相吻合，以避免出现套利机会，但是，这并没有解决问题，而是进一步引发了人民银行黄金收售经营活动的巨大经营风险。

1997年国际金价进入了下行通道，从1997年到1999年3年国际金价分别下跌了14.63%、11.11%和5.19%；人民币金价也分别下跌6.52%、8.68%和6.29%。在黄金统收统配的体制中，人民银行是黄金的收购者也是销售者，而交易价格随国际金价变化而变化，因而这意味着人民银行在黄金配售过程中存在着高买低卖的风险，实际情况是即使增加了调价频率仍不能杜绝这种风险的发生，并且已经发生，这是一种制度性风险，不进行制度性改革这种风险就存在，而对套利者来说这种制度风险是必然的存在，因而套利是无风险套利，从而使更多的套利者参与进来。因而这样一个制度性漏洞必须尽快解决，于是1999年人民银行启动了黄金市场组建的实施推动，3年努力于2002年10月上海黄金交易所开业，宣告黄金管制解除。

源于稳定金融而实行的黄金管理体制存在了53年，而21世纪初又基于同一理由而终止，这是宏观经济体制变化使然。

金价风险内置的应对之策

1993年黄金市场化改革启动，但并没有废除黄金管制，实现黄金自由交易，而是率先将固定价格制度变为与国际金价相衔接的浮动价格制，因此人民币金价一次提高了近八成，使黄金生产者的利益得到极大的满足，从而减缓了民营黄金市场对黄金统收统配体制的冲击。但是，黄金生产者的这种利益满足只是暂时的，因为黄金浮动价格机制的建立对黄金生产者是两面刃之剑：国际金价上涨，国内金价随之上调；而国际金价下跌，国内金价也随之下调。国内金价上调有利于黄金生产者，而下调不利于黄金生产者，所以对于黄金生产者利益的影响是双向的。

一、黄金生产者遭遇金价疲软

1993 年 9 月我国实行浮动金价，将每克金价由 54.56 元上调到 96.46 元，上调 76.8%；在此后的 22 个月，中国的金价出奇地平稳还略有上升。因而国内金价一直保持在 96.46 元没有变化，但到 1995 年 8 月末因国际金价下浮而于 8 月 22 日国内金价出现了新中国成立 50 年来的第一次下调，下调 3.74 元，下调到 92.72 元，下降了 3.88%；而 1996 年 2 月以后受国际金价影响又小幅上升 3.25%，因而 92.72 元金价仅保持了 4 个多月，1996 年 2 月上调到 95.73 元，1996 年平均金价比 1995 年还小幅上升了 0.3%。所以，国内金价改革后的 3 年多的时间里虽然发生了两次下调，但对黄金生产者的利益影响不大，从每克 96.46 元下降到 95.73 元，仅下降 0.76%，但 1997 年以后国际金价则进入了一个持续下降周期，国内金价也出现了持续 5 年下降的局面（详见表 7–2）。

表 7–2　　　　1992—2001 年金价变化

金价＼年份	1992	1993	1994	1995	1996	1997	1998	1999	2000	2001
国际金价（美元 / 盎司）	343.82	359.77	384	384.17	387.77	331.02	394.34	278.98	279.11	271.04
国内金价（元 / 克）	42	63.31	96.46	95.22	95.18	89.25	81.50	75.21	76.73	71.75

资料来源：《中国黄金年鉴》

1993年金价改革黄金生产者之所以能大幅度增收，主要是分享了汇改的红利。在这期间，由5.4元人民币兑1美上升到8.3元兑1美元，上升了53.7%，因而与美元挂钩的人民币金价因汇率变化而大幅上升，而实际国际金价并没有大幅上升，所以1993年金价并轨后，汇改红利得到释放的同时也使黄金生产者必须直面呈现疲软的国际金价压力，这是当时被人们所忽视的，只是事到临头才惊呼“狼来了”。当然也正是这时，仍在黄金管制体制中的生产者得以与市场机制实现了零距离接触，而在多方面推动了黄金企业运营机制的转轨变型。

黄金价格变为与美元金价衔接的浮动价后的3年是相对平静的时期，改革的负面压力也没有强烈的表现，但1997年以后国际金价持续5年下跌，严重地影响了黄金生产企业的盈利能力，虽然这一历史时期黄金产量增长，2001年产量达到了181.83吨，比1992年增长了1倍多（116.4%），增加了90.804吨。1992年至2001年的10年产金1384.846吨，是之前1982年至1991年10年产量470.731吨的2.94倍，但因金价低迷增产不增收，盈利长期在低位徘徊（详见表7-3）。

表7-3　　1992—2001年黄金行业盈利变化

项目＼年份	1992	1993	1994	1995	1996	1997	1998	1999	2000	2001
盈利(亿元)	5.2	13.05	12.34	12.00	13.63	11.90	9.11	10.05	11.82	12.00
销售利润率(%)	14.36	19.81	17.19	13.37	13.58	11.18	8.87	8.01	5.68	5.65

资料来源：《中国黄金工业年鉴》、《中国黄金年鉴》

在这一历史时期，黄金产量的增长并没有带来盈利的增长，黄金行业盈利水平是下降的。2001年利润总额比1993年下降了8%，1998年盈利仅有9.11亿元，较1993年下降了30.19%。销售利润率的表现更为直接，10年来基本上是持续下降，2001年比1993年大幅下降了71.48%，由19.81%下降到了5.65%。黄金生产效益全面恶化是这一发展时期我国黄金工业发展面临的最大问题，不仅事关发展，而且事关存亡，这是一个让人纠结的历史时期。

二、外部市场风险的内置化

对于黄金生产者而言，金价持续走低是一种风险，产生的影响是负面的：

（1）盈利的下降增加了黄金企业生存的困难，亏损企业增加，我国黄金工业运行进入了一个困难时期。为了渡过难关，黄金企业推行企业减员增效，许多职工被内退或分流，甚至一些金矿因亏损而倒闭，职工失业。因而在20世纪90年代后期下岗失业职工的基本生活保障和再就业成了一个重大的社会问题，为领导机关所重视。

（2）盈利的下降极大地影响了黄金工业的发展，由于“七五”和“八五”基本建设投入新增产能的发挥，在这一历史时期黄金产量得以增长，但后劲不足已日益显现。1996年至2000年“九五”固定资产投资和新增产金能力均没有完成预定目标，完成率分别为70%和78%，一个重要的原因是黄金生产企业没有足够的资金用于扩大再生产。

（3）盈利下降使黄金工业的社会吸引力下降，黄金地质资源普查投入减少，地矿部门提交的普查成果减少，致使原计划在“九五”期间每年4亿黄金地勘资金却没有矿点可投，1996年至1998年的3年只完成了原计划的65.75%。资源是黄金工业发展的基础，之所以之前黄金产量出现了近20年持续增长，一个重要的原因是这个基础得到了加强，而这个基础的弱化必然会对黄金工业今后的发展产生长远的负面影响。

黄金价格下跌使黄金工业发展进入了一个困难时期，为走出困境，黄金生产者开始呼吁国家给予保持。当1998年初人民银行第四次下调国内人民币金价时便受到黄金生产部门的抵制，要求给予价格补贴，最终使人民银行作出因国际金价变化使人民币金价每克低于 80 元时，人民银行收购价上浮 3% 的承诺。但这一承诺基本没有兑现，因为此时黄金市场化已是不能回头的弦上之箭，人民银行自身也开始面临日甚一日的改革压力。

金价下跌对于黄金生产者而言就是一种经营风险，这是来自于企业外的市场风险，市场风险不能消灭，但可以转移、可以分散，也就是市场风险可以通过市场机制予以解决。当今黄金市场已发展出多种风险规避和转移的工具，但是由于当时黄金仍处于管制之中，黄金企业还不能真正进入市场，所以，黄金企业并不能利用市场机制转移、分散风险到市场，而只能在企业生产现场予以消化和承受，我们称之为市场风险的内置化。

在金价持续下跌的情况下，因市场风险内置化，黄金企业生存发展之路就是持续降低生产成本使边际利润能保持在一个相对稳定的水平，因而降低生产成本成为金价下跌黄金企业求生存的主要应对之策。当然不只是黄金企业，钢铁企业那时也面临相似的情况，因而 1995 年推出了一个降低生产成本的典型——邯钢经验，并为黄金企业学习效仿，在黄金行内兴起了一个学邯钢运动，以期从控制生产成本入手提高企业的边际效益，从而提高企业盈利水平。在学邯钢的基础上我国黄金行业也总结推出了自己的降本增效的典型——山东莱州仓上金矿，这是一个地方国营金矿山。

三、仓上金矿与仓上经验

仓上金矿地处山东省莱州市，是一个蚀变岩型露天金矿床，1988 年、1990 年、1993 年生产规模分别为 100 吨 / 天、300 吨 / 天、1500 吨 / 天，随着生产规模的扩大产量分别登上了 1 万两、2 万两、3 万两、4 万两、5 万两的四个万两台阶，成为 20 世纪 90 年代黄金工业出现的一颗新星，跻身于黄金行业重点企业之列。它给我们留下的更为宝贵的财富是其形成的一套行之有效的成本管理经验。仓上金矿“降本增效”活动是从 1996 年开始的，起因是随规模扩大而利润大增，1995年达到2306万元，比1989年增长了14.3倍，但1996年预期盈利不足2000万元，不增反降，因而开始推动降本增效活动，结果丰硕，1996年企业盈利不仅没有下降反而大幅增长了74.2%，达到了4000万元。尝到甜头的仓上金矿，不断总结提高使降本增效活动持续进行。仓上金矿引起了行业领导的注意派员进行了总结而产生了“仓上经验”。

1998年4月21日至24日，在山东莱州召开了黄金行业“学邯钢，赶仓上”现场经验交流会，全国各省市黄金局（公司）领导180多人参加了会议，冶金部黄金局王德学局长讲话，仓上金矿矿长邓鹏飞及仓上金矿代表做了经验介绍，冶金部黄金局副局长艾大成做了总结，之后进行了现场参观。会后冶金部黄金局又在现场举办了“仓上经验”培训班，组织对口专业人员进行培训。这是黄金行业针对成本管理第一次对一个企业经验进行全行业推广，反映了降本增效在当时对黄金工业发展所占的重要价值。

仓上金矿降本增效的经验，邓鹏飞矿长总结概括为“确定目标、竞争上岗、成本分包、风险共担”。这16个字包含着丰富的内涵，既是仓上金矿降低成本的具体方法，也是开展降本增效活动的基本原则，具有学习邯钢活动的一般共性原则，也有仓上金矿自己实践探索总结。

确定目标。按市场金价变化和盈利目标，对全年生产经营活动预期倒推出生产成本指标，进而测出相应的成本费用数据。在此基础上分配各车间单项生产成本，并根据行业先进水平和企业先进水平为衡量标准确定车间各项费用指标，形成一个保证利润指标实现的指标体系。

竞争上岗。根据价格变化倒推出企业成本指标和各项费用指标后，下一步便是确定完成这些指标的部门领导人。在这个工作环节上仓上金矿运用竞争机制，将改革企业人事制度与落实成本指标紧密地结合了起来，实行公开招标。不是向下压指标而是由招标人申报指标，从中择优上岗。不分工人、干部，还是中层干部谁能保证指标的完成谁就上岗。这一改革为人才的发展和成长提供了极好的机会，结果有 5 名企业中层被淘汰，6 名一般职工被提拔为中层领导，大部分车间投标都低于标底。

成本分包。这一工作环节是将车间的成本指标分解到企业的每一个工作岗位，形成企业人人肩上有指标，人人保指标完成的工作体系，把每一个工作岗位的工作都和企业成本控制总目标相联系，在仓上金矿每个班组、机台、个人都有明确的成本指标，每一个工作环节是生产中心，也是效益中心，降本增效成为每一个人日常工作常态，因而提高了岗位工作质量，从而提高了矿山整体运营效率。

风险共担。将成本指标的完成与职工的经济收入挂钩，成本费用指标对工作指标具有否决权，即在完成成本费用指标的前提下完成工作指标才能获得相应的经济收入，否则即使完成了工作指标也不能百分之百地获得相应经济收入，要有相应的扣除。并以系统论为指导，把风险共担的工作原则扩展至各岗位间的协作，如协作部门工作的原因造成了损失，协作部门要承担经济责任，从而大大提高了工作配合的主动性，相互扯皮现象大大减少。

对“仓上经验”可概括三个层次：一是根据金价变化倒推企业生产成本，以应对市场风险的内置化；二是将企业生产成本指标层分解到每一个部门、班组、个人，使企业生产成本指标贯穿于企业生产的全过程；三是使用经济与竞争的手段，调动企业全员工作积极性和创造性，保证成本指标的落实完成。

由于仓上金矿良好的运营表现，山东省莱州市政府 1998 年对莱州市黄金产业进行了集团化重组，成立了莱州金仓矿业有限公司，对莱州国有黄金资产进行公司化运营，该公司以仓上金矿为龙头，包括了望儿山金矿和金城金矿的全部资金，不久金城金矿又分立了出来。金仓矿业由邓鹏飞任总经理，该公司 1998 年生产规模为 3367 吨 / 天，黄金产量 4.16 吨，盈利 1.06 亿元，职工 4300 人。但该公司在此后的发展进程中始终没有走出莱州地域而成为全国性乃至国际性公司，最终为山东黄金集团收购，成为山东黄金股份公司的一部分，从而结束了其独立矿山的历史。

“远学邯钢，近学仓上”活动的开展，对于引导黄金矿山控制生产成本，渡过生存难关无疑具有积极的作用，1998 年以后，从总的形势看我国黄金生产成本是下降的，但并没有因此而改变黄金生产边际效益不断下降的趋势。这一历史时期是黄金工业度日艰难的时期，2001 年黄金生产效益比 1996 年下降了 54.52%，比 1994 年更下降了 70.71%（见表 7–4）。

表 7–4　　1993—2002 年黄金生产边际效益

项目＼年份	1993	1994	1995	1996	1997	1998	1999	2000	2001	2002
当年平均金均（元/克）	63.31	96.46	95.22	95.48	89.25	81.50	75.21	76.73	71.45	84.25
当年综合成本（元 / 克）	44.24	63.31	73.43	74.13	73.04	67.92	65.17	63.43	61.74	64.89
生产边际效益（元）	19,07	33.15	21.79	21.35	16.21	13.58	10.04	13.30	9.21	19.36

资料来源：《中国黄金年鉴》

我国黄金工业运行体制转型变轨过渡期又逢金价持续下跌，在外部市场风险内置的情况下，应对市场压力的途径只能是降成本求生存，但当时各种生产要素价格上升，因而大大地影响了降低成本的效果，并不能完全弥补金价下降的损失，2001 年金价比 1994 年下降了 25.64%，而成本仅下降了 2.9%。在这一历史时期将降低生产成本作为发展的关键是一个无奈的选择，其意义是控制住了生产成本上升的趋势，但并没有改变黄金生产边际效益下降的趋势，因而在 20 世纪 90 年代后期推动的“远学邯钢，近学仓上”运动虽促进了企业管理水平提高，但对全行业摆脱经济困境并不具有决定性作用。

小步慢走的对外开放探索

长期处于管制封闭的黄金工业，即使改革开放推进10多年以后仍是对外开放的禁区，但在推进黄金市场化改革的第二年，即1994年中国黄金工业迈开了对外开放的第一步，虽然是还有许多限制的一小步，但也是破天荒的了。1994年国务院64号函对冶金部《关于颁发〈外商投资开发低品位、难选冶金矿资源试点办法〉的请示》做出了批复，由此对国外资本在有限制的条件下进行了黄金矿业的开放试点。

一、对外开放的缘由

发展黄金生产的一个长期瓶颈是资源不足，为此，从1975年开始就大力推进了黄金专业勘探队伍的建设，并于1986年设立了黄金地质勘查基金，以增加黄金地质勘探的资金投入，这些措施都是黄金地质资源的开源努力，增加了探明的储量，但是，在增储的努力过程中又出现了已有资源的利用问题，合理高效使用已有资源是解决资源瓶颈的另一个重要的工作方向。在这方面存在着两个现实的问题：

（1）随着黄金持续开发高品位的资源消耗很快，金矿石品位大幅下降，因生产成本制约2克/吨以下品位的金矿石就难以使用而成了废石。另外，历史遗留下来的尾矿中有许多仍含有金元素，有资料分析认为含金量0.35克/吨以上尾矿有10亿吨，可提取的黄金资源200~300吨。如果改进提金技术使低品位金矿资源得以利用也就是扩大了金矿资源的供给量。而那时全国平均入选品位为3.95克/吨，尾矿品位仅0.45克/吨，故在当时的技术水平下会有大量的低品位矿石不能利用，要使低品位矿石得以利用，就必须发展新技术，提高冶炼效率。

（2）又发现了许多新金矿类型，其中有大量含有碍于氰化浸出的有害元素、金元素以微细包裹状态赋存的金矿石，这种金矿石不能用常规的工艺提取黄金，因而必须进行技术攻关创新解决这类矿石的冶炼难关，故称难选冶金矿。并随这类金矿发现的数量日益增加而日益紧迫，成为增加黄金生产的现实课题，必须加快推进，在加速自主研发的同时学习和引进国外先进技术就成了一个必然的选择。学习和引进国外先进技术需要资金，而且还有一个消化的过程，因而进行中外合营开采即以市场换技术则是节省资金和时间的选择，这也就是冶金部向国务院提出颁发外商投资开采低品位、难选冶金矿资源试点办法的请示的动因。

二、国务院 1994 年 64 号函

国务院 1994 年 64 号函是国务院对冶金部《关于颁发〈外商投资开采低品位、难选冶金矿试点办法〉的请示》的批复，在同意开展试点的同时，对外商投资开采低品位、难选冶金矿法律登记程序及原则进行了规范，批复全文有 6 条，仅 600 字左右：

该批复首先是明确试点工作由冶金部归部管理，由冶金部牵头制定有关实施方案有计划进行。

第二条是明确外商投资项目在报冶金部审核后，由国家计委会同有关部门立项审批，由外经部审批合同与章程。

第三条是规定中外合营开采金矿经批准后，由中方到冶金部办理采矿手续，到地矿部登记，领取采矿许可证。

第四条是规定外方按规定分得的利润和其他合法收入可依法汇往境外，但所生产的金银必须按收购牌价交售给人民银行。

第五条是要求外商要遵守中国的有关法规、法律和政策。

第六条是重申纪律，擅自对外签订金矿合营合约的一律无效。

国务院 1994 年 64 号函主要是规范利用境外资金开采低品位、难选冶金矿

的程序，明确国务院相关部门的职责，如图 7-2 所示：

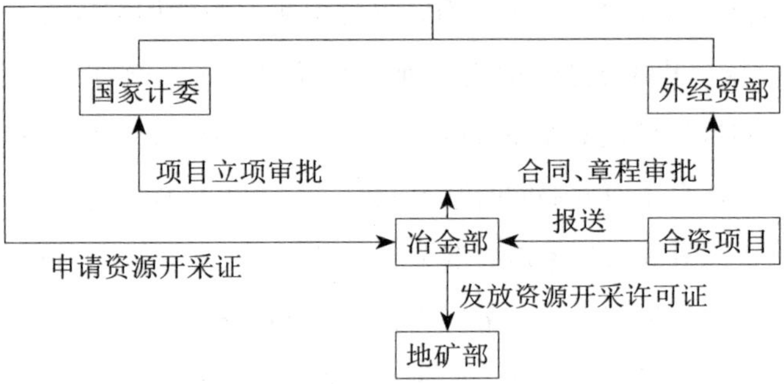

图 7-2　关于外商投资开采低品位、难选冶金矿法律登记国务院相关部门职责及流程

以引进技术为目的的黄金矿业开放仍然是增加黄金产量的追求，并不是要全面推进黄金资源市场化改革，因而国务院 64 号函没有在这方面做任何的涉及，也没有相应的改革配套措施，但对外开放合作必然涉及资源的市场化改革，如产权界定、资源评估流转、市场融资等，如果这些方面我们不能与国际接轨，合资合作就很难推进。不仅如此，也影响了国际黄金业对中国黄金投资效益的评估，因而也影响了大型国际黄金公司全球资金分配，使其在与中国的合作中受到制约。今天评估这次对外开放最终的成果与预期有很大差距，因而人们评价这次开放试点是“水到渠未成”“车到路未通”，这是人们在合作项目商谈之后的感受，而在起步之始，中外双方都有很高的期待。

三、热情的期待逐渐变为失望

中国在国际地质学界是黄金富集区，存在着巨大的机遇，因而这次有众多限制的开放试点仍引起国际投资者兴趣，黄金管制和金价仍未能完全接轨也未成为障碍，在不太长的时间里先后有 50 余家矿业公司到中国寻求合作，从此也开始中外双方的碰撞磨合，其中不乏纽蒙特、金田、安格鲁这样的国际性大黄金公司。这些公司怀着在中国能开发一个世界级金矿的梦想，也有一些来中国

"淘金"的小公司，只是来中国做一次投机。动机不同，但遇到的问题相同：

（1）产权的界定。我国《矿产资源法》规定矿产资源属国家所有，但具体谁是代表国有矿产资源的管理者并无明确的统一规定。所以到具体项目立项审批时成了"一事一办，一事一批"，往往有表态否定的人，无负责通过的人，结果数年都没有完成一个项目的审批过程。时过境迁，届时市场情况已发生变化。到 1997 年金价出现了持续下跌，市场的变化使许多黄金矿山开发项目失去了魅力，机会就在等待中消失了。

（2）资源价值评估。中外资源合作必然要对资源的价值进行评估，因资源的品位、勘探投入、赋存条件及储量规模的不同而价值不同，但评估标准不统一就是很难达成一致的认识，合作就难以深入推进。在没有规范和国家权威评估标准和办法时，对于国有资产流失的担心，中方往往要价高，双方难以谈拢，即便谈判十分艰难的贵州烂泥沟项目，在 2008 年还受到国有资产流失的指责，据说因此国家纪检部门还专门做了调查。

（3）管理权限分散不清。外商在审批合资项目需和多个部门多层次的管理者打交道，又因权限不清而发生扯皮现象需往返沟通后仍不得要领。又由于对黄金特有法规把握不准而仅从一般合资法规中查找依据，3000 万以内引资由省级管理部门审批，结果出现未经国家批准就签署了合同，结果宣布无效，浪费了大量人力物力。

（4）中外双方目标差异。中方推进黄金矿业开放试点是为了获得低品位、难选冶金矿提金技术，而对国外矿业公司来说，技术不是问题，规模是关键，因为具有一定规模才能有较好的效益保证投资的回收，因而没有一定资源规模就没有吸引力，而在现有资源规模不理想的情况下更愿从风险勘探入手，这就带来了两方面问题：一是风险勘探发现了高品位资源如何处理？得到的答复是高品位资源按国家有关规定办。这意味着外方的成果所有权得不到保护，这对外方而言是一个巨大风险只能放弃。二是风险勘探要进行风险融资，而风险融资不仅需要有技术和财务能力的支持，而且还需要黄金的自由交易。因为国际黄金融资的主要方式是“借金还金”，即以尚未生产出的黄金做抵押筹集勘探和建设资金，投产后以生产出的黄金还贷。能这样做是以黄金可以自由出口为条件的，但在黄金管制的环境中这样的条件是不具备的。

正是因为现实困难重重，第一批进入中国的外国矿业公司纷纷折戟沉沙：亚洲矿业公司与山东招远市大尹格庄金矿合资项目一度被视为最有希望的破冰者，但经过了 3 年的碰撞之后，最终夭折了；纽蒙特在中国努力了 4 年一无所获，最终撤离了中国；金田公司一直坚持到新世纪最后也不得不偃旗息鼓。热情期待变为失望，中国成为国际黄金矿业的绝望之地。

小秦岭地区黄金生产秩序的整顿

小秦岭黄金生产基地建设起步于“三五”，历经 15 年，建成于“六五”，形成了近 3000 吨 / 天的处理能力，成为仅次于山东胶东黄金生产基地之后的第二大黄金生产基地，但“七五”之后受到了无序开采的干扰使发展受阻。这一案例反映了这一历史时期我国政治与经济格局因改革开放的推进已出现了深刻变化，昭示着我国黄金工业发展变化的新方向。

一、小秦岭黄金生产基地的前生

小秦岭地处河南与陕西交界处，20 世纪 60 年代地勘部门在小秦岭地区发现了金矿资源赋存，因而当时的中国黄金矿产公司于 1965 年 11 月派出工作组进行调查确定了远景 3000 吨 / 天的开采规模规划，之后国家计委和冶金部做出了开发小秦岭地区黄金资源的决定，这就是把小秦岭地区建成山东胶东之后的第二大黄金生产基地的由来，从此开始了小秦岭地区大规模黄金基本建设。小秦岭黄金基地建设几乎与“文化大革命”同时开始，小秦岭黄金生产基地建设先后历经20年，直到80年代才初步达到了3000吨远景日处理规模，在今天看来这是一个不高的发展速度，除“文化大革命”的因素外，矿区生产秩序的混乱也是一个重要的影响因素，甚至造成了无可挽回的重大损失而成为我国黄金发展史上沉痛的一页。

从1966年6月开始前期设计，8月成立秦岭金矿筹建机构，但由于“文化大革命”的冲击到1969年7月才建立了冶金部秦岭矿山建设公司；承担小秦岭地区金矿的基本建设工作。到1985年建成国有秦岭金矿、长峪金矿和潼关金矿前后10年时间，总的生产规模达2750吨/天；从1975年开始起步的地方黄金工业到1985年建成中小黄金矿山10座，形成综合采选规模1050吨/天，因而小秦岭地区金矿生产能力已达2800吨/天，原定3000吨远景规模基本达成。到10年后的1994年在小秦岭地区陕西境内已有大小金矿21个，河南境内有28个，总生产规模达7000吨/天。其中，国营黄金矿山24个，乡镇金矿山49个，是发挥地方积极性，两条腿走路发展黄金生产的一个典型地区。

在20世纪60年代以前河南还不生产黄金，陕西也仅有10余公斤的产量，从70年代这两个省份才开始才逐渐成为我国黄金生产的主产区，其发展的轨迹是20世纪70年代河南黄金总产量为2.701吨，陕西为0.848吨，年均产量仅有270公斤和85公斤，而80年代产量河南增加了10.10倍，达到了30吨，陕西增加了12.02倍，达到了11.037吨，分别占全国总产量的13.73%和5.05%，为全国各省市产量排序第2位和第8位。这两个省份黄金产量的增长与小秦岭地区黄金生产基地的建设密切相关，但在黄金产量增长的同时，小秦岭地区也出现了令高层震动、社会关注的小秦岭地区黄金生产秩序混乱的问题，持续的生产秩序整顿成为这一地区黄金生产发展的重要内容。

虽然小秦岭地区黄金生产秩序整顿持续进行了数年，但该地区黄金工业并没有因此而衰落，正是整顿中延续了其生命，到2014年距离大规模整顿已过去了 20 年，河南和陕西仍保持了黄金主产区的地位，产量排序分别列第 2 位和第 8 位。而地处小秦岭地区黄金主产区的河南三门峡市黄金产量在全国地市中排序第 2 位，陕西潼关在全国产金县级市中排序第 5 名。暂时的混乱并没有割断小秦岭地区的黄金命脉，而是仍在顽强地前行。但 20 年前发生的乱象并不应抹去，而应成为一个历史的警示，昭告后人。

二、黄金生产乱象触目惊心

根据《矿产资源法》确定矿产资源属国家所有，而且黄金矿产又属于保持性开采矿种，因而黄金矿产必须经有关部门审批获得开采权以后才能开采，但是，在 20 世纪 80 年代后期到 90 年代初，小秦岭地区一度涌进了数万名乱采乱挖的非法采金者，给小秦岭金矿区带来了一系列破坏性的后果：

（1）资源的完整性受到破坏，资源造成了大量浪费和损失，由于资源被非法分割，使资源的统一规划和资源综合利用受阻，资源综合回收率不足 40%，其影响是深远的，至今规模经营仍是小秦岭地区黄金生产的瓶颈，仍是中小企业当家，而缺乏进入全国前列的龙头企业，所以虽然小秦岭地区是全国第二大黄金生产基地，但与山东胶东黄金生产基地企业的技术装备和管理水平存在明显的差距，一个重要的原因是规模小而影响了技术设备的更新能力和向外扩张的竞争能力。

（2）造成了严重的环境破坏和人员损失。非法采金因急功近利，掠夺式开采不仅造成了资源浪费，而且破坏了环境，大量植被被破坏，而且造成大量废石堵塞河道。致使洪水无法顺畅排泄，1994 年 7 月因此造成在河道宿营的 50 多名采金者死亡，众多的建筑物被泥石流吞没。河南、陕西交界的大西峪沟因此被填平，还冲毁公路 9.2 公里，造成文峪金矿停产 1 个月，直接损失 700 万元，间接损失 1400 多万元。1996 年 8 月小秦岭地区又发生了 30 年不遇的洪水，数吨重的碎石顺流而下，洪水过后碎石堆满河床，幸好人员及时撤离没有造成人员伤亡，但环境破坏触目惊心。

（3）造成了极其严重的环境污染和灾难。由于低水平的掠夺式开采，大量使用落后的汞提金工艺，据调查，在非法采金高潮时小秦岭有混汞提金碾2000台，由于缺乏环保措施，大量含汞废水排入水源，对土壤和水质造成了严重污染。1993年渭南地区环保所对文峪金矿的生活用水进行测定，发现含汞量超标9.5倍，含铅量超标2.4倍，含铬量超标14倍。更为严重的是矿区的河流和沟渠全部与黄河相通，大量超标废水最终都要注入黄河，而使几千万以黄河水为饮用水的民众的用水安全受到威胁。

（4）催生了黑社会，增加了社会的不稳定性。大量非法采金者的涌入也导致了纠纷的增加，从而黑社会应运而生。矿区内矿霸横行，为争夺资源而火拼，恶性案件频发。大量身份不明者进入矿区流窜作案更增加了不安全性，严重地威胁到矿区民众的人身安全和社会环境的稳定。而且拉拢收买当权者成为非法采金的参与者和保护伞，成了滋生腐败的温床。内外勾结为非法采金推波助澜，使混乱状况多次反复，增加了治理的难度，这是小秦岭地区黄金生产秩序治而又乱的重要原因。

（5）多数黄金产品流向地下交易市场，形成黄金私卖潮之源，严重地冲击了黄金统收统配管理体制。从20世纪80年代因追逐利益而诱发的黄金私卖潮，随小秦岭地区非法采金的泛滥而得到推波助澜。在小秦岭地区黄金走私已由个体变为有组织、有分工，使用现代运输和通信工具的团伙，有三分之二以上的黄金产量并没有进入国库而是流向了地下市场，成为黄金走私的重灾区。

小秦岭地区黄金生产秩序混乱已成为了一个社会问题，影响超出了地域而引起了全社会高度关注，为此国家领导高层数次批示，因而开始了持续数年的黄金生产秩序治理整顿。

三、多元利益主体的角力

早在1986年小秦岭地区黄金生产秩序混乱就引起了国家高层的关注，为此，于8月20日中央财经领导小组发出了《关于整顿小秦岭矿区黄金生产秩序的几点意见》，要河南省在中央有关部门的支持下，由一名省级领导挂帅对小秦岭矿区进行治理整顿，但5年过去了，到1990年2月25日国务院又召开了“治理整顿小秦岭地区黄金生产秩序现场办公会”，显然是小秦岭地区黄金生产秩序问题并没有解决。地矿部、冶金部，河南和陕西的领导均参加了这次现场办公会，国务院领导要求：“要实行综合治现，多管齐下，以治本为主的方针。经济手段、法律手段、行政手段、教育手段综合使用，综合治理。”决心之大跃然纸上，然而我们不得不又面对1994年一个更惨痛的现实。

1994年7月11日小秦岭地区突降暴雨，由于被乱采产生的废石堵塞河道，形成洪水挟带着矿渣碎石顷刻将大西峪沟填没，在沟中的50多名采金者被掩埋，数十间工棚、卡拉OK厅及餐厅被洪水吞没，公路被毁、金矿停产，一片狼藉。一经媒体披露高层震动，李鹏总理做出批示，国务院于当年12月召开了“小秦岭金矿区矿业秩序治理整顿工作会议”，邹家华副总理提出要把小秦岭金矿区矿业治理整顿作为一项重要的任务来抓。开始又一次动员，组织力量对小秦岭地区的矿业秩序进行整顿。

距1986年中央财经领导小组下发《关于整顿小秦岭矿区黄金生产秩序的几点意见》已过去了9年时间，距国务院“治理整顿小秦岭地区黄金生产秩序现场办公会”召开已有5年时间，但对治理整顿的成果的评价是：“时至今日，小秦岭金矿区的矿业秩序问题还没有根本解决，有的问题虽然当时简要解决了，但是，整顿的成果巩固不够，很快又有反复。”而对于三门峡市来说，这已经是第20次对小秦岭金矿区生产秩序的治理整顿了，也就是前19次的工作都反复了，那么顽症的根源在哪里呢？

在“六五”期间，对于黄金矿业发展实行的是“大家办”方针，广泛动员社会各种力量生产黄金，当时的总理赵紫阳1985年这样评价了这一方针：“过去的五年，回头看一看，有两条经验：一条就是大家办，另一条是要有利。很多本来很紧的东西，难解决的问题，有这两条就解决了。黄金这个问题也要考虑……”黄金生产大家办可以加快黄金生产，但出现的问题是利益主体的多元化，各利益主体的权益平衡就成为一个重要的问题，一旦失衡便要产生混乱，甚至使整个体系崩塌。小秦岭金矿区生产秩序产生混乱的根源也就在这里。

1994年小秦岭地区已有69个金矿，其中在河南境内41个，陕西境内28个；69个金矿中国有企业24个，集体企业45个；在国有企业中有4个中央直属企业，3个军队企业，17个地方企业。从小秦岭地区金矿构成看，的确体现了“大家办”的工作思路，因此也出现了小秦岭地区利益主体多元化格局，因而导致了利益博弈的复杂化。当时地方政府作为资源管理主体时中央所属金矿面临的生产秩序混乱的压力十分巨大，是当时的重灾区。当时最大的中央直属文峪金矿区内存在非法采金户126家，并且还有26个民采坑口越界偷采央企秦岭金矿的金矿资源，在秦岭金矿区有171家非法采金户。对央企金矿已呈包围之势，正常生产无法进行。

利益的博弈也在非法采金者之间进行。当时小秦岭金矿区涌进了高达3万人的外地采金者，与当地采金者形成相互合作与相互争夺的交错局面。当利益相同时联合对外形成了对治理整顿的抗拒力，而利益相左时又会相互火拼，甚至发生斗殴和武力相向，成为小秦岭地区黄金生产秩序混乱之源。

利益的角力也在资源的管理者和被管理者之间进行，从1984年至1994年持续对小秦岭地区黄金生产秩序进了10多次治理整顿，几乎成了一个常态，屡禁不止表明反治理的力量强大，但往往不是公开对抗，而是以各种隐蔽的手段使治理流于形式，其中一个重要的手段是收买管理者使之成为同流合污者。因而国务院领导指出：“事实证明，廉政建设搞得好的地方，治理整顿就比较容易。”在治理整顿中因内外勾结为非法采金者提供资料、信息，以及提供保护的管理执法者而受到法律与党纪的处分，个别政府领导也因此下台。

四、治理从调整利益格局切入

疏理黄金生产利益格局是治理整顿的一把钥匙，对此国务院领导明确指出：“治理黄金生产秩序不是一项简单的工作，在指导思想上要看到工作的难度，这个难度主要是要调整利益关系，要在体制、政策上进行一些调整，这要牵涉到各个方面，不是一个部门可以解决的，也不是一个地区可以解决的。有的要全国统一部署，有的要各方面密切配合，难度很大。”因而小秦岭地区黄金生产秩序整顿具有全国性意义，因此而对一系列黄金发展政策做出了调整并影响此后的政策走向及利益格局，因而这是我国黄金生产发展史上的一个重要的历史事件。

小秦岭金矿区生产利益格局调整表现在以下三个方面：

（1）强化国务院对黄金资源管理的主体地位。黄金资源属国家所有，谁代表国家？只有中央政府才能代表国家，而代表国家行使行政权力的具体机构就是国务院，必须纠正黄金资源是地方或部门的所有认识，即便分级管理也是由国家统一安排，这是处理矿产资源所有问题的基本出发点。在矿产资源国家所有的前提下，国务院有关部门和地方政府共同努力加强资源管理，不允许存在影响损害国家全局利益的地方利益，也不允许存在影响国家全局利益的部门利益。

（2）确立国有金矿山的骨干与支柱地位，积极发展，为此要坚决制止哄抢国有金矿山资源的不法行为；对于乡镇集体小金矿，要按照“调整、整顿、改造、提高”的方针处理，搞得好的保留下来，不搞很多小而全的金矿；根据国家有关规定禁止个人勘探和开采金矿，对于个体金矿，即使借集体名义经营也要予以取缔。1957 年国务院以群众采金为主体增加黄金生产，之后的数十年中发动群众采金一直是被作为经验而坚持，但到此时群众采金已属禁止之列，政策发生了根本性逆转。

（3）禁止个人采金之外，也禁止党政机关及其工作人员以各种名义和形式参与办矿，以及确立国营黄金矿山支柱地位相印证，表明“大家办金矿”的发展思路已为统筹规划、加强管理的发展思路所取代。国务院领导明确指出：“过去在某一个历史条件下提过的国家、集体、个人一起上的口号和方法，在当今新的历史情况下，在矿业产业中已经不适用，我们要统一规划，加强管理，指导矿业产业发展。”

基于调整黄金生产利益格局，落实国家在资源开发中的利益主体地位，在小秦岭金矿区生产秩序治理整顿中采取了以下措施：

（1）由地矿部对小秦岭地区金矿资源进行统一的规划分配，在尊重历史、照顾现实的原则进行资源占有的重新核定，建立资源区块管理制度，按区域进行勘探和采矿工作，将小秦岭黄金生产秩序当前的整顿和未来矿业管理制度改革结合起来。

（2）在小秦岭金矿生产秩序整顿中对黄金资源的探矿权和使用权实行有偿使用试点。凡是开采黄金的企业，无论是国有的、集体的还是三资企业的采矿权都必须作价，有偿使用，开我国资源商品化之先河。

小秦岭黄金生产秩序治理整顿开始是着眼于具体事件的是非曲直的评判，逐步进入了利益格局的调整，因而引发了一系列改革的推进，这也是一个改革成果逐步积累的过程。

在不确定性的环境中探索前行

1993 年至 2002 年的 10 年间，黄金工业发展环境的不确定性增加了，黄金工业的发展环境开始由封闭走向了开放，发展的要素由固化变为频繁变化，这在带来了发展的机遇的同时也增加了发展的风险，发展的前景由可知变为了不确定。对于长期在计划经济体制中生存发展的人们来说，这种变化产生了很大的不适应性，这十年是一个在不确定性环境中探索前行的十年。

一、黄金工业面临的两大不确定性

1993年黄金市场化改革开启，黄金工业发展开始改制转轨，从而面对着两大不确定性的挑战：

（1）经过20多年努力建立的并被予以高度正面评价的黄金政策体系顷刻宣布全部取消，但新政策的建立只有一个方向性的指引，即与市场经济相适应，而新政策具体推进则是一片空白。政策是国家为实现预目标而制定的行为准则，缺少准则的行为存在着很大的风险，此时黄金企业就面临老的行为准则废止，而又无新准则的尴尬，因而“擦边球”成了一种时髦的词汇，即在老准则突破与新准则探索间平衡，在对与错的评价上也往往会出现歧见而产生摩擦。但是这样的状态又往往给了人们更多的创新空间，在变革中再造，在转轨中涅槃大致可以概括黄金工业在这10年中的生存现状。在这个历史阶段的后期，资产的流动性明显加快，资产重组的成果是出现了若干大型黄金集团，不仅推动了政企分开改革，而且使黄金工业的规模经营大大地向前迈进了一步。我国现在四大黄金集团，中国黄金集团、山东黄金集团、紫金矿业集团、招金矿业集团，都是在这一历史时期完成组建过程的。黄金资产开始超越地域、部门的限制向优势企业流动，从而提高了黄金资产的使用效率，而黄金资产配置的市场化是黄金工业发展运行机制由计划轨转向市场轨的基础。

（2）市场价格风险的不确定性。黄金市场风险主要是由价格的不确定性产生的，1993年国内人民币金价与国际美元金价挂钩，随美元金价变化而变化，我国黄金生产者的利益与金价变化连为一体，金价上涨生产者受益，金价下跌利益受压。当时黄金市场呈熊市，因而黄金生产者在转轨期间面临的金价风险压力很大。

1993 年国内人民币金价与美元金价挂钩，因而也将国际金价风险引入了国内，国际金价当时是处于疲软的熊市，但那时人民币汇率一直在上升，1991 年是 5.22：1，而 1996 年已上升到 8.32：1，上升了 59.39%，因而即使美元金价下降人民币金价也可能上升，所以这一改革之初金价的不确定风险并没有显现出来，但 1997 年以后情况发生了变化。1997 年至 2001 年国际金价 5 年持续下跌，由 1996 年的每盎司 387.77 美元下降到 2001 年的 271.04 美元，下降了 30.1%，因此国内人民币金价也累计下调了 24.85%，由 1996 年的每克年均 95.48 元下降到了 71.75 元。这 5 年的黄金产量分别是 181.61 吨、177.623 吨、169.089 吨、176.917 吨和 181.83 吨，因而从理论上推算产生金价风险损失分别为 11.31 亿元、24.83 亿元、33.03 亿元、32.29 亿元和 43.15 亿元，总计 154.41 亿元，这一损失是这 5 年黄金行业总盈利 54.77 亿元的 2.82 倍。

在开放的市场环境中黄金生产者的价格风险损失是可以向外转移的，但我们不行，因为当时我们的黄金市场没有开放，黄金仍处于被管制之中，因而只能由生产者自己承担，那时又没有了国家补贴，所以这就意味着黄金生产者大量“失血”，使黄金生产者产生了生存困难，更无扩张之力。黄金企业盈利下降，亏损企业增加，一时扭亏脱困成为当时黄金行业的中心工作之一。对黄金生产发展的负面影响开始显现。

2000 年黄金行业固定资产投资规模 5.71 亿元，仅是“八五”的最后一年（1995 年）的 52.67%，更是“八五”年均规模的 46.9%，因而 1996 年至 2000 年的“九五”期间黄金产量增长已显疲态，5 年有 2 年下降；固定资产投资和地勘投资均未完成计划。而未来是不确定的，金价未来的走势如何没有一个确切的预期，因而对于黄金生产的前景充满了忐忑。但可能是上天的眷顾，这种忐忑很快因市场由熊转牛而消失，进入了一个新的发展期，而这个磨炼的过程是我们深化认识市场的过程，积累了驾驶市场的能力。

二、十年轨迹：波动状地发展

1993 年至 2002 年的 10 年间我国黄金产量突破了百吨，按照当时国务院领导的标准我国进入了重要产金国行列。1995 年黄金产量达到了 108.405 吨，之后是波动性增长，到 2001 年达到 181.83 吨。这 10 年总计生产黄金 1490.632 吨，是之前 1983 年至 1992 年 10 年 527.498 吨产量的 2.83 倍，这个增长的取得主要是“七五”“八五”固定资产投资大量增加，新增生产能力的发挥延续。“七五”“八五”的 10 年固定资产投资 102.2981 亿元，是 1949 年至 1965 年 37 年固定资产投资 13.9484 亿元的 7.33 倍。尤其是“八五”的 5 年投资于固定资产的资金是以前 42 年投资额的 1.1 倍，因而惠及“九五”。但因“九五”黄金投资体制处于新老交替之际，固定资产投资减少，使黄金生产不可避免地也受到了直接影响。

2002 年黄金产量为 189.81 吨，是 1993 年产量 94.548 吨的 2 倍多，创造了历史高峰，但这 10 年间的产量波动非常大，10 年中 3 年下跌，7 年上涨，但涨与落都有非正常的因素存在。1994 年黄金产量下跌 4.348 吨，为 –4.6%，因此持续 19 年产量增长进程中断，这是因为此时民营黄金市场活跃，大量的黄金进入了民营市场而使人民银行收购量减少，所以 1994 年黄金产量下降是人民银行收购量下降，不一定是生产量的下降。1997 年 50.58% 的增长也是一个非正常的增长，由于国内金价调整滞后使国内金价高于国际金价而使大量黄金走私入境，造成了人民银行收购量大增。当国内金价溢价消失，之后 1998 年、1999 年黄金产量便出现了 2 年持续下跌，说明 1997 年人民银行收购量并不是真实的中国生产量。业内人士分析 1997 年产量仅能增长 15% 左右，达到 140 吨左右是真实的，而有 40 吨左右是非正常的黄金增量，包括了走私金和回收金。

这 10 年间黄金生产涨跌波动，而到后期已显示出增长动力不足。1998 年至 2002 年的 6 年间，1998 年、1999 年黄金量下降，之后增长，到 2001 年才又恢复到5年前1997年的水平，实际上已呈徘徊状态。如扣除有色副产金因素，黄金矿产金1997年达到了163吨，之后1998年、1999年2年下降后2000年止跌回升，但直到2002年也仅有4.14%的增长，黄金矿产增长也是徘徊的状态详见表7-5。

表7-5　　1993—2002年黄金量及增长率

年份	1993	1994	1995	1996	1997	1998	1999	2000	2001	2002
黄金产量（吨）	94.55	90.20	108.41	120.61	181.81	177.62	169.09	176.91	181.83	189.81
增长率（%）	12.32	-4.60	20.18	11.26	50.58	-2.20	-4.80	4.63	2.78	4.36

资料来源：《中国黄金年鉴》

三、时代的最大贡献者

2002年我国生产黄金的省区有28个，与前10年相比减少2个。这一历史时期黄金产量前5名的省区是山东、河南、江西、福建、辽宁，这5个省份总计生产了122.57吨黄金，占2002年全国总产量的近三分之二（64.58%），是这一历史时期黄金生产的最大贡献者。其中山东、河南是冠亚军的保持者；江西、福建是后起之秀，而辽宁是一个衰退的失落者。

山东从1990年超过辽宁成为黄金产量冠军，并至2002年已保持了13年。2002年的产量是63.36吨，为全国总产量的三分之一（33.38%），2002年比1993年黄金产量增长了163.8%，独占鳌头无有与之比肩争雄者。山东黄金生产主要集中于胶东半岛，这里有着丰厚的黄金资源赋存。随着已探明储量的增加，已成为全球第三大金矿区，这里的黄金工业的发展得到了有力的支撑，使山东在此后的岁月里仍保持了强劲的增长势头。

河南在20世纪80年代开始崭露头角，1992年成为我国黄金生产的亚军省，到2002年已保持了11年（到2015年保持了23年），2002年黄金产量比1993年增加了105.13%，达到了25.74吨，为全国总产量的13.56%，是除山东之外唯一个占比超10%的省份，因而河南亚军地位在近期也是不可撼动的。河南小秦岭地区是20世纪60年代就推进建设的我国第二大黄金生产基地，虽然建设并不顺利，但仍成了河南黄金生产的支撑点。2003年全国35个产量1吨以上的单体矿山河南拥有4个，分别居第4、第5、第6和第32位。

江西是一个后起之秀，2002年黄金产量为10.96吨，比1993年增长了13.27倍，在全国产量排序由1993年的17位提升到第3位，上升了14位，在全国总产量中的占比为6.25%。江西黄金产量的排头兵是江西铜业公司，其一家的产量即达全省的六成以上（67.20%），为7.40吨，2003年占比更高达85.41%，产量为10.13吨。所以江西黄金产量主要来源于有色冶炼企业，也是有色副产金生产基地，2002年江西铜业副产金产量占全国当年副产金总产量的24.68%。江西从此至今都是产金量第3位，到2015年已持续了15年。

福建是这10年黄金产量增长最大的省份，2002年比1993年产量增长了165.92倍，排序上升了20位，由第24位上升到第4位，福建的崛起主要是得益于紫金山金矿，其2002年8.24吨的产量中紫金山金的产量为7.127吨，占比为86.49%，2003年更高达9.887吨，占比达97.60%。因而福建黄金生产是因紫金山金矿兴而兴，因紫金山金矿衰而衰。紫金山这座我国最大单体金矿山，最高产量超17吨，可排入全球前20强的单体金矿山经过多年开采到新世纪已进入减产期，2014年产量10.549吨，福建也以11.11吨排序退居第8位。

辽宁从20世纪50年代就是我国黄金冠军省，和江西相似也是冶炼厂产金为主，沈阳有色冶炼厂是我国"一五"建设项目之一，也一直承担着辽宁产金主力军的作用，随着沈阳有色冶炼厂产能的萎缩，1990年山东超越辽宁成为冠军。辽宁省黄金产量最高曾达12吨多，1993年下降到4.896吨，但这10年间增长了119.98%，达到10.77吨，所以位次上升1位，由第6位上升到第5位。但这是暂时性的，到2014年辽宁的排序下降到了13位，产量下降到了8.971吨，显然开始由一个最大的贡献者变为了失落者。

我国30个省市在这10年中有23个省黄金产量增长，7个下降，其中天津、宁夏在2002年黄金产量下降为零。黑龙江2002年产量比1993年下降了36.07%，所排位次由第4位下降到第15位；下降了11位；而浙江由第13位下降到第21位，下降了8位，产量下降19.42%；吉林产量下降18.68%，位次由第8位下降到第16位，下降了8位。以上是产量下降最多、位次下调最大的省区市。此时期各省区市黄金产量变化见表7-6。

表7-6　　2002—1993年各省区市黄金产量变化表

省区市	2002年		1993年		2002年比1993年	
	名次	产量（吨）	名次	产量（吨）	位次（±）	产量±(%)
山东	1	63.36	1	24.02	—	163.80
河南	2	25.74	2	12.55	—	105.13
福建	4	10.84	24	0.065	20	16576.92
辽宁	5	10.77	6	4.896	1	119.98
陕西	6	9.55	5	6.524	-1	46.38
河北	7	8.59	3	7.471	-4	14.98
安徽	8	6.54	15	0.854	7	665.81
云南	9	6.52	18	0.633	9	903.00
湖南	10	6.20	10	1.808	—	242.92
甘肃	11	6.04	11	1.296	—	366.36
湖北	12	5.87	14	0.974	2	505.15
新疆	13	4.84	9	2.636	-4	83.61
内蒙古	14	4.52	7	4.287	-7	-5.15
黑龙江	15	4.45	4	6.961	-11	-36.07
吉林	16	3.27	8	4.021	-8	-18.68
贵州	17	2.77	19	0.539	2	413.91
四川	18	2.03	12	1.192	-6	70.30
广西	19	1.71	15	0.868	-4	97.00
广东	20	1.56	20	0.498	—	213.25
浙江	21	0.90	13	1.117	-8	-19.42
海南	22	0.87	23	0.069	1	1160.87

续表

省区市	2002 年		1993 年		2002 年比 1993 年	
	名次	产量（吨）	名次	产量（吨）	位次（±）	产量 ±（%）
西藏	23	0.74	27	0.009	4	8122.22
北京	24	0.62	20	0.392	-4	58.16
上海	25	0.40	—	0	100	—
山西	26	0.41	21	0.492	-5	-16.67
青海	27	0.33	28	0.22	1	50.00
江苏	28	0.13	26	0.033	-2	303.03
宁夏	29	0	25	0.056	—	—
天津	30	0	28	0.005	—	—

第八章 以规模为战略目标的发展期

（2003—2012）

进入21世纪解除黄金管制的脚步已日益临近，全面市场化发展的前景已清晰可见。即将面对一个陌生环境而忐忑不安的黄金生产者没有料到的是进入全面市场化环境之时便是20年黄金熊市结束之日。随之而来的是一个持续的大牛市，市场氛围为之一变。大牛市为黄金企业带来的巨大市场红利，使风险变为了机遇，从而激发了黄金生产者的巨大发展潜能，使我们迎来了我国黄金工业发展的一个最好的历史时期。

改革开放的推进使黄金的外汇功能弱化，因而黄金工业发展“有形之手”的外部推动力弱化，但因市场化发展动力内置化的黄金企业在此时的发展有了更为精彩的表现：在国际传统黄金生产大国出现停滞，产量甚至下降之时，我国于2007年登顶成了200年来的第五个黄金生产全球冠军国，由一个追随者变为了一个领军者，将成为全球产金大国的理想变为了现实，从而写下了中华民族黄金发展中的辉煌一页。这是一个可遇而不可求的机遇，在我们抓获这个发展机遇的过程中也发生了许多有长期影响的故事……

2002年10月30日上海黄金交易所开业，黄金管制解除。而这一变化隐含着一个重要的意义，意味着黄金工业以黄金产量为中心战略发展目标选择的终结，但是，黄金工业并没有做外延收缩，而是在牛市红利的激励下开始了更大外延扩张实践，进入了以规模为发展战略目标选择时期，前后持续了11年。

金价：一个影响黄金工业发展的要素

刚刚踏入全面市场化发展环境的黄金工业便与一个黄金大牛市不期而遇，成为之后10多年我国黄金工业发展的最大影响因素。

一、黄金熊市20年

在市场经济体制中，价格变化是社会资源配置的指示器，价格的涨落可以指示资本的流入流出而对行业的发展产生直接的影响：资本的流入有利于行业的扩张发展；流出则会造成资金流的短缺而影响行业的发展。在战后金本位时期，美元国际金价长期被人为控制在35美元1盎司的水平，因低金价而使许多资源不能开发。1966年全球黄金产量为1500.1吨，而10年后的1975年下降到了 1261 吨，下降了 15.9%，不升反降的原因就是金价偏低影响了社会对黄金的投资积极性，到 80 年代进入了一个黄金产量增长期，到 1999 年创 2649 吨历史高峰，原因是 20 世纪 70 年代放开了黄金管制，金价自由浮动出现了一个持续的牛市。1980 年金价年均水平是 1970 年 35.94 美元的 17.29 倍，达到了 612.56 美元，而引起 80 年代的一个全球性黄金开发热潮，之后金价虽没有再突破 1980 年水平，但总的来看，80 年代金价仍保持在一个较高水平而使这个黄金生产高潮延续到 90 年代，全球黄金产量从 20 世纪 80 年代到 90 年代末近 20 年的时间里保持了增长之势，1990 年突破了 2000 吨大关，1997 年突破 2500 吨，1999 年达到了 2649.2 吨的一个历史高位。

20 世纪 80 年代金价大致保持在年均每盎司近 400 美元（395.37 美元）的较高水平，而 90 年代金价持续走低年平均金价比 80 年代下降了 16.4%，而且特别是 1997 年至 2001 年连续 5 年持续下跌，2001 年平均金价比 22 年前的 1979 年还低 11.63%，仅为 271.02 美元，因而对黄金生产的影响显现。金价低迷使 90 年代后期黄金开发进入了一个低潮期，在资本市场上黄金股票被称为有毒的氰化钠而被远离，因为黄金股票价格与黄金价格正相关性达 50% 以上，有的年份超过 60%，是影响黄金股票价格走势的第一要素。投资者远离黄金还表现在交易市场交易量减小，伦敦黄金市场五大做市商中的两个在此期间先后宣布退出。但因金价对黄金产量的影响有一定的滞后性，所以这一影响到新世纪才表现出来，1999 年达产量历史高位之后，便进入了一个产量持续下降时期。到新世纪的 2008 年，2358.47 吨的产量比 1999 年黄金产量仍低 10.98%，之后虽回升，但直到 2010 年才恢复到 1999 年的水平，这是个黄金产量的下降期。

“十年黄金变成铜”成为当时新闻媒体炒作的标题，人们对于黄金，对于黄金市场的未来充满了众多疑惑和不安，这就是 2002 年我国黄金市场开放前夕的情景。

金价下跌的主要原因是黄金作为国际货币美元的替代品，两者存在竞争关系，在实际的表现中呈逆向波动。因而黄金价格的走低是美元强势挤压的结果，虽然那时美元也风波不断，但总体是稳定的，特别是20世纪90年代世界美苏两霸相争变为美国一强独秀，美国对全球经济的话语权得以强化，美元权威大增，使黄金处于弱势，价值萎缩，故其价格一路走低，但是，一切事物都是变化的，在21世纪刚刚起步之时，金价由跌转升，走出了已持续20年的熊市。

二、熊也美元，牛也美元

2001年发生在美国的“9·11”事件是对美国强权的公开挑战，是1942年日本偷袭珍珠港之后60年来美国国土第一次受到攻击，同时也是美国强权衰萎的一个兆头，当月金价环比即增长4.08%，比年初1月份上涨6.58%，为全年最高月度金价，从此基本上是一路走高。虽2001年全年金价环比仍下降了2.9%，但第二年便以14.4%的增长开始了持续11年增长，开启了近代历史上的第2个黄金牛市，相对应的是美元进入了一个相对弱势期。所以这次黄金牛市也是美元危机的深化和暴露期。

美国为反击对自己强权的挑战，先后于2001年发动了对阿富汗，2003年对伊拉克的两场所谓反恐战，消耗了巨大的人力物力，花费了数千亿美元，但并没有解除恐怖主义的威胁，甚至现已扩散到了全球，也使美国进一步陷入了双赤字泥潭。另外美国经济的空心化也使美国经济增长乏力，因而美国经济对全球经济发展的领导力也在弱化，这两个因素的叠加更增加了对美元的信用危机，因而进入21世纪全球政治经济形势发生了巨变。

一方面是美国自身的金融危机在加深，另一方面基于美元在全球中心货币的地位，美元危机也影响和拖累了全球经济进入了低迷期，这种危机的蔓延，使各国增加了对避险资产的需求。因而黄金重新被认识，出现了一个金价持续增长的历史时期。

21世纪第一个10年美国的金融危机不断加深。始自2007年美国次贷危机爆发，一批金融机构因次贷危机而出现巨额亏损，美国财政部和美联储不得不宣布有史以来最大的金融援助计划，出资 2000 亿美元收购两家最大的房贷公司“房地美”和“房利美”。原认为这并不是很大的问题，但很快就在 2008 年发展成被美联储前主席格林斯潘称之为的百年才能一遇的美国金融危机：3 月 14 日美国第五大投资银行贝尔斯登宣布出现了严重的资金短缺而难以为继，最终被摩根大通银行收购；但这仅是一个更大危机的开始，半年后的 9 月 15 日，第四大投资银行雷曼兄弟宣布破产；同时第三大投资银行美林破产而被美国银行收购，致使 9 月 21 日幸存的高盛和摩根士丹利两大投资银行申请转为银行控股公司，至此，逞雄一世的美国 5 家投资银行全部消失，金融危机又进一步导致了 2009 年美国金融危机。当人们还未从美国的惊魂中安定下来时，紧接着 2010 年刚刚兴高采烈地庆祝欧元发行 10 周年的欧洲便因希腊国债违约而导致了欧债危机。全球两大国际货币全部出现了问题，至今五年时间过去全球经济还未走出金融危机的阴影。

随着美元危机的爆发而发展为信用危机，进而使人们对当今国际货币体系的合理性提出质疑，在这种氛围中不断地将金价推高，先后突破 500 美元、1000 美元、1500 美元 3 个心理关口后，2012 年达到 1668.82 美元，11 年间金价增长了 515.76%，并创金价增长持续时间、市场交易最高价，年均金价 3 项历史最高纪录。人民币金价随美元金价同步升降，延续 11 年上升，从 2001 年每克 71.75 元上升到了 2012 年 339.29 元，增长了 3.73 倍。

三、牛市带来的一次机会

21 世纪第一个 10 年气势如虹的黄金牛市为黄金生产者带来了巨大的市场红利。这个连续 11 年的黄金牛市产生的价格溢价使中国黄金生产者增加收入约 597.54 亿元，为这一时期黄金行业利润增长额 337.97 亿元的 1.77 倍，而黄金行业盈利总额从 2002 年的 15.8 亿元上升到 2012 年的 350.41 亿元，增长了 21.18

倍。这个大牛市 11 年价格溢价创造的市场红利是 1975 年至 2001 年 27 年间全国黄金工业创造的利税总额 151.53 亿元的 3.94 倍。这几个数字告诉我们，这次黄金牛市给黄金生产者带来的利益是巨大的，也可以说是百年一遇。

刚刚进入全面市场化环境的中国黄金工业在没有任何预料准备的情况下，便收到了市场赠送的这个大礼包，所以对于市场的忐忑与不安为之一扫而光，而焕发出勃勃生机，出现了一个产量持续增长期，2012 年的黄金产量达 403.05 吨，比 2001 年增长了 121.66%，并于 2007 年成为全球黄金生产冠军；不仅如此，也从单一黄金生产者变为了多金属生产商，黄金产业规模增长了 30 多倍；完整的黄金产业链也正是在这一历史时期完成的。从而创造了我国黄金产业发展的一个历史高峰，这是我国黄金发展史上亮丽一页，因此也改写了世界黄金史。而之所以我国黄金工业可以抓住这次牛市发展机遇，一个重要的原因是黄金企业发展动力实现了内置化，而这又是黄金企业运行机制转轨变型改革推进 10 年的结果。

虽然 20 世纪 80 年推进了以自主经营为目的的企业改革，但黄金生产指令性计划到 20 世纪 90 年代后期才取消，所以，长期以来黄金企业的发展指令源是外置性的，黄金企业以完成国家下达的产量计划指令为最终目标，而计划指令源于企业外部而不是企业自生的，黄金企业只是国家计划的被动执行者，因而总的来说那时黄金企业缺乏自主发展的动力，也缺乏自我发展的条件。

2002 年黄金管制解除，黄金企业进入了全面市场化发展环境，黄金企业才拥有了完全的经营自主权，因而发展目标的确定，以及围绕发展目标达成的各种举措的实施，如资源的占有、人力配备、技术方案的选用、资金的筹集等全部都要由黄金企业自行解决。因而当发展环境出现变化时，企业必须也能够立即做出反应，即根据变化的不同影响对自己的行为做出相应调整。牛市的出现是发展的外因，黄金企业发展动力的内置化是内因，而内因与外因的结合才实现了这次黄金工业历史性大发展。但是内置的发展动力源要依靠市场竞争机制激发，故竞争是发展的推手和内置动力的点火器。

规模：应对竞争的选择

一、竞争是发展的推手

竞争就是为了自己的利益争胜，企业生存发展需要资源投入，而资源的获得和占有的途径在计划经济体制中是国家指令分配，而在市场经济体制中则是在市场交易中获得。在市场中交易主体间的政治地位是平等的，故企业获得和占有资源的权力也是平等的，但是，在资源有限的情况下，优胜劣汰的机制就会发挥作用，于是出现了竞争，这是企业自主性的表现，因而在全面市场环境中，企业之间存在着竞争关系，发展是在竞争中实现的。并且当代在贸易自由化和全球化的大背景下，国际经济发展过程中的强权受到批判，平等竞争受到提倡，因而要立足于世界民族之林就应通过平等竞争来实现，所以当今竞争不仅仅是企业战略，而且已上升为国家战略。

进入全面市场化环境也就是进入全面竞争的环境，竞争成为黄金企业发展战略的重要内容，是黄金企业发展的工具和手段，退出竞争，发展就无从谈起，也就意味着企业的萎缩，甚至死亡。发展需要竞争，竞争推动发展，这是市场机制与计划机制的突出区别。在计划经济体制中企业只是完成计划指令的生产单位，彼此之间不存在竞争关系，而在市场机制中竞争是企业发展的推手。竞争成为发展的要素之后，对黄金企业发展战略目标也产生了影响。

我国从 1957 年至 2001 年的 44 年间发展黄金生产的目的就是要解决外汇短缺的矛盾，因而产量是黄金企业的发展战略目标，黄金企业的一切经营活动都是围绕着产量指标的完成而展开的，而且在当时计划经济管理体制中这是唯一的选择，任何选择的超越或突破都会被禁止，也不能获得必要的资源配置。而从计划经济体制走向全面市场化环境后企业发展的外延扩大，内涵突破了单一的黄金生产，因而黄金企业间的竞争也便扩展到更广的领域。

进入全面市场化环境的黄金企业拥有经营自主权，虽其发展战略目标可自由选择，但必须在竞争中实现，所以竞争成为黄金企业发展面对的共同课题。竞争的出现使黄金企业发展的不确定性增加，优胜劣汰成为发展的常态，而使企业生存的安全性受到挑战，而企业的安全性也只能在竞争中实现，于是扩大规模成为新世纪黄金企业发展战略目标选择。企业规模包括了产量规模，所以规模战略并不排斥产量增长目标选择，但后者的外延更大，有利于获得更大的安全性，是黄金产量战略的升级版，满足了黄金企业发展的要求。

二、企业规模与竞争

企业规模与企业竞争力存在内在的关联性，选择规模为新时期黄金企业发展战略目标理由有 5 个：

（1）规模决定了企业在行业内的地位，而地位影响话语权，所以从某种意义上讲，扩张规模就是增加话语权，而话语权是赢得竞争优势的重要手段。

（2）只有具有一定的规模才可以采用现代大工业机械生产，取得规模效益，从而才能保持或获得竞争中的技术优势和成本优势。

（3）在竞争环境中规模是实力的表现，因而扩大规模可以提高对竞争对手的抑制力，而增加企业的安全性和竞争力。

（4）市场中有发展的机遇也充满了风险，而规模是企业抗击市场风险冲击的压舱石，大企业一般都有更大的经受市场风险的能力，而小企业虽具有更好的灵活性，但稳定性稍逊一筹。

（5）从政治的角度观察，基于各级政府有对 GDP 增长的偏好，企业扩大规模可增加 GDP，因而可赢得政府的支持，不仅可取得竞争中的政治优势，而且还可以得到资源配置的优惠。

在市场环境中，每一个企业都有扩大规模的基因，一旦条件具备，这一基因就会被激发。规模扩张需要一定的条件，新世纪黄金企业扩大规模成为发展战略目标追求，除应对竞争的需要外，另一个重要的条件是持续的黄金牛市，不断增长的金价给黄金企业带来的大量市场红利，而且又吸引了大量社会资本进入了黄金开发领域，丰沛的资金流为黄金企业扩张增加了底气，创造了极为有利的条件，所以新世纪出现了一个全国性的黄金开发潮，这是我国黄金企业可遇而不可求的难得发展机遇。

三、我国黄金企业规模结构之变

这次以规模为发展战略目标的黄金开发潮中，黄金企业兼并重组明显加快，技改扩产规模空前。在过去，日处理矿石 500 吨的项目已属不多的重点，1000 吨项目更是凤毛麟角，而现在数千吨甚至上万吨的项目纷纷落成投产，黄金企业规模结构发生了巨大变化。我国黄金生产是由发动群众采金起步的，受此影响，我国长期是“只见星星，不见月亮”，小企业主导的黄金企业结构格局。由此产生的问题是管理水平低，生产粗放，环境效益差，因而从 20 世纪 90 年代就提出了规模化的要求，但直到 20 世纪末仍是小企业主导的格局。

根据 2000 年黄金年鉴数据，2000 年黄金企业产量设计规模产量大于或等于 1 吨的大型企业所占比重为 8.36%；小于 1 吨，大于或等于 0.3 吨（万两）的中型企业所占比重为 25.9%；设计规模小于 0.3 吨为小型企业所占比重为 65.47%，其中选冶规模小于 100 吨 / 天应淘汰的特小企业占比达 44.4%。小型金矿占比近三分之二，显然是一个小型金矿主导的格局。

经过这次以规模为发展目标时期之后，到 2012 年，大型金矿增长了 1.98 倍，增加了 16.55 个百分点，占比达 24.91%；中型金矿占比 28.24%，增加了 2.34 个百分点，增长了 9.03%；小型金矿企业所占比重为 47.39%，下降了 18.08 个百分点，为 –27.52%，其中应淘汰的选冶规模小于 100 吨的特小企业减少了

45.5%，由 44.4% 下降到了 24.2%，减少了 20.2 个百分点。大中型金矿在矿山总量中的比重第一次超过了一半，占比达到了 52.55%，我国金矿规模经营上了一个台阶，具体变化见图 8-1：

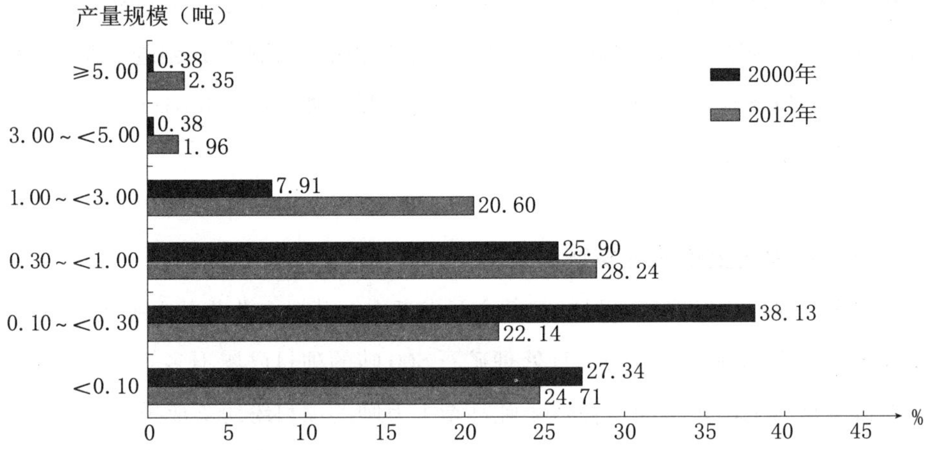

图 8-1　2000 年与 2012 年黄金企业规模比较图

2002 年至 2012 年的 11 年间，以净资产指标衡量黄金工业的规模增长了 12.12 倍，2012 年黄金工业的净产值为 905.44 亿元，是 20 世纪 90 年代末 2000 年的 10.65 倍；是 80 年代末 1990 年的 41.7 倍。产量 1 吨以上的大型金矿在这期间的数量增加了 58.06%，由 31 个增长到 49 个；大型企业黄金产量由 51.26 吨增加到 125.165 吨，增长幅度达 144%；在总产量中占比 31.03%，增加了 2.05 个百分点；而 2013 年数量又增加到 55 个，又增加了 12.24%，表明我国黄金企业规模大型化持续发展。随着这一趋势的发展，大型企业在我国黄金生产中占据日益重要的地位，从而极大地改变了我国黄金工业的面貌。

黄金企业规模结构实现了从小型企业主导向大中型企业占优的格局转变，这一转变的意义是多重的。

黄金企业规模的大型化为大型自动化设备的使用奠定了基础，而大型自动化设备的使用不仅推动提升了我国黄金工业的技术进步和生产效率，而且推动了我国矿山装备制造业的发展，大型装备制造能力是国家实力的标志。

规模不是企业竞争力的唯一要素，但却是重要因素，达到一定规模之后才能具有与国际黄金巨头们对话合作的能力，当前走出去在国际市场上获得机遇，取得成功的皆为大型黄金企业，而这恰恰是推进“一带一路”战略、实现民族振兴的关键之举。

由于大型企业技术进步走在前列，其日益表现出了黄金生产力优势，因而已成为我国黄金生产力的主要构成，而在我国黄金工业发展中成了主力军，这是我国黄金规模发展战略取得的重要成果。

之所以这一历史时期黄金规模发展战略能够取得成功的一个重要推手是资本，新世纪大牛市使黄金工业的资本筹集能力得到了巨大的提升。一是黄金工业大量市场红利的获得有了更多的扩张资本；二是黄金工业因牛市盈利大增而吸引了大量社会资本进入，社会直接融资大增；三是商业银行资本的倾斜，黄金工业现金流充沛。因而使得我国黄金工业重组兼并活动进入了一个空前活跃的时期，优势企业规模迅速扩张，很快形成了大企业主导局面的格局。2013 年黄金规模发展战略终结的原因也是在资金流上发生了变化，2013 年黄金市场由牛转熊，使黄金以上 3 个资金供给源由扩张变为收缩，黄金工业扩张推动力收缩，因而规模扩张也便失去了发展的势头而终结。在我们肯定规模发展战略成功的同时也必须看到其成功是有条件的，当客观条件发生变化以后，我们的发展战略也必须做出调整。

四、四大黄金企业集团的崛起

在这个规模扩张战略发展期内，黄金工业整体发展有了一个飞跃，但发展也不是平衡均等的，一些黄金企业顺势而为，抓住机遇得到了更快的发展，无疑中国黄金集团公司、山东黄金集团公司、紫金黄金矿业集团、招金矿业股份集团是这次发展大潮中的佼佼者，构成了我国黄金企业的第一集团军，成为我国黄金工业发展的排头兵、引领者。

1. 四大企业集团地位举足轻重

四大黄金集团的迅速崛起是新世纪黄金企业规模战略的重要成果，这四家黄金集团的历史可能很长，但作为独立发展经营主体都是仅有10多年的发展史，都主要是在新世纪第一个10年起步发展起来的新兴黄金企业集团。在20世纪60年代我们就曾确定要建立综合性大型黄金企业集团，而40年后才成为了现实。

中国黄金集团成立于2003年初，距今仅有13年历史；山东黄金集团于1996年成立，距今有16年历史；紫金矿业股份公司成立于2004年，距今有12年历史；招金矿业股份授权于2004年，距今也仅有12年历史。因而这四个企业的发展历程全部或主要都是在新世纪规模发展战略期内进行的，他们是这一历史时期黄金企业发展的翘楚，已成为我国黄金工业标志性企业，而在当今我国黄金生产中占有了举足轻重的地位，有多个方面的表现：

（1）占有全国近六成的黄金地质资源。2012年，这四大黄金集团总计拥有黄金地质储备4881.64吨，为当年全国总资源量8196.24吨的59.56%。其中中国黄金集团公司、紫金矿业集团、山东黄金集团资源储量皆超过了千吨，招金集团当年储量为631.42吨，而很快将海域金矿收入了囊中，这是我国现在发现的最大的金矿，储量达470多吨，因而现在招金集团的地质储量也超过了千吨，这四大企业集团是我国拥有资源最多的黄金企业。资源是黄金生产的基础，因而四大黄金集团生产发展具有极为优越的条件，而领先于行业。

（2）生产了全国三分之一的黄金产量。2012年，四大黄金企业集团总计生产成品金138.099吨，占全国总产量403.046吨的34.26%，其中矿产金119.787吨，占全国总产量341.786吨的35.05%。同时他们也是我国黄金开发走出去的先锋，2012年紫金矿业和山东黄金分别有境外产量3.053吨和0.427吨。

（3）实现了全行业50%以上的盈利。2012年，四大黄金集团现实盈利190.05亿元，为全行业总盈利350.41亿元的54.24%，有很好的盈利表现，其中紫金矿业集团更为突出，盈利 85.561 亿元，仅此一家盈利即为行业总盈利的近四分之一（24.42%），并遥遥领先于另外三大企业集团，是黄金企业的排头兵，但比 2011 年减少了 7.202 亿元，为 –7.76%。

（4）完成了六成多的全行业销售收入。2012 年，四大黄金企业集团完成销售收入总计 2495.62 亿元，四个企业集团销售收入全部超过了 400 亿元，中国黄金集团公司是唯一一家超千亿的企业，为 1006.96 亿元。四大企业集团完成了全行业工业总产值 3807.87 的 65.54%，而中国黄金总公司占四分之一强（26.44%）。

三成多的黄金产量、五成多的盈利、近六成的资源占有和六成多的销售收入奠定了四大黄金企业集团在黄金行业领头羊的地位，这是 11 年规模发展战略的成果。

2. 四大企业集团来世今生

中国黄金集团公司组建于 2003 年初，其前身是 1979 年成立的中国黄金总公司，现已形成中金黄金、中金国际、中金珠宝、中金建设、中金资源、中金辐照、中金贸易七大板块；拥有二级子公司 57 家，分布于国内 26 个省区以及部分海外地区，其中上市公司 2 家（境内 A 股上市公司“中金黄金”以及加拿大多伦多交易所和香港联合交易所两地上市的“中金国际”）；遍布全国 1600 多家“中国黄金”品牌营销网点；在我国重要的矿区带，规划了 20 个黄金生产基地和 3 个有色生产基地；拥有我国黄金行业唯一的国家级黄金研究院、黄金设计院和两个高新技术产业示范基地；拥有独立自主知识产权的生物氧化提金技术和原矿焙烧技术，以及代表我国同行业最高水平的“99.999 极品黄金”精炼技术。

“十二五”末进世界 500 强，建立世界一流矿业公司是他们的发展目标。

紫金矿业集团由 2000 年 9 月成立的福建紫金矿业股份有限股份公司于 2004 年更名而来。2003 年在香港 H 股上市，2008 年 4 月回归国内 A 股上市。已形成了以金为主，铜、铅锌、钨、铁等基本金属并举的产品格局，目前在国内 22 个省和在澳大利亚、塔吉克斯坦、俄罗斯、吉尔吉斯斯坦、秘鲁等多个国家有投资项目，是中国最大的黄金生产企业之一、第二大矿产铜生产企业、第三大矿产锌生产企业和重要的钨、铁生产企业，是中国控制金属矿产资源最多的企业之一和中国黄金行业效益最好的企业。

进入国际矿业先进行列，建立高技术效益型特大国际矿业集团是他们的发展目标。

山东黄金集团于1996年7月由原山东省黄金总公司和山东省属玲珑金矿、新城金矿、焦家金矿、沂南金矿改制而成的国家独资公司，现已有权属企业105家，已形成了山东黄金矿业股份公司、山东黄金有色矿业集团有限公司、山东黄金矿产资源集团有限公司、山东黄金国际矿业有限公司和山东黄金地产旅游集团有限公司“4+1平台”的战略格局。其中，山东黄金矿业股份公司于2001年在A股上市。山东黄金集团实现了矿业由黄金到有色，资源由国内到国外，地产旅游向旅游地产的成功转型。在国内，立足山东，向着规模化、大型化、数字化、生态化、低碳化的“万吨大矿”方向快速迈进，拥有世界级黄金生产基地和黄金精炼基地；集团产业遍及内蒙古、甘肃、海南、河南、陕西、福建、青海等省区，形成了基地化大矿业开发格局。在国外，集团搭建起海外并购和资本运营平台，积极稳妥推进澳大利亚、加拿大等国的并购项目。同时，投身旅游地产产业，开发了一系列特色旅游地产项目，成功打造了“黄金地产”优势品牌。

行业领先，面向全球的现代化矿业资源运营企业是他们的发展目标。

山东招金集团成立于1994年，2001年国有资产授权经营之后才建立了符合现代企业制度的公司治理结构，对发展带来实质性推动的事件是2004年进行股份制改造组建了招金矿业股份公司，并于2006年在香港H股成功上市，募集资金超过了25亿港币，为山东省公司之最。现已形成黄金矿业、非金矿业、黄金交易及加工、新技术产业和房地产五大产业，而以行业为主，突出招金黄金和招金有色两大平台，实行黄金矿业和非黄金矿业双轮驱动发展。

在黄金矿业方面已拥有18家独立金矿山、3家黄金冶炼厂；在有色矿业方面已拥有了1家白银冶炼厂、1家铜冶炼厂和1座独立的铜矿山。积极推进走出去战略，对外开发足迹遍布国内20多个省市自治区100多个县市，并先后考察了南非、加纳、朝鲜、澳大利亚、蒙古等国的矿业。目前已在新疆、甘肃、海南、河北等地设立金矿26处，埠外矿山保有黄金储量达到了180多吨。招金集团是我国黄金产业链最为完整的黄金企业，向上延伸有专业的地探公司，向下延伸有黄金工业原料加工企业和实金投资品加工企业，以及首饰加工企业；黄金流通领域有专业的黄金交易公司、期货公司、终端销售企业。目前黄金生产规模、选矿能力超过了1.8万吨/天，冶炼能力超过了0.27吨/天，年销售收入超过400亿。

表8-1　四大黄金集团2012年主要经济指标及规模排序（按资产排序）

排序	集团名称	资产（亿元）	收入（亿元）	盈利（亿元）	矿产金产量（吨）	地质储量（吨）
1	紫金矿业集团	674.54	484.15	85.561	32.075	1192.22
2	中国黄金集团	625.31	1006.96	44.513	35.602	1758.00
3	山东黄金集团	501.39	572.46	29.562	33.413	1300.00
4	招金集团	264.74	432.05	30.414	18.697	631.42

资料来源：《中国黄金年鉴》

规模扩张：关联多元化之路

在市场经济环境中，规模不仅是一种生产能力，也是一种重要的竞争力，而竞争力是企业发展的重要推手。所以，进入全面市场化环境的发展战略目标由产量变为了规模，为了扩大企业规模使黄金企业经营模式由专业化模式变为了多元化模式。而从专业化经营模式向经营多元化模式转变经历了一个试错过程，成功是在不断地探索中黄金企业在关联多元化上取得了突破。关联多元化是多元化的一种，就是以黄金采选冶为基础做产业链纵向与横向延伸实现经营多元化。

一、多元化经营的成与败

专业化和多元化是企业发展的两种基本模式，在企业的发展过程中时而会发生是走专业化之路，还是走多元化之路的争论。黄金企业在1993年推进黄金市场化改革之前，黄金企业发展走的是黄金生产专业化之路，而且是唯一的政治选择，但是，1993年确定了黄金市场改革方向以后，一直在专业化道路上行驶的“黄金列车”也开始了多元化“试运行”。这是因为国务院下发的63号函，宣布实现国内外金价并轨的同时也宣布取消了“以金养金”政策，因而使黄金行业各级管理部门的管理经费失去了来源，行业机构改革提上了日程，各级管理机构开始转型而纷纷压缩编制，分流人员，鼓励职工自谋出路，而机关为寻找出路也开始兴办各种非金企业。这是黄金工业第一次多元化推进期。

1997年之后连续金价下跌，黄金生产边际效益年年下降，黄金企业出现了经营困难，亏损企业增加，在这种情况下多种经营作为应对之策而被提上发展日程，为此，1998年4月国家黄金局在山东莱州召开的“学邯钢，赶仓上”现场交流会上，黑岚沟黄金集团公司、紫金矿业集团公司、京都黄金经济发展总公司等十个单位做了“一业为主多种经营”的经验交流。在这期间，一些有实力的企业开始跨业经营，如进入教育、地产、电子、化工行业，掀起了黄金工业多元经营推进的第二次高潮，以期通过发展非金项目使黄金生产企业摆脱经营困境。

我国黄金工业多元化经营的这两次推进高潮皆有因而生，但今天评价这是一次试错过程的一部分，有更多交学费学本领的意义。当时对于多元化之路的项目选择许多是临时抱佛脚，匆忙应对，而又缺乏准备，因而能够存活至今并发展起来的企业并不多。原因是进入一个新的发展领域面临专业人员缺乏、市场陌生、交易网络空白等多个问题，往往又因这些问题不能解决或出现困难而使项目发展受阻或失败。多元化不仅没有成为走出困境的助力，反而成为负担，甚至成为数年都甩不掉的包袱，一时谈之色变，避而远之。

两次多元化推进的经验教训使黄金企业的决策者认识到作为企业的发展模式多元化和专业化选择本身并没有优劣之分，各有利弊，但多元化要成功必须满足所需要的条件。然而企业不可能是无所不能的，所以必须充分利用从已有的条件向外延伸实现多元化发展，也就是以黄金采选业为基础向外延伸，这就是相关多元化选择。黄金企业相关多元化的一个主要形态是黄金产业链延伸，即以黄金企业的传统业务黄金采选冶工艺为基础，横向延伸发展与黄金采选工艺相近的多金属及非金属矿业生产；纵向延伸，发展黄金上游勘探产业，向下游延伸发展黄金深加工及终端市场交易。延长产业链推进多元化不仅有事半功倍之效，而且可以减少多元化风险，大大提高了多元化的成功率，因而延长产业链成为新世纪黄金工业扩大规模战略的重要路径选择，极大地促进我国黄金工业的多元化经营趋势的发展。

二、黄金产业链延伸的四种模式

事实证明延伸黄金产业链是新世纪我国黄金工业规模得以迅速扩张的一个重要经验，因此由单一的矿业采选冶发展成为上下游连通的“大黄金”，黄金工业的外延有了极大的扩展，全面地构筑起了黄金市场化体系。同时在延长黄金产业链的实践中也使延长黄金产业链的内涵和形式不断丰富发展最终形成多种多元化发展模式。

1. 产品关联延伸模式

即以黄金为多元化关联物，通过对黄金不断深加工，形成纵深的黄金多元产品链，创造生产黄金新产品，增加黄金附加值，做大做强黄金企业。产品关联延伸可以在扩大企业规模的同时提高黄金的价值，增加企业效益（如图 8–2 所示）。

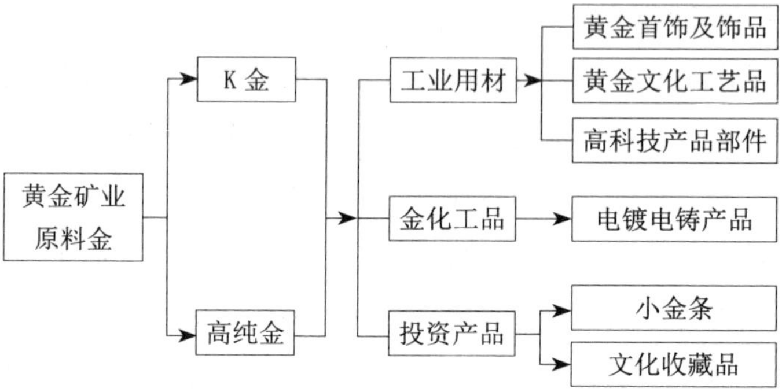

图 8-2　黄金产品关联延伸图

产品关联延伸也是我国新世纪黄金终端产品日益丰富的重要原因，迅速地发展形成了一个居全球前列的黄金加工业，影响惠及全社会。

2. 产业关联延伸模式

以黄金采选业为基础向黄金产业的上下游延伸。向上延伸到地质勘探领域，向下延伸到加工领域、流通及会展领域，以及文化旅游业。形成上下游一体化的大黄金产业链，从物质、金融、文化多个层面上提高黄金价值，从而获得完整的产业链社会效益。这是一个物质产品与精神产品生产并进共生的发展模式，可以多方面提升我国黄金产业结构的档次（见图 8–3）。

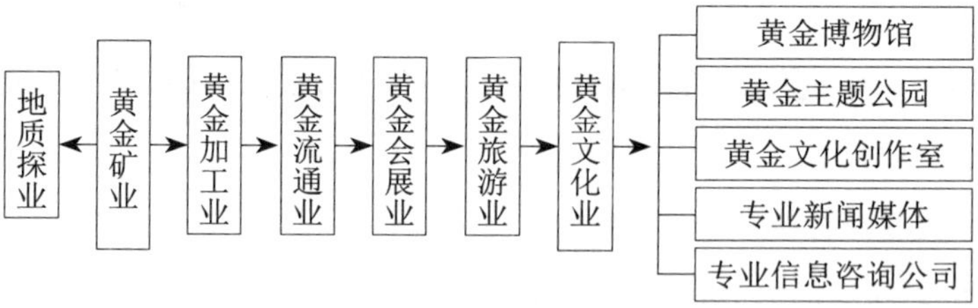

图 8-3　黄金产业关联延伸模式图

3. 工艺关联延伸模式

凭借黄金矿业采选冶技术优势，根据工艺相近和装备相似的原则向黄金矿业以外的多种金属开发方向发展。这种产业链延伸的优点是原有的技术、装备、人才的效能可以得到最大限度的使用，从而可以降低产业链延伸的投入成本和风险（见图 8–4）。

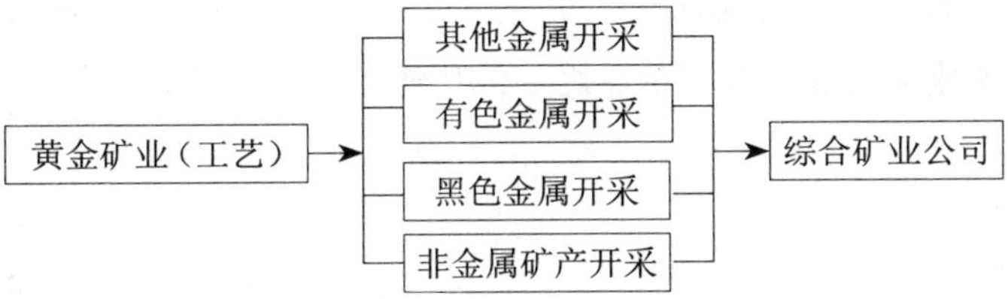

图 8–4　黄金工艺关联延伸模式图

4. 资金关联性延伸模式

即以资金为纽带，通过注入资金控股，实现跨领域发展，或进行兼并重组，扩大产能。随着市场的不断开放，资源的流动性逐步增加，资金关联延伸成为我国黄金企业日益重要的发展模式，而 10 年牛市为黄金产业带来了充沛的资金流，使资金关联延伸模式的实施具有了更大的优势。

资金关联延伸模式要求黄金产业要实现从实体资产管理者向资本运营者转变，这是对黄金产业原有人才结构的挑战，同时还要求实现现有核心业务与未来核心业务和种子业务的交接平衡。失去平衡就会造成过度投资，而产生破坏性影响，甚至会因此而使企业毁于一旦，这样的案例比比皆是。具体资金关联延伸模式见图 8–5。

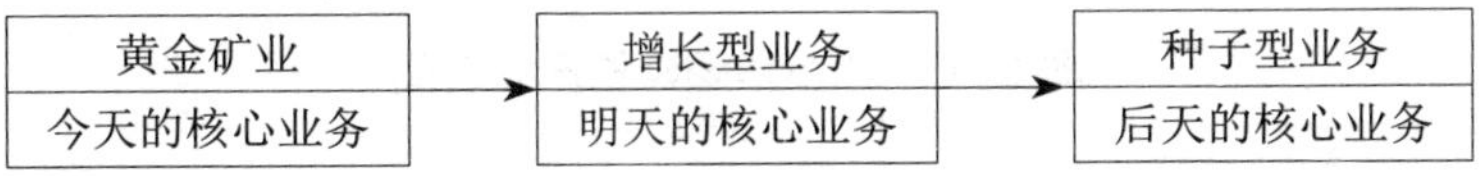

图 8–5　资金关联延伸模式图

延长产业链多元化使我国黄金行业找到了一条扩大规模之路，具有风险小、可控程度高、可以充分发挥黄金矿业优势的特点。延长产业链多元化发展思路的产生与确立是新世纪我国黄金产业规模得以迅速扩大的重要原因，显示了理论的力量，是我们对黄金产业发展规律性认识的深化和提高。延长产业链多元化理论是黄金产业多元化历史经验的总结，而成为黄金理论宝库中的重要精神财富。招远黄金集团正是抓住这次难得的黄金牛市机遇，通过延长产业链多元化之路而发展成为行业的领军企业之一，其延长产业链图示如图 8-6 所示。

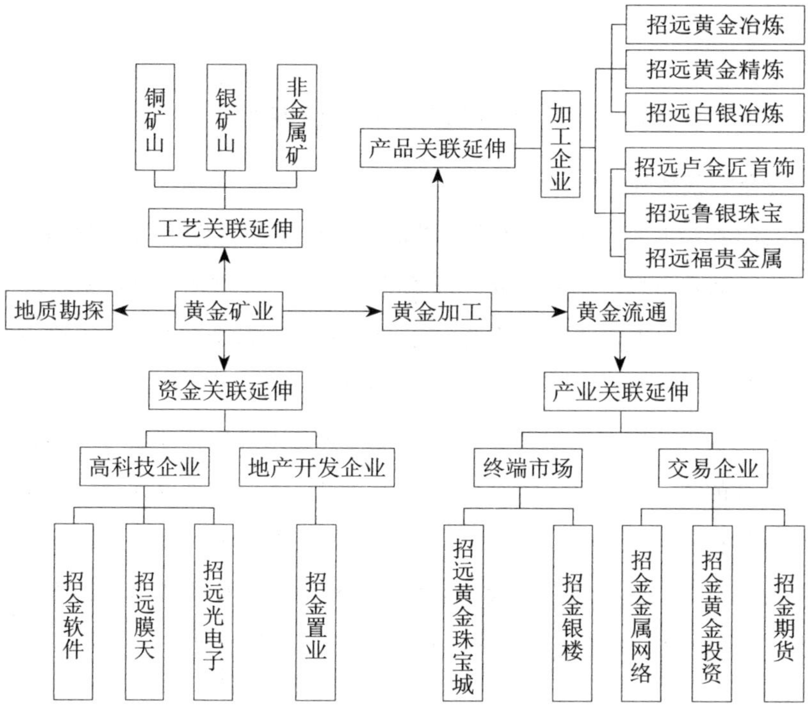

图 8-6　招金集团延长产业链图

多元化经营在经历了 1993 年和 1998 年两次推动的实践后，新世纪终于有了大的成果，现在凡是大型的、在业内有影响力的黄金企业的业务均是多元化结构。多元化经营从让人生畏之境变为了发展之径，延长产业链战略发挥了重要作用，但这并不是唯一的路径选择，现在已经呈现多元化路径选择的多样化趋势。

三、黄金工业多元化的演进与影响

规模发展战略落地的路径选择是多元化经营，通过多元化经营实现规模扩张，这是一个渐进的过程。多元化经营的起步很早，但在2007年以前黄金矿业创造的工业产值中一直是黄金工业产值占主体部分，而在这一历史发展期内，黄金矿业规模和非黄金矿业规模虽都实现了扩张，但后者扩张速度大大高于前者，所以2007年发生了一个历史性变化，黄金矿业创造的工业总产值被非黄金矿产总产值超越。这一年我国黄金工业的黄金矿业产值377.63亿元，非黄金矿业工业产值为452.60元，超过黄金工业产值76.97亿元，为20.38%。黄金矿业产值与非黄金矿业产值比为1∶1.2，并且这一趋势进一步发展。到2012年，黄金工业总产值为3807.87亿元，以当年均价计算，黄金矿业产值为1124.485亿元，仅为当年黄金工业总产值的29.54%，已不足三成，另外70.46%即2683.38亿元为非黄金矿业及产业链延伸创造的，已是黄金矿业产值的2.39倍，已占主体地位。黄金行业多元化经营的推进使非黄金矿业成为支撑我国当今黄金行业规模的主体部分，而且成为我国黄金行业扩张的重要方向，从而使我国黄金行业的企业结构、产品结构、管理体制及行业形态都发生了深刻变化。

1. 黄金行业由单一金属生产商变为了多金属生产商

从单一金属生产向多金属生产发展是黄金产业链横向延伸的结果，之前作为黄金生产的副产物，也有少量白银和铜金属产量，但现在推进规模战略是主动进行的跨界发展，非黄金金属生产不再是副产物而是独立的一个生产部门，成为企业发展的重要组成部分，因而在2002年至2012年以规模为战略发展目标时期，多金属生产也达到了一个历史的高峰，黄金行业已成为我国白银、铜、铅、锌、钨、锑、钼等金属的重要生产者，其中有些品种已占居全国黄金产量的前三。主要的金属品种是铜、铅、锌、银，在这期间都有大幅增长。

白银：2001 年产量 147.056 吨，2012 年产量 1433.922 吨，11 年间增长了 875.09%。河南、山东、福建产量居前三位，全国有 16 个省区黄金行业有白银生产，是黄金行业生产的最具普遍性的金属品种，但多是作为黄金生产的副产物，随黄金产量的增长而增加，独立的银矿较少。

铜金属：2013 年有 14 个省区的黄金行业有铜金属生产，产量达 40.0519 万吨，比 2001 年增长 3332.86%。产量超万吨的省区有 9 个，福建产量超 10 万吨，为 12.554 万吨，铜金属曾是作为金生产过程的副产物，现在已是黄金企业纵向扩展多金属生产的首要选择，对于铜资源的占有开发已是黄金企业发展的现实选择，所以铜金属不仅产量大幅增加，而且产地日益扩展。黄金行业已成为我国铜金属主要生产商之一。

铅金属：铅金属生产分布在 6 个省区 10 个黄金企业。最大生产企业是河南豫光金铅集团生产了全国总产量的 97%，表现出黄金行业铅金属生产具有高度的集中度。2001 年产量为 6088 吨，2012 年为 423922 吨，增长了 6863.24%，但产地减少了 3 个，生产的企业也在减少。

锌金属：锌金属的生产集中度也很高，但低于铅金属，2012 年黄金行业生产了 443574 吨锌，河南豫光金铅集团产量占总产量的 57.36%。有 7 个省区 8 个黄金企业生产锌金属，2012 年锌产量是 2001 年 3889 吨的 114.06 倍，是增加量和增长幅度最大的金属品种，生产地域也增加 4 个省份。2003—2012 年非金金属生产量变化见表 8–2。

表 8–2　　2003—2012 年非金金属生产量变化

年份	2003	2004	2005	2006	2007	2008	2009	2010	2011	2012
白银（吨）	521.648	580.102	520.314	603.632	348.489	938.525	848.164	969.974	1196.739	1433.922
铜（万吨）	2.8368	3.6571	3.786	5.038	3.592	9.878	12.498	15.375	25.337	40.052

续表

年份	2003	2004	2005	2006	2007	2008	2009	2010	2011	2012
铅（万吨）	20.2856	21.521	23.480	26.689	30.391	28.976	28.935	31.595	35.543	42.3922
锌（万吨）	1.0324	0.1630	2.346	10.576	11.975	15.507	24.306	23.88	26.858	44.3574

由于白银多与金共生，所以白银多是黄金生产过程中的副产品，其产量与金产量密切相关。而铜金属多是独立成矿，因而铜金属生产已成为许多黄金企业独立生产部门而建立了专业的铜生产企业，因而铜产量的增加与铜矿资源占有密切相关；而铅、锌金属主要是有色冶炼厂生产，与有色金属生产密切相关，因而黄金企业参与的生产者相对较少。所以从全局看，铜金属工业发展在目前黄金工业多元化经营中占有更为重要的地位，黄金企业已成为我国重要的铜金属生产商。

2. 产业的纵向延伸形成了上、中、下游贯通的大黄金产业联合体

新世纪黄金工业多元化主要采用的是关联性多元化模式，其纵向多元化是黄金产业链向上、向下延伸，形成了上、中、下游贯通的大黄金产业格局，黄金在不同的生产、服务环节中多次升值，因而大幅提升了我国黄金工业创造价值增量的能力，成为增加销售收入的重要途径，而销售收入是衡量企业规模的重要指标。今天通过黄金产业链延伸，一些大型黄金企业的三分之一或更高比重的销售收入是来源于产业链的纵向延伸。

黄金产业链的延伸提高了黄金企业的盈利能力，在黄金产业链条中各环节的盈利率不同，以黄金加工为例，将黄金加工成首饰可以升值5%~20%；加工成高端电子产品可以升值200%；加工成奢侈品可以升值6~8倍；而制造航天和环保材料也会有很大的升值空间。通过黄金产业链的延伸进行产品结构的调整，实现企业盈利能力的提高。另外黄金产业链延伸也有利于调整其在整个社会利益链中的地位，除黄金矿业利润外，还可以收获黄金加工利润和黄金流通

利润，从而提高黄金企业的盈利能力。

黄金产业链延伸还产生了黄金衍生效益。由于黄金产业链向下延伸，进入了产品终端消费市场，面向广大社会人群，黄金企业和产品的品牌建设可以在社会的多个层面提升企业的知名度和美誉度，为企业的发展和价值的提升带来难以估量的推动作用，从而产生了企业效益和产品溢价，因而现在大型黄金企业都将品牌建设提上了工作日程而高度重视。

经过这 11 年的工作，中国黄金产业链之完整在全球也属不多特例，因而使我国黄金工业具有了独特优势。

3. 产业的横向延伸增加了我国黄金工业的厚度，多元化产业格局初步形成

在纵向延长黄金产业链的同时，横向的多元化也得到了快速的推进。经过 10 多年的发展我国黄金行业涉足的领域已从黄金矿业扩展到有色金属工业、房地产业、工程建设业、旅游业、电子工业、商贸流通业等。黄金行业纵向延伸是一个渐进的过程，开始基本上是先从工艺相似的关联性多元化，现在开始向以资本为纽带的多元化发展，并逐步实现了由黄金矿业主导的产业结构变为了非黄金矿业主导的产业结构。在 2002 年至 2012 年间，非黄金矿业创造的工业总产值比重上升了 54.72 个百分点，达到了 70.47%，非黄金矿业总产值 2012 年比 2001 年增长了 21.61 倍，而 2007 年是一个转折点，这一年非黄金矿业产值首次超过黄金矿业产值。此时期黄金矿业产值与非黄金矿业产值比重变化见图 8–7。

从行业总体看，2012 年非黄金矿业工业总产值已达七成多，远远超过了黄金矿业产值，表明我国黄金行业多元化经营已发展到相当高的水平，但这并不是各产金省区的普遍性情况，各地区的发展并不平衡。2012 年黄金行业非黄金矿业工业产值超过黄金矿业工业产值的省份仅有 5 个，它们是广东、河南、山东、江西、陕西。非黄金矿业工业总产值占比 30% 以上的省区有湖南、湖北、安徽、福建、吉林、云南，而甘肃、辽宁、新疆仍基本上是单一的黄金矿业。这与各地黄金资源及社会经济情况的差异有关，但是，产业多元化发展总的趋

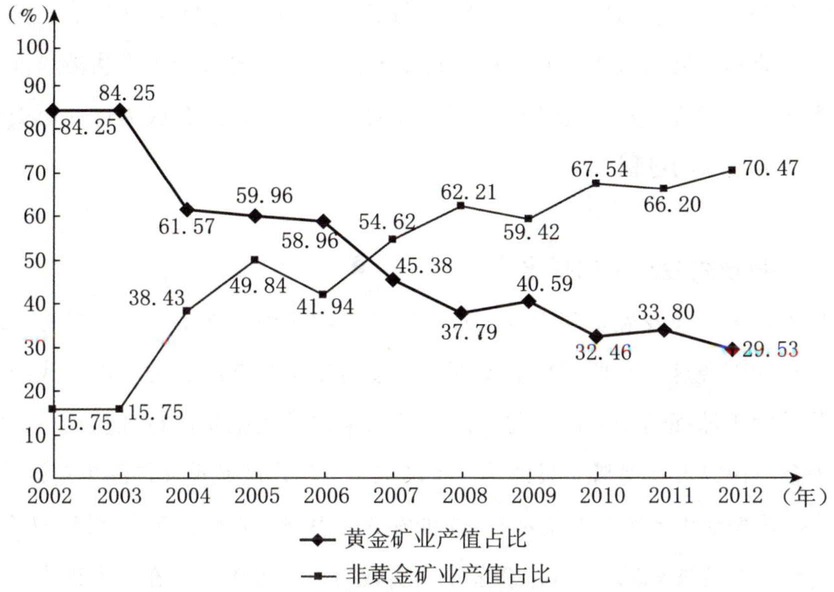

图 8-7　2002—2012 年黄金矿业产值与非黄金矿业产值比重变化图

资料来源:《中国黄金年鉴》

势十分明显，特别是在金价下跌黄金矿业发展受阻的情况下，今后会有更多的黄金企业会在产业多元化上寻找发展的出路。产业多元化已是实现黄金行业规模扩张的有效之策，单一黄金矿业的地区将会逐步减少。单一黄金矿业生产的省区其经济规模都比较小，这从另一个角度表明专业化生产对企业规模的支撑低于多元化生产。

实践的顿悟：向科技进步要黄金

2002 年至 2012 年是我国黄金工业规模扩张的 11 年，也是科技之光亮度不断增强的 11 年。我国对科技进步的高度评价已在 20 世纪 80 年代形成，但在我国黄金工业的发展历程中，对于科技这个发展的核心要素经历了从被忽视到高度重视的发展过程；从理念的树立到实践的坚持，科技兴金成为这一历史时期发展的自觉追求的过程。

一、科技兴金战略的提出

我国黄金工业发展是基于国家外汇短缺而起步的，增加黄金产量是当时的首要目标，围绕这一首要目标的实现，国家付出了长期的努力。由于我国当时具有劳动力丰沛而且便宜的优势，因而开始采取的措施是进行社会动员，组织群众采金。1957 年国务院下发的第一个增加黄金生产的政策文件的主题就是《关于大力组织群众生产黄金的指示》，这种发展的思路一直延续到 20 世纪 80 年代。但是这样一个发展思路，经过 20 多年的实践后，黄金生产仍在一个低水平上徘徊，故 1975 年王震抓黄金生产时开始加大了国家对黄金生产的政策扶持的力度。在此后 10 多年里先后建立了黄金生产发展基金、黄金地勘基金，实施了黄金减免税制、外汇留成及优惠低息贷款等政策。多方面的优惠政策扶持促进黄金生产，实现了黄金产量的持续增长，但这个进步仍与要求存在差距，而并不令人满意。这是因为 20 世纪 80 年代中期以后国际形势的变化使国家对黄金的需求上升到了一个更高的战略高度。

1979 年我国推进改革开放，全球经济一体化趋势日益深化，国际交往日益密切，黄金成为在国际交往中支撑中国国家诚信的重要因素，故国家对黄金的需求有了一个数量级的增长，而需要进一步加快黄金生产。因而“七五”期间出现了党的总书记和国务院总理党政两个一把手齐抓黄金生产的局面。1986 年 12 月国务院下发了新中国成立以来第四个加快黄金生产的中央决定，并制定了具体的产量奋斗目标，成了国务院工作的重中之重。更快发展黄金生产要有新思路，因而推进科技进步成为这一历史时期的工作亮点。

从1980年至1986年的7年间，年产量翻了一番，由1979年的20.847吨增长到了1986年44.42吨，要求之后的7年即1987年至1993年再翻一番。年产量达到100吨，这是一个历史性的跨越。但黄金工业生产方式落后、技术含量低成为完成这历史跨越的软肋。1987年白美清副秘书长在《全国黄金科技攻关项目专家论证会》上这样评价我国黄金工业的现状："目前，我国黄金生产存在着两个问题。一是资源不够清楚，二是生产效率不高。不少地方还采用落后原始的采金方法，还在吃老祖的饭，有的地方还在利用清朝时期开的洞、挖的坑，找矿还在沿着他们的路在走。"那时我国从事黄金生产的人员有31万，黄金地质勘查专业人员有9万人，合起来40万人，而据《中国黄金工业统计资料汇编》统计，1985年黄金行业技术人员的比重仅为3.05%，其中国营矿山3.9%，地方中小矿山仅有1.3%。而在这31万黄金生产者中，64.52%是个体采金者，其数量有20万。

以上的描述和数据都告诉我们，虽然为增加黄金生产已努力了30年，但我国黄金工业明显缺少科技的支撑力，因而即使国家付出了极大努力，从1975年至1984年的10年间平均每年黄金增产也仅2吨多。正是对于多年增加黄金生产实践的反思，"七五"有了"黄金要大发展，必须要依靠科学技术"的决定。

1987年1月3日至6日，国务院召开第一次全国黄金工作会议闭幕式时方毅副总理提出："加快黄金生产，必须要狠抓技术进步，组织科技攻关。要充分重视科学技术和科技人员在发展黄金生产的作用……"这是我们看到的最早提出黄金科技对黄金生产的必要性的历史文献。

1987年12月25日，国务院召开了"全国黄金科技攻关项目专家论证会"，这是新中国成立以来的第一次，国务院秘书长白美清（后兼任国务院黄金工作领导小组组长）在会议的发言中指出："现在农村致富，请科技人员说是请财神，我们黄金战线要打翻身仗，也要请财神爷，也就是说要请科学家。"他得出的结论是："黄金生产的发展迫切需要科学技术。"他对科技在黄金工业发展的作用做了如下的论述：

第一科学技术提供了找矿理论，使我们能够解放思想，开阔眼界，打开新的找矿领域；第二科学技术的发展提供了新的、先进的、现代化的采选冶技术，就可以使黄金行业提高利用率，充分利用地下宝藏，大大提高经济效益；第三科学技术的发展可以提供现代化的、实用的新型设备，极大地提高黄金勘探和生产建设能力。

发展黄金生产迫切需要科学技术，这一实践的顿悟，是我们对黄金生产规律认识的深化，表明决策高层对黄金工业发展已明确要建立在科技进步的基础之上，走现代化大规模生产之路，从而告别了低水平群众采金和以中小企业为主的时代，但科技兴金并不是无条件的。基本的条件有两个：一是人，要有能攻克技术难关的科技工作者；二是钱，要有足够的资金投入，但这两个条件并不会一蹴而就，所以黄金工业的技术进步也是一个渐进的过程。

二、让科技助力向世界产金大国进军

“七五”无疑是加快黄金工业发展最为迫切、国家高层最为关注的历史时期。

1985 年 4 月 20 日，时任国务院总理赵紫阳主持召开了研究增加金银生产的国务院 69 次常务专题会议，8 月 30 日，下发了增产黄金、白银的通知到全国各省区市，但仍然认为工作的力度不够，又在 1986 年 12 月又下达国务院历史上第四个《关于加快发展黄金生产的决定》。该决定提出 12 条加快黄金生产的工作原则和措施，提出要建设新矿山、新基地，形成新的生产能力，提出大力推进科技进步逐步实现我国黄金生产新布局的要求。

无论是 1957 年第一次启动全国增加黄金生产战役，还是 1975 年增加黄金生产全国战役再启动，当时首先着眼于发动群众，而这次将科技进步列于了重要地位，专门在第七条中对加强黄金科技理论研究和推进科技进步提出要求。

这是前三个加快黄金生产的中央文件中所没有的。具体内容是：

> 加强黄金地质科学和黄金生产技术的研究，搞好技术改造，大力推进全行业的技术进步。要围绕找矿效果和选矿回收率、冶炼回收率以及降低采矿贫化率，加快设备的更新改造。对涉及全行业的找矿方法、生产工艺、技术装备和应用理论等重大问题，要列入国家和有关部门的科研计划，组织有关单位开展科技攻关，积极引进适用的国外技术，大力推广科技成果。

由此，黄金科技进步成为"七五"我国黄金工业发展的重要内容。调集更多方面的科研力量参加黄金科技攻关，参加攻关的单位由"六五"的5个增加了10多倍，达到了53个，参加人员有3000余人，课题由100个增加到440个。这样呼唤科技的大氛围，极大地激发了科技工作者的积极性。在国务院出台《关于加快发展黄金生产的决定》之后，于1987年9月12日，3位科学家上书当时的国务院总理赵紫阳，主动请战，攻克黄金资源储量关和建立无污染冶炼厂，他们是中科院副院长孙鸿烈、地学部主任涂光炽、学部委员陈国达。3位科学家主动请战留下了一段佳话，赵紫阳做出了"尽量调动他们的积极性"的批示，为此，1987年12月25日召开了"全国黄金科技攻关专家论证会"，具体落实"七五"黄金科技攻关项目，表明黄金科技进步已上升到国务院工作层面。

科技进步一直是黄金工业发展的需要，是黄金生产过程的一部分，早已存在，但是，"七五"以后科技进步才被上升为增加黄金生产的必备条件，而不再是一种辅助性因素，从而实现了我国对发展黄金生产力认识的一次深化。白美清指出："我们有了资源、有了劳动力，又有这支科技队伍，我们就能够实现国家提出的战略目标。我们相信经过一两代人的努力，中国将会成为世界主要的产金大国。"

在1998年黄金工作会议的讲话中，他进一步指出："科技就是生产力，科技一定会推动地质工作和生产的发展。我在科技攻关会上讲了这样一个观点，科技出黄金。这是被事实证明了的。"他还说正是认识到了科技的力量，才产生了将中国建成世界主要产金大国的信心。

世界产金大国标准是什么呢？1990年在治理整顿小秦岭地区黄金生产秩序现场办公会议上，白美清明确指出："如果年产100吨，就将进入世界产金大国的行列，这对于我们冲破帝国主义封锁和进一步改革开放都会产生一定的作用。"用此标准衡量，我们没有用两代人，而是在当代就实现这个奋斗目标。1995年黄金产量突破了百吨，达到了108.405吨；2007年更以270.491吨超越南非成为世界冠军，至2015年已保持了9年，年产量突破500吨（包括使用进口资源），达到515.879吨。我们已经成为名副其实的黄金生产大国，而在这一发展进程中，科技显示出了日益重要的作用，我们正是在科技之光的照耀下完成中华民族这一历史的跨越。

将政策投入与科技结合起来形成更大的黄金生产力，实现黄金产量的更大增长是国家"七五"以后坚持的发展黄金工业的路线，而科技要素的日益活跃明显地改变了我国黄金工业的面貌，一个现代化的黄金生产体系已经初步建成，黄金生产力出现了一个质的进步。

百吨大矿是个大课题

增加黄金生产的前提是增加黄金地质资源储量，没有黄金资源，黄金生产就无从谈起，因而发展黄金生产首先是增加已探明的地质储量，所以对黄金科技的优先期望就是实现地质勘查理论的突破，在地勘理论的指导下高效率、低成本地获得更多的储量，使长期存在的资源瓶颈得以解除。

一、资源问题不仅是数量，还有质量

突破资源瓶颈是新世纪我国黄金工业的一大进步，从2004年我国已实现已探明黄金地质储量连续12年增长，特别是“十二五”，已探明黄金地质储量增加了5400吨，2015年我国已探明储量超万吨，这是一次历史的跨越，地勘科技理论进步功不可没。

我国黄金资源问题不仅是数量，还有质量问题，资源质量不令人满意的表现：一是高品位资源少；二是大型尤其是100吨以上大金矿长期是空白。到20世纪80年代末中国可以称得上是100吨资源大矿的只有山东莱州焦家金矿和山东招远玲珑金矿，但也被分割成了多个矿体分散开发，而未形成规模开发，因而建成百吨级大矿在大力发展黄金生产30年努力之后仍是一种期盼，发现更多百吨大矿成为我国黄金工业发展的标志性事件。

在“七五”期间，这一问题不断地在全国会议上被提及，反映出高层对发现和建设百吨大金矿的高度关注。

1987年12月，国务院召开全国黄金科技攻关项目专家论证会，国务院黄金工业领导小组组长白美清将发现和开发大金矿作为攻关的重要内容予以强调。他说：“黄金生产的关键是地质工作，这是多年的经验。地质是基础，而黄金的开发、建设到投产并不很复杂，现在世界上的技术我们都能掌握。如果地质上能够把遥测遥感技术再进一步运用、发展，再找到更多的金矿，特别是大矿，国家建设就将更快，经济效益就将更好。这是一个很大的事情，是一个大的课题，迫切需要工作，要争取地质科研上有重大突破。”他进一步指出：“现在百吨以上的大矿，一个是焦家，一个是玲珑，我们希望再找到百吨以上的大矿。”为鼓励找大矿，所以进一步明确要建奖励政策，不仅有部级、行业的，还要有国家级的奖励，而且提出“今后发现100吨以上大金矿，谁发现的，谁领导的，哪一个地质队发现的，要树碑”。

1989年，在黄金工作会议上，他再次谈到这个问题，指出：“现在看，百吨以上的苗头已经开有了。我们起码可以排一个 50 吨的、100 吨的。今年从现在开始就做这项工作，增加投资，增加工作量。”可见发现、开发百吨以上储量的大金矿是作为“一个很大的事”“一个很大的课题在数年内，不同的场合被持续地强调突出，这个现实一方面反映出问题的急迫，另一方面反映了需要有一个持续努力的过程”。

1990 年在治理整顿小秦岭地区黄金生产秩序现场会上，白美清谈到黄金生产存在的三个不协调，第一个不协调就是地质勘查和生产建设的不协调，具体表现就是大金矿少，他说：“老实说我们还没有捉住‘大家伙’，国外一个矿的产量就是 10 吨、20 吨，我们 10 万两的矿几乎没有。”在这里，发现和建设大矿已是黄金工业水平的标志，所以格外被重视，如何能达到这个目标，结论是我们必须下大力争抓地质工作。

把埋藏在地下的地质资源弄明白，把存在于自然界的不确定性变为确定性，需要人力物力的投入，但更需要理论的突破。没有理论突破是我们从 20 世纪 70 年代一直不断地在人力物力上加强地勘工作，但资源瓶颈长期存在的原因，是我们地勘理论没有突破而约束了我们的探索行为。随着我们实践的积累，认识也在不断地深化，因而新世纪黄金勘探理论成果不断涌现。2000 年至 2012 年，黄金行业获得国家科技进步二等奖 5 项，其中地质勘探理论项目 2 项，占比 40%；2007 年至 2014 年中国黄金协会科学技术奖一等奖及特等奖 170 项，其中地质成矿理论项目 32 个，占比 18.82%。理论的突破带来成果的突破，新世纪百吨大矿，甚至世界级规模大金矿不再是奢望而成为现实。

二、百吨大金矿由期盼变为现实

经过数十年的努力，进入新世纪后的这十年，中国百吨大矿终揭开了神秘的面纱，露出真容。到 2015 年，已有 10 座百吨以上大金矿被发现。多数还是待开垦的处女地。

1. 海域金矿：世界级大金矿

海域金矿地处山东胶东半岛我国一级成矿带——三山岛—仑上断裂成矿带之上。2013年经第三方评审，国土资源部备案核准，已探明黄金储量470.47吨，是我国目前发现的最大单体金矿。据专家评估，海域金矿外围还有希望获得新的资源，总储藏量可达千吨以上，使胶东地区成为与南非约翰内斯堡和乌兹别克斯坦穆龙套超大型金矿带相媲美的世界级金矿区。该矿区的探明储占当年全国新增储量758.1吨的62.06%，不仅储量大，而且厚度大，易选冶，平均品位4.3克/吨。

该金矿于2015年5月31日由山东招金黄金股份公司以27.225亿元收购获得，拟投资35.42亿元，建设设计规模日处理1.2万吨，年产量15.598吨的大型金矿山，投产后是我国产量最大的单体金矿山，设计服务年限22年。

2. 阳山金矿：亚洲最大的卡林型金矿

阳山金矿处于川北陇南交界处，岷山北段与秦岭西端，属甘肃文县所辖，于2007年被武警黄金部队发现，属卡林型微细粒金，已探明储量307.95吨。目前已探明储量是仅次于海域的我国第二大金矿，是我国最大的卡林型金矿，在亚洲居首位。有人认为其远景金储量可达500吨以上，可建设一个处理能力超万吨、金产量达10吨的大型金矿山。

该资源在国家发改委主持下，经过公开招标，由中国黄金总公司以16亿元人民币竞得，但是，进入基建开发阶段进展缓慢，主要原因是资源赋存复杂，有较大负变，开发难度较大，很快又逢金市转熊，其经济效益也存在不确定性，都影响了开发的推进。

3. 储量可达300吨的大场金矿

大场金矿地处青海玉树藏族自治州曲麻县麻多乡，于1996年被青海地矿局发现，经过多年工作，到2002年探明储量120吨。据已有资料和地质背景分析，大场金矿资源储量可达300吨以上，是青海第一大金矿，这是一次突破，带动了巴颜喀拉山金锑成矿带的找矿工作。

大场金矿区的探矿权属于大场矿业有限公司，该公司是加拿大英特赛特矿业公司与青海省第五地质矿产勘察院合资企业，加方占有 83% 的股份，中方占 17%。2010 年西部矿业公司启动了收购英特塞特公司的计划，最终以每股 2.05 加元及中价费在内总计 17 亿元人民币收购了该公司 100% 的股权，因而也控制了大场金矿的资源。西部矿业集团是一个以矿产资源开发为主业的大型矿业公司，主要生产铜、铅、锌、铁等基本金属。西部矿业集团将为大厂金矿投资 22 亿元，分期建设 2 个年处理能力 150 万吨的选冶项目，成为我国西部的一个大型黄金生产基地。

4. 难得一见的多金属鹤庆北衙金矿

北衙金矿地处云南鹤庆，2011 年已探明黄金储量 151.28 吨，2015 年又新增黄金资源量 35 吨。北衙金矿是难得一见的多金属共生金矿，现已探明银 3493 吨、铜资源 22.17 万吨、铅锌资源 154 万吨、铁资源 8897 万吨。有望跻身世界级金矿，为云南黄金矿业集团所属企业，年产金 5 吨左右，在单体黄金矿山中产量排序稳居全国前 10 位，是云南最大的黄金企业。

5. 大型露天多金属甲玛金矿

甲玛金矿位于西藏黑竹县甲玛乡和斯布乡。甲玛金矿发现比较早，是经持续的勘探工作才逐渐被认识的，是一个大型多金属共生露天金矿，除金以外还有铜、钼、银、铅、锌等金属赋存，现已探明金储量 124 吨。2008 年投资 35 亿元人民币建成了一个现代化大型金矿山，属中国黄金集团公司华泰龙矿业开发公司全资企业，是西藏自治区骨干企业。

6. 礼县金矿：一座低品位微细粒浸染型金矿

礼县金矿地处长江流域嘉陵江水系西汉水系上游甘肃礼县，这里因特殊的西北盆地结构而造就了礼岷金矿带，礼县金矿已探明黄金储量 133.7 吨，属低品位微细粒浸染型金矿。2011 年紫金矿业有限公司以 11.5 亿人民币收购了该矿，并将紫金矿业的甘肃亚特公司重组并入该公司，进行统一规划管理开发。

7. 中亚金腰带上的萨瓦尔顿金矿

在中亚有一条世界级的成矿带，在这条成矿带已发现多个大金矿，其中乌兹别克斯坦穆龙套金矿已探明金储量高达 6100 吨，因而被称为中亚金腰带。我国在这一金腰带上的新疆乌恰县于 2014 年传来喜讯，经过 20 年的勘探评价，新疆地矿局宣布在这里发现了一个探明储量达 127.09 吨的大型金矿。在 20 平方公里的勘查区内，已发现了 21 个金矿化带，平均品位 2.45 克 / 吨。

8. 低品位堆浸提金的露天长山壕金矿

位于内蒙古包头市西北约 210 公里处，已探明储量 124 吨，是内蒙古自治区的第一大金矿山，是一个低品位、露天开采、堆浸提金的大型金矿山，是中国黄金国际公司所属企业。2008 年建成投产，设计采矿能力为 3000 吨 / 天，二期扩建后生产能力将翻番，达 6000 吨 / 天，年产量也将由 4 吨增加到 8 吨，因而在全国单体金矿排序将由第 6 位进入前三。

9. 与甲玛处于同一矿带的谢通门金矿

谢通门金矿是一个多金属共生矿，已探明储量 134 吨，为超大型金矿；铜 82.8 万吨，为大型铜矿；银 654 吨，为中型银矿。其与甲玛金矿同属冈底斯成矿带，位于西藏通门县与日喀则市之间，隶属于谢通门荣玛乡，是一个微细粒浸染型低品位露天金矿，入选品位 0.61 克 / 吨。2011 年紫金矿业的境外子公司创兴投资以 14.38 亿元收购了香港金鹰矿业投资公司 45% 股权，而金鹰矿业拥有谢通门金矿拥有者天园矿业 100% 的股权，从而紫金矿业得以进入谢通门金矿，成为该矿主要的股东之一。

10. 开放试点贵州贞丰烂泥沟金矿

地处贵州黔西南地区贞丰县的烂泥沟金矿，已探明储量 110 吨，属于红土型微细粒金矿，由于 20 世纪 90 年代我们的技术不过关，而不能开发，因而成为利用外资开发低品位，难选冶金矿资源试点项目，后企业矿权多次转让，现为阿尔拉多（中国）所属企业。近年来阿尔多拉黄金产量 10 吨左右，居全国黄金集团产量排序五六位；烂泥沟金矿产量已达5吨以上，2012年至2014年在单体矿山中均排在第4位，已是我国重要的黄金矿山。2016年又由中国黄金集团公司收购该矿。

三、黄金生产力布局将发生根本变化

21世纪的前15年是我国黄金地质资源瓶颈得到缓解乃至解除的历史时期，突出的标志是已探明黄金资源储量突破万吨，对黄金生产的静态保障年份已超过了15年；另一个标志是我们抓到了日益增加的“大家伙”，多个大型金矿，甚至世界级大金矿也相继发现。这是我国黄金工业向一个更高水平发展的物质基础，所以从资源的条件看，今天我国黄金工业的发展条件已今非昔比，可以说已是冰火两重天，出现了根本性变化。

十大百吨的储量金矿西部占了8个，而且多数还未开发。这预示着我们黄金资源分布正发生着深刻变化，进而又将会影响到我国黄金生产力布局的变化，东部黄金资源与生产的优势缩小，而西部黄金工业的后发优势正在显现。这也正是我国黄金工业能够持续发展的动力所在。

需求急切的难选冶金矿提金技术

用一般通用提金技术难以达到正常回收率的金矿被称为难选冶金矿，在20世纪70年代我国就曾发现，并且数量持续增加。因而在20世纪90年代出现了对攻克难选冶金矿提金技术的日益迫切要求。

一、解黄金资源供应之困局

发展黄金生产必须要有足够的资源保证，但长期资源供给不足成为我国发

展黄金生产的一个瓶颈。而黄金地质资源供给不足与地勘资金投入不足有很大关系，因资金投入不足而不能展开更广泛、更深入的地勘工作，所以探明资源储量还不能满足增加黄金生产的需要。

从1949年至1975年的26年总计投入黄金地勘资金15.7亿元，年均仅有0.6亿元，为了增加地勘探入，于1986年建立了黄金地勘基金，因而将年均地勘探入增加了7倍多（709.00%），从1986年至1995年的10年间，地勘基本投入48.537亿元，年均4.854亿元。投入的增加使已探明储量增加，获得了金矿储量3185.593吨，满足了产量持续增长的需要，但进入“九五”情况有了变化。因为“八五”中期1993年开始推进黄金市场化改革，黄金工业运行进入了转轨变型期，原来建立的黄金地勘基金废止而新的资金源尚未形成，致使黄金勘探资金投入减少，使“九五”期间已探明储量出现停滞，乃至下降：

1997年已探明储量4265.52吨，而“九五”末的2000年为3992.63吨，下降了6.4%；工作量也在减少，岩心钻探工作量下降了76.6%，前景也不看好。因而原本矛盾有所缓解的资源供应又变得紧张起来。在这种情况下，作为一个应对之策是已探明储量存量的有效利用就成了缓解已探明储量增量减少矛盾的现实选择。

激活地质储量存量，提高地质储备使用效用主要工作方向是低品位、难选冶金矿资源的开发利用，这是因为：我国低品位难选冶金矿分布广泛、数量很大，而且西部地区比重较大。现在已在辽宁、贵州、四川、云南、甘肃、青海、广西、陕西、江西、广东、湖南等省区都探明有难选冶金矿赋存，赋存广泛，而且数量在2009年已达1800吨以上，占到当时全国已探明储量的三分之一以上，但因提金技术不过关而难以利用。因而难选冶金矿提金技术的攻克对于缓解资源瓶颈约束，保证增加黄金生产资源供给的积极意义是不言而喻的，甚至1994年曾以资源换技术对外开放，吸引外资以期突破，足见该问题之重要。

存量资源还有一个重要的供应潜力，这就是尾矿的再利用。由于选冶技术水平的限制，我国现存的黄金尾矿中还有 0.4 克 / 吨 ~1 克 / 吨的含金量，在现存的 10 亿多吨的尾矿中，含有 400~500 吨黄金，而且还以每年 25 吨黄金损失到尾矿中来。各金矿尾矿含金量不同，尤其是含金量高的尾矿仍有利用的价值。另外一些尾矿具有多金属伴生特点，而由于冶炼技术的限制，许多金属没提取而沉淀在尾矿之中，但随着冶炼技术的发展，这些尾矿中的金属可以提取，变为现实的资源，所以尾矿可以变废为宝再利用。

尾矿是一种低品位金矿资源，而从黄金资源使用的发展看，因高品位金矿石得到了优先使用，因而高品位金矿石耗用得最快，所以使黄金生产的入选品位持续下降，2001 年我国已探明储量平均品位为每吨 4.15 克，2012 年已下降到每吨 2.32 克，下降了 44.1%，下降是很快的。可以说黄金资源本身就存在着低品位趋势，所以发展黄金选冶技术适应资源低品位发展趋势是当代黄金生产发展的要求，因而从这个意义上说，低品位金矿选冶技术是当代黄金企业生存发展的一项基本功，是必备的能力。

以上分析表明，低品位难选冶金矿的利用是我国黄金工业发展不能回避的现实，因而只有推动技术创新，攻克技术难关，才能解决这一约束条件为我国黄金工业发展提供支撑力，这就是低品位难选冶金矿提金技术的战略价值。

二、难选冶金矿石提金之难

我国 20 世纪 70 年代就有难选冶金矿的发现，但难选冶金矿石的开发利用是 30 年以后的事了，那么难选冶金矿提金难在何处呢?

选冶提金之法有四种：

（1）重选法。主要是用于砂金生产，是要与其他选矿方法相结合，分离单体粗金。

（2）浮选法。利用矿物表面润性差异进行矿物分选，亲水性矿物留在矿浆内，润湿性矿物浮在矿浆之上。

（3）混汞法。利用汞对金的很强润湿性，集捕金金属，但因存在较强的环境污染已不再使用而被禁止。

（4）氰化法。19 世纪末氰化法用于工业化后，因成本低、工艺简单而成为使用最广泛的提金方法。据统计，当今 85% 以上黄金产量与氰化法提金有关。

难选冶金矿石是指用以上传统提金法提金回收率低于 80%，或需使用较高药剂的矿石。因而具有不经济、回收率低、环保限制三大特征，为了克服这些资源缺陷就必须要有针对性技术攻关。为什么难选冶金矿石提金不能使用传统提金法，而需技术攻关呢？这是因为这类矿石中的金元素处于被包裹的状态，影响了金元素被氰化物溶解生成金氰络合物的过程和效率，因而打破包裹体是难选冶金矿提金技术的关键。而打破包裹体又存在以下困难：

（1）金矿石中小于 10 微细粒金占很大比例，一般的磨矿工艺很难彻底打开这样小的微细粒金，因而需要进行工艺改革创新；

（2）在浮选过程中，由于矿石硫化物少或者是与脉石矿物共生，使一定比例的金矿物与硅酸盐共生或被包裹而影响金富集；

（3）金与黄铁矿、砷黄铁矿共生，或赋存于这类矿物的晶格中，不经过特殊处理打开包裹，金几乎很难用氢浸出工艺提金；

（4）影响氢浸出金回收率的锑、铋、汞、铝、碲等元素的大量存在而使金回收率非常低，因而对这些有害元素必须清除；

（5）矿石中存在劫金物质，在氢浸出过程中金元素便被劫取而影响提金率，这种劫金物质大多是有机炭、石墨、粘土矿类。

存在以上难点而增加了技术攻关难度，因而从 20 世纪 60 年代就已有难选冶金矿的发现，而到 90 年代国外才在选矿技术上有了突破，而这时在我国难选冶金矿持续发现、品种增多、数量增加，到 21 世纪初，已有三分之一已探明黄金储量属难选冶金矿，在地质资源供给紧张的情况下，如此大量的资源不能利用显然是一个很大的现实问题。在1994年以开放换技术无果的情况下，我们同时也开始了自主研究。

我国自主研究起步于20世纪90年代的“七五”，但多停留在实验室阶段，与工业推广尚有距离，因而最早是引进国外焙烧和生物提金设备，与此同时，“九五”期间我们自己独立设计的焙烧氧化提金工程建设起步，到“十五”我国低品位难选冶金矿提金技术逐步成熟，建成20多座低品位难选冶金矿和冶炼厂，新增产能50吨/年，约为当时我国黄金生产能力的四分之一，已成为支撑我国黄金生产的重要力量。

三、五箭齐发攻坚克难

打破金元素的包裹是难选冶金矿石选冶技术的关键，打破金元素包裹的路径根据金矿石品质的差异性而有所不同。在我国有以下路径选择：

1. 焙烧氧化提金技术

我国难选冶金矿焙烧提金技术起步于多金属分离，这就是1986年开始在山东招远国大黄金冶炼厂建成的50吨/天生产规模的焙烧氧化提金设施，主要目的是实现金铜分离，最后产生的尾渣可以作为高铁水泥的添加剂出售，而形成的烟气净化后可以制造硫酸，这就是一段焙烧提金技术，可以满足多金属复杂金矿石提金要求，在此基础上又开发二段焙烧提金技术。二段焙烧技术是瑞典波立登二段焙燃技术与国内自主技术相结合的产物，主要处理的对象是含高砷、高硫的难选冶金矿石。

2. 原矿沸腾提金技术

低硫化物、含砷、含碳、微细粒包裹型金矿破碎磨研后进入浮选过程一定比例的金元素会与硅酸盐形成共生体或包裹体，可浮性差，金回收率低，因而采用原矿焙烧沸腾提金工艺路线可以提高金回收率。而且还可以利用矿石中的钙、镁元素固化矿石中的砷、硫等有害元素，而实现自洁环境的目的。长春黄金研究院承担了“十五”攻关课题，在贵州建设了一座产业化示范厂，规模为1000吨/天，砷、硫固化率分别为98%和90%。金元素在浮选过程中由不可浸到浸出率82%，基本攻克了这类难选冶金矿的提金技术。

3. 生物氧化提金技术

生物氧化提金技术在21世纪成为广泛使用的难选冶金矿提金技术，现在我国是全球生物氧化提金厂建厂数量最多的国家，已达11座，处理能力已达1200吨/天以上。生物氧化提金技术与含砷、含硫、微细粒包裹型复杂金矿石有更好的适宜性，对环境更为友好，操作更为方便，与其他提金相比具有优势。

生物氧化提金技术起步是从国外引进，但长春黄金研究院承担了“九五”生物氧化提金技术攻关项目，国家利用其研究成果新世纪在辽宁建立了一个示范工程，多项关键指标都优于国外，成为一项国际领先的拥自主产权的黄金提金技术，荣获国家科技二等奖。

4. 热压氧化提金技术

这项技术是针对低硫化碱性难选冶金矿石提金的路径设计，由长春黄金研究院与核工业北京化工冶金研究院在1997年至1999年针对吉林浑江金矿难选冶金矿石提金而设计的，采用碱性减压氧化——釜内快速氰化提金工艺，使浸出率由直接氰化低于47%提高到了92%以上，但使用范围受到限制。

山东招远金翅岭金矿于2002年建成酸性体系的压热氧化提金厂，经过运行1年后于2003年验收，其工艺特点是以硫酸、硝酸为介质，在高压高温的条件下用纯氧氧化矿石中的硫、砷矿物质，其核心设备高压釜技术要求复杂，材料防腐困难，因而建设与生产成本都比较高，只适合处理高品位多金属难选冶金矿石。

5. 化学法碱浸预处理提金技术

此技术是直接用氢氧化钠氧化分解矿石中的硫、砷元素，因而在碱浸预处理过程中要大量消耗氢化钠，占用时间长、耗电量大，成本较高，但建设成本低，工艺流程简单，已在贵州水银洞金矿建成300吨/天处理能力的提金场一座。

以上5种技术路径的采用都有不同的针对性，有不同优势与弊病，但总的来看，焙烧氧化提金和生物氧化提金得到了更广泛的应用，成为我国难选冶金矿提金的主流技术，特别是生物提金技术已国际领先。现在以焙烧提金和生物提金技术为主导并已形成了一个新兴难选冶金矿选冶加工产业，建立起一批加工厂，其中焙烧提金厂16座，生物提金厂11座。

四、低品位金矿提金之道：堆浸

对于低品位金矿石低成本提金之道莫过于堆浸技术，堆浸就是把金矿破碎后并不磨碎，甚至用爆破后碎矿石直接堆放成矿石堆，然后在金矿石堆上放喷淋氰化钠液，氰化钠与矿石接触渗入矿石中与金元素化合，经过一两个月，这些化合物液体渗透出来汇集到贵液池，对贵液再用活性炭、锌粉吸附或置换出金元素。可以堆浸提金的金矿石一般是氧化矿。每一个堆浸堆都十分巨大，有几十万吨，甚至数百万吨，入选品位为1克/吨，甚至更低，金回收率可达80%左右。这一提金方法首先广泛应用于美国采金业。

美国在19世纪中叶曾是全球第一大黄金生产国，1840年产量达140吨，而到1980年仅为27.6吨，居全球第6位，但是80年代美国黄金工业进入了一个复兴时期，到1990年已达294吨，增加了9.07倍，仅次于南非居全球第2位。低品位金矿石提金技术——堆浸的应用发挥了重要作用，大量低品位矿石得到利用。

1965年美国纽芒特黄金公司在内华达州建立了第一个堆浸提金矿山——加林金矿，第一年产金8吨，并使低品位矿山能够获利，因而成为后来者的榜样，该公司又在附近于1982年、1985年建立了两个堆浸提金矿山，并很快向其他州发展，遍及西部各州，堆浸提金技术为美国黄金工业20世纪80年黄金生产的复兴提供了正能量，并对我国产生了影响。

20世纪80年堆浸提金技术作为学习引进国外先进提金技术而得以提倡和推广。1987年1月全国黄金工作会议召开，方毅副总理在闭幕时的讲话中有一半的篇幅是讲一定要狠抓技术进步，其中特别推荐了堆浸提金工艺，他说："堆浸提金工艺设备简单、操作方便、投资少、收效大，是回收低品位氧化矿较好的方法之一。"在介绍了美国发展堆浸提金经验之后，他特别指出："黄金是宝贵资源，我们不能采富弃贫，如果能把每吨3克以下的矿石采用堆浸方法回收，就能使宝贵资源得到利用。"实际现在堆浸入选品位已下降到0.7克，足见堆浸提金对充分利用黄金资源的价值。

此后，便将堆浸提金技术的推广付诸了实践，20世纪80年代末起步，开始只有数千吨堆浸，没有万吨、百万吨大堆浸。而大规模堆浸提金试验是从陕西太白金矿开始的，并将该项目列入了"七五"攻关计划，之后又实施了10万吨级堆浸试验。我国堆浸提金技术经过20多年的发展日臻成熟，特别是进入新世纪随着企业规模战略的推进，堆浸的规模日益扩大。紫金矿业堆浸规模已达800万吨，内蒙古太平矿业已超过400万吨，是我国大堆浸提金的代表。

20世纪80年代每吨3克以下品位的矿石就被视为低品位难利用的矿石，而堆浸提金技术应用后，大量1克/吨以下品位的矿石得以利用，最低可到0.2克/吨，因而大量过去被认为废石的资源成了可以利用的矿石，这是堆浸提金技术带来的革命性变化，是低品位金矿主要的提金技术。但是，并不是所有矿金都可以使用堆浸提金技术，为了提高堆浸提金技术的适应性，对含泥多、粉矿量大、渗透性差不易使用堆浸提金技术的矿石可以先制成矿团，再进行堆浸提金可提高回收率5%～10%，这是堆浸提金技术的新发展。因为在室外喷淋防止冰冻也是堆浸提金的一大难点，在一些寒冷地区不得不在气温低的季节停止作业，现在防冻技术方面也有很多进步，可以实现在寒冷地区常年生产。堆浸提金技术在实践中自身也不断发展变化。新世纪在我国堆浸提金技术已经成熟，成了一个普遍使用的技术，正是堆浸提金技术的成熟。我国入选品位已下降到0.5克/吨，因而使大量的“废石”变为可使的矿石。现已探明的百吨以上储量大金矿，多数都是低品金矿，三分之一以上品位在1克/吨以下，可以说，没有堆浸提金技术，也就没有百吨级大金矿。

堆浸提金技术也并不是没有问题，主要是环保问题。堆浸提金因是氰化钠在开放的空间直接喷淋再渗透到矿石内，将金元素置换出来形成氰合物，而氰化钠是一种巨毒物，如堆浸出现渗漏，就会对土壤造成污染并且这种污染会长期存在，所以对堆浸提金的环保提出了更高要求，必须严加防范，杜绝可能会出现的污染，即使万一的概率的发生也是非常危险的。

五、黄金技术王冠上的宝石

低品位难选冶金金矿提金技术的攻克和推广应用是21世纪我国黄金生产得以持续发展的因素之一，使上千吨不能使用的呆矿得以利用，产生了百亿元的经济效益。其为黄金科技唯一获得国家科技进步奖的项目，而成为中国黄金科技王冠上的一颗宝石。2005年最低入选品位下降到0.2克/吨。因而从废石中提取了10吨多黄金。

基于对低品位难选冶金技术的渴求，1995年对外开放了黄金开采权的试点，2002年《外商投资产业指导目录》中仍为鼓励外商合作、合资开采项目，而且在西部还可以独资，并且享受西部优惠政策，而2007年《外商投资产业目录》又将黄金开发调整为限制类项目。政策调整的底气是源于低品位难选提金冶金技术的攻克。

低品位难选冶技术的攻克不仅使我国大量不能使用的资源得以利用，产生了巨大的经济效益，保证了黄金生产持续增长对资源的需求，可以说没有低品位难选冶金矿提金技术的突破，就不可能有21世纪初我国黄金生产力高地的出现，同时拥有自有知识产权的低品位难选冶金矿提金技术也提升了我国黄金企业的国际竞争力，成为黄金企业走出去的本钱，使我们具有了能做别人不能做的能力，而拥有了竞争优势。在推进“一带一路”的大背景中，黄金产业要做先导性产业，更深化了这一技术优势的发展战略性。

一个黄金生产力时代高地

20世纪第一个10年刚过去的1911年的15吨黄金产量创造了一个突兀的历史高峰，孤独地站立了66年直到1977年才被超越；百年后的21世纪第一个10年还没有过去，2007年我国摘取了世界黄金工业领域王冠，创造了中华民族黄金生产的一个高峰，但这并没有成为一个突兀的高峰，而是成了一个持续隆起的高地。从2002年至2012年的11年，我们创造了一块虽不会没有后来者，但绝对是无前人的令世界瞩目的中国黄金生产力高地。

一、黄金产量增长最快的历史时期

在我国历史上，除汉朝在古籍中有较多黄金记载外，多数王朝黄金产量仅数万两（1吨为3.2万两），而且发展十分缓慢，近代清朝1888年13.5吨的纪录保持了84年，20世纪初的1911年15吨的纪录保持了66年。新中国成立后的数十年中，这些历史纪录都是我们仰望的高峰和努力追赶的目标。新中国成立28年后，我们才超越了前人1911年的产量纪录，而黄金产量从10吨级增长到百吨级，我们用了近百年的时间。

新中国成立后，我们先后组织了4次增加黄金生产的全国动员，在2002年以前的53年中，总计生产黄金2182.214吨，年均产量仅为41.17吨；1986年至1990年的“七五”期间是我国高层认为黄金生产发展令人满意的时期，这5年也仅生产了264.286吨黄金，年均产量为52.857吨，比53年间平均产量仅增长了 28.39%。我们需指出的是，这一成绩是全党全民动员、国务院直接领导，上下全力支持的结果。

这就是我们百年来黄金工业发展的水平和速度，也只有在这个发展的大背景的衬托下才能认识这个黄金生产力时代高地的历史高度，而给予足够的评价。我们可以从纵向中国历史的比较和横向世界坐标的比较中观察这个中国黄金生产力高地的历史高度。

2002 年至 2012 年的 11 年仅是历史的一瞬，在这一瞬间，我国黄金产量先后攀上了 3 个百吨台阶：2003 年 200.598 吨，6 年后的 2009 年 313.98 吨，再 3 年后的 2012 年 403.047 吨，平均不足 4 年产量上一个百吨台阶，而历史上是百年才上了百吨台阶，这就是这一发展期的速度。接下来再从横向比较中看这一黄金生产力历史高地的高度。

2007 年我国以 270.491 吨黄金产量超越百年之冠南非，成为全球黄金生产冠军，保持到今天，已经保持了 9 年，并且把与第 2 名的差距由不足 1 吨拉大到 200 吨以上，是当今黄金产量唯一超过了 500 吨的国家，中国因此在世界黄金业中占有了举足轻重的地位。2001 年我国黄金产量在全球总产量中的比重为 6.92%，而 11 年后的 2012 年上升到了 15.23%，增加了 120%，是当今所占比重唯一超 15% 的国家，成为支撑全球黄金生产、拉动黄金产量增长的第一大推手，这就是我国黄金生产力这一历史高地的时代高度。

这一历史时期黄金产量实现了持续增长，2002 年产量为 189.81 吨，2012 年增长到了 403.047 吨，增长了 112.34%，11 年间总计生产黄金 3038.248 吨。而 1949 年至 2012 年，新中国成立 63 年来总计生产了 5220.456 吨黄金，因而近六成产量是在 2002 年至 2012 年 11 年间生产的，占比为 58.2%。在这期间年均黄金产量 276.2 吨，是新中国成立以来年均产量 41.97 吨的 6.58 倍，这是我国黄金生产力这一高地的显著标志之一，但这并不是唯一的标志，其表现是多方面的。具体见表 8-3、表 8-4。

表 8-3　　2001—2012 年黄金产量变化

年份	2001	2002	2003	2004	2005	2006	2007	2008	2009	2010	2011	2012
产量(吨)	181.8	189.8	200.6	212.3	224.1	240.1	270.5	283.0	314.0	340.9	361.0	413.0
环比(%)	2.78	4.39	5.68	5.86	5.51	7.15	12.67	4.26	11.34	8.57	5.89	11.66

资料来源:《中国黄金年鉴》

表 8-4　　2001—2012 年黄金产量全球占比

年份	2001	2002	2003	2004	2005	2006	2007	2008	2009	2010	2011	2012
全球占比(%)	6.9	7.14	7.74	8.49	8.75	9.62	10.83	11.61	12.03	12.44	12.81	15.23
环比(%)	1.92	6.98	6.48	9.69	9.06	9.94	19.58	7.20	3.62	3.41	2.97	18.89

二、规模扩张：一年超过数十年

这个黄金生产力高地一个重要的标志是这一时期我国黄金产量增长最快并成为全球冠军，创造了中华民族的历史纪录，摘掉了贫金国的帽子；另一个重要标志是黄金工业规模以 1 年超过 30 年的速度迅速扩张，同样创造了历史纪录。衡量规模的经济指标工业总产值和资产净值，分别增长了 239 倍和 12.12 倍。

1. 这 11 年间创造了新中国九成多工业总产值的增加值

20 世纪 70 年代初我国黄金工业总产值只有数千万元，到 1980 年才突破亿元，达到了 1.35 亿元；10 年后的 80 年代末突破了 10 亿元，1990 年黄金工业总产值为 29.82 亿元；又过了 6 年突破百亿关，1996 年达到了 102.53 亿元，也就过了半个世纪，黄金工业总产值达到了百亿级水平。而工业总产值从百亿增长到千亿元仅用了 12 年，到 2008 年，我国黄金工业创造的工业总产值为 1183.006 亿元。也就是我国黄金工业生产规模在 20 世纪 70 年代末达到了亿元规模，这是新中国成立 31 年的工作成果；80 年代末黄金工业规模达到 10 亿元级，为此我们付出了 41 年努力；在

90 年中后期我国黄金工业规模达到了百亿元级，这一时新中国已建立近半个世纪（47 年）。之后我国黄金工业规模扩张目标是从百亿元向千亿元规模扩张。

由于 1997 年以后黄金工业进入了一个收缩期，到 2000 年工业总产值比 1996 年仅增长了 18.38%，为 121.38 亿元，因而这一数量级的跨越的 90% 是进入新世纪在 2002 年至 2008 年间实现的。而且实现了一跨越之后，每两年就扩张全一个千亿规模，2012 年达到了 3807.87 亿元，也就是这一黄金生产力历史高地是 20 世纪 70 年代末的 2819.6 倍，是 80 年代末的 126.7 倍，是 20 世纪末的 44.13 倍。这一历史时期工业总产值增长了 31.47 倍，即 3595.37 亿元。因而我国黄金工业的生产规模扩张量的 94.09% 是在这 11 年历史时期实现的。2001 年至 2012 年黄金工业总产值具体见表 8-5。

表 8-5　　　　2001—2012 年黄金工业总产值

年份	2001	2002	2003	2004	2005	2006	2007	2008	2009	2010	2011	2012
工业总产值（亿元）	212.5	246.2	282.1	352.9	394.6	529.2	832.2	1183.00	1375.32	2292.88	2843.92	3807.87
环比（%）	2.06	15.86	14.56	15.54	21.08	34.11	57.25	42.15	18.56	66.74	24.02	33.91

工业总产值是衡量产出规模的经济指标，而黄金资产净值是衡量黄金工业资产规模的指标，可从另一个角度反映出黄金工业规模的变化。

2. 这 11 年间黄金净资产增长了 11.12 倍

为更明晰地认识我国黄金固定资产净值的变化情况，笔者将 1979 年至 2012 年的 33 年平均分为三段，三个 11 年。

1979 年我国黄金工业资产净值为 2.945 亿元，到 1990 年达到了 23.633 亿元，这 11 年增长了 7.02 倍，增加了 20.688 亿元；1991 年 29.74 亿元，到 2001 年达到 81.32 亿元，增长了 1.73 倍，增加了 51.58 亿元；2002 年至 2012 年的 11 年则增长了 11.12

倍，2012年达到了985.44亿，增加了896.82亿元。这11年黄金行业资产净值产增长幅度分别是前两个11年的1.58倍和6.43倍，增长额分别是前两个11年的43.35倍和17.39倍，表明这是我国黄金工业固定资产规模扩张最快的历史时期。

在1979年至2012年的33年间，我国黄金工业资产净值由2.945亿元增长到了2012年的985.44亿元，增长了982.485亿元，而其中896.82亿元，即91.28%是2002年至2012年的11年实现的。以资产净值衡量这一黄金生产高地是20世纪70年代末的334.61倍。这是一个让人印象深刻的成就。

我国黄金工业的发展起点是很低的，1949年固定资产净值仅有数千万元，新中国成立20多年后才达到亿元，又过了10年到1984年，固定资产净值才突破10亿元，达到了10.20亿元。从10亿规模到百亿规模又用了16年，到2000年达到了128.41亿元，也就是说我们用半个多世纪才把黄金工业资产规模搞到百亿元级，而2002年到2012年的11年，黄金工业净资产规模扩张到了近千亿元级，2012年固定资产净值已达985.44亿元。

三、进入了黄金资源拥有的第一集团

黄金经过人类5000年文化的沉积成为一种绝对财富，作为富贵的象征而存在于世，成为人人珍惜与追逐的对象。新中国也对黄金充满了渴望，一而再，再而三地发动全国性黄金生产战役，但始终有一个羁绊的因素，这就是黄金资源的严重不足。我国黄金资源的匮乏是一个长期存在的现象而被视为贫金的国家，但这是一种假象，我国地处在地球黄金资源的富集地带，东部与太平洋盆地“火环”相通，这是一个跨越多个国家的黄金富集带；西部与“中亚金腰带”相连，这是一个已发现多个大金矿的地区；北部与有丰富砂多资源丰富的俄罗斯西伯利亚地区相邻。

从1975年以来，为了突破发展的资源瓶颈，而做出了持续不懈的努力。但是，多方面的努力只是使已探明的储量有所增加，总的形势是勉强维持生产的最低需求，发展支撑力仍严重不足，进入新世纪，出现了一个历史空前的黄

金资源勘探潮，已探明黄金地质资源量大幅增加。这是因为黄金牛市给黄金工业带来丰沛的现金流，进入黄金地勘业的资金有数十倍的增长。到 2015 年已探明储量实现 13 年持续增长，而且呈加速增长，“十二五”已探明黄金储量超 5400 吨，创历史纪录，已探明储量居全球第二。

2012 年黄金产量比 2001 年增长了 121.66%，资源耗用量成倍增长，但已探明储量仍由 2001 年的 4634.23 吨上升到 2012 年的 8194.2 吨，增长幅度为 76.82%。在这期间，已探明储量先后登上了 5000 吨、6000 吨、7000 吨、8000 吨 4 个千吨台阶，并在市场由牛转熊之后仍保持了增长势头，到 2015 年已探明黄金储量破万吨。2001 至 2012 年已探黄金资源储量详见表 8-6。

表 8-6　　2001—2012 年已探黄金资源储量

年份	2001	2002	2003	2004	2005	2006	2007	2008	2009	2010	2011	2012
已探明储量（吨）	4634.23	4539.5	4412.2	4614.7	4752.2	4996.9	55413	5951.8	6327.8	6864.8	7419.4	8194.2
环比（%）	—	16.05	-2.80	4.59	2.96	5.15	10.89	7.41	6.32	8.50	9.46	10.47

据国外机构观察，全球已探明黄金储量 15 万吨左右，最大的黄金储备资源国是南非，拥有资源储量 3 万多吨，除南非外的黄金资源拥有量前 10 名的国家还有俄罗斯、澳大利亚、印度尼西亚、美国、加拿大、智利、墨西哥、加纳和中国。而除中国外，其他 8 个国家已探明的黄金资源储量均在 3000 至 9000 吨之间，因而黄金资源储量过万吨的中国，在全球的排序是仅次于南非的全球第二，无疑已是全球黄金财富拥有第一集团成员，从而摘掉了贫金国的帽子，因而是一个历史性进步。

从 1949 年至 2015 年，我国 66 年以来已生产了 6550 吨黄金，以 1：1.6 资源耗用水平计算，大约已耗用了 1.048 万吨地质资源，而现在已有的资源储量是 66 年已耗用量的 1.17 倍，表明我国黄金生产的后备资源雄厚；即便以 2015 年国内资源的黄金产量已高达 450.854 吨，2015 年已探明资源静态保证生产年份可达17年，如再将每年新增储量因素考虑在内，我们已有保证进行20年高水平黄金生产的资源储备。英国金属聚焦公司对产量占全球总产量三分之一的50家大企业的资源情况分析，现有资源保证生产的年限不足10年，因而我国黄金资源供给情况已优于国际平均水平，资源瓶颈可以说得到了解决。

从黄金资源分布的变化看，在这一时期西部资源有了更快的增长，为西部黄金生产更大发展奠定了基础，这正是我国黄金产量持续增加的潜力所在。东部地区除山东外，多数省区产量已出现停滞或下跌，而西部资源潜力具有填补东部产量下跌的能力。到2015年，在西部我们已发现特大型百吨以上金矿8个，但现在仅有半数得以利用开发，另外4个还未开发或尚在建设之中，可见我们的资源潜力已与80年代无点可布的状况不可同日而语。

四、走出去战略已有成果

我国黄金产业长期处于对外封闭状态，直到20世纪90年代初，低品位难选冶金矿开发对外开放和黄金产量解密及我国人民币金价与国际美元金价接轨才逐步揭开神秘面纱。开放的初期具有单向开放的特征，即是以请进来为主，而不是双向有来有往，但随着我国黄金企业规模扩大，实力的增强走出去已成为一些大型黄金企业发展战略选择，使开放由单向变为双向，中国黄金企业开始了国际化的探索，并在这一历史时期取得了实际收获。

黄金矿业走出去主要有三种方式；一是在境外上市，如紫金矿业、招金股份在香港H股上市；二是收购改制，如中金国际资源是中金黄金收购的境外上市公司，但经营主要在境内；三是控股经营，如紫金矿业收购澳大利亚诺顿金田公司并接管全面经营。2010年我国第一次有了国外黄金产量，是紫金矿业在塔基克斯坦的项目产金1.2吨，2013年我国黄金企业境外产金量8.748吨，比2010年增加了6.29倍，分别是来自紫金矿业产量6.998吨，山东黄金产量1.75吨。2014年境外产量为10.799吨，又增长了23.45%。2015年11.679吨，均为紫金矿业产量。

我国黄金企业国际化走在前列的是紫金矿业，不论是资本运作，还是项目运作，都进行了有益的探索。我国目前黄金企业境外产量的80%，而2015年100%是紫金矿业的贡献。澳洲诺顿金田公司原属南非金田黄金矿业公司因生产成本高发生亏损，由紫金矿业收购后对法人治理结构进行了优化并很快实现了转亏为盈，这是紫金矿业管理水平与能力的一次实际测试。

增加国外黄金资源的占有和使用量是走出去的另一种形式，目前主要是扩大境外金精矿的进口，在国内冶炼成合格金锭。2012年境外资源产量13.65吨，2013年为17.254吨，增长了26.4%，2014年有色副产金的62.38%，即50.177吨是用进口原料生产的。因而金精矿进口已成为利用和开发境外黄金资源的另一个重要途径。

五、建成了完整的黄金产业链

在开放的市场发展环境中，黄金规模扩张战略实施带来的另一个重要成果是我国黄金工业从单一的黄金矿业生产发展成了勘探、生产、加工、流通多元生产经营的完整的产业链。在国际上，绝大多数黄金企业还是黄金矿业专业化经营，黄金产业链的构建是靠国际专业化分工来完成的，因而我国黄金全产业链的发展之路具有中国特色，所以也构成中国黄金企业的核心竞争力。

在黄金管制的体制中，黄金产业链很短，只是黄金生产出来立即就进入国家金库储存起来。黄金管制解除，走向市场后，其社会功能日益多元，黄金产业链日益延伸而且不断丰富，黄金产业的规模也随之不断扩张。在经历了10多年的规模扩张之后，我国黄金产业链已经十分完整，并且勘探、生产、加工、流通各环节的规模都已达到世界级别，其中：

地质资源勘探成果先后突破5000吨、6000吨、7000吨、8000吨4个千吨大关，2012年已探明储量达到了8196.24吨，2013年又增加9.5%，达到了8974.74吨，仅次于南非而居世界第2位；

这11年中是黄金生产增长最快的历史时期，先后突破200吨、300吨、400吨3个百吨大关，2013年金产量达到了428.163吨，是当年唯一一个产量过400吨和在全球唯一占比超15%的国家，从2007年超过百年之冠南非成为全球第一，并保持至今。2015年再上一个百吨台阶，达到了515.88吨。

黄金加工消费量持续增长，先后突破300吨、400吨、500吨3个百吨大关，2012年达到592.2吨，是2001年的2.74倍，居印度之后的全球第2位，而2013年实现了35.2%大幅增长达到800.67吨，超过印度居全球之冠。2014年有所回落，为785.24吨，在印度之后居全球第2位，而2015年增长25.55%达到985.9吨又居全球第一。我国黄金消费占全球的三分之一强，中印两国占全球总消费量的60%以上已是多年的常态。

黄金交易量在这期间先后突破300吨、400吨大关以后，只用了两年的时间，到2011年就突破了千吨，2013突破2000吨，达到2198.84吨，2015年达到2238.74吨，为全球实金交易总量的51.36%，并成为仅次于瑞士的第二大黄金进口国，达1390吨。

黄金作为当今重要的金融投资标的，其交易更多使用的是黄金衍生品，即纸质化的黄金。黄金衍生品交易从无到有，现已突破了4万吨，成为居英国、美国之后的全球第三位。现在上海黄金交易所已是全球最大的场内即期交易市场，上海黄金期货交易所已是全球第二大期货交易所。一个新兴的国际黄金物流中心已经形成。我国黄金产业链规模见图8-7。

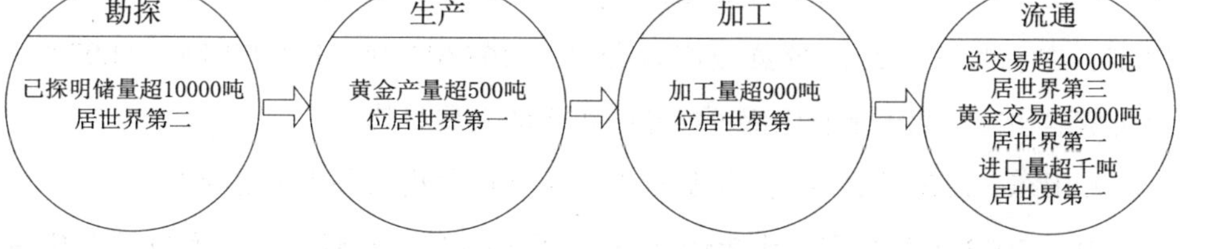

图8-7　我国黄金产业链规模图

在国际上，像我国黄金产业链之完整的国家并不多见，而且产业链中的各环节的规模均居世界前列，因而这个黄金生产力高地的内涵丰富，不是某一部分的隆起，而是整体的雄起，成为我国黄金经济的特色。世界各国中或有发达的黄金矿产业，或有发达的加工业，或有发达的黄金流通业，但兼而有之的国家绝无仅有。完整而规模巨大的产业链使黄金企业发展具有了更多选择，面对发展环境的变化有了更多转移腾挪的空间，因而有了更强的生命力和竞争力。这首先得益于我国特有的国情；我国国土广袤而黄金资源赋存丰富，我国人口众多而黄金文化沉淀深厚。现实的因素是黄金经济体制转轨任务的完成，黄金企业发展动力内置化使黄金市场牛市发展机遇变成了发展现实。

黄金生产力布局的变与不变

在经历了 2002 年至 2012 年的 11 年规模扩张期以后，我国黄金生产力规模已达世界级，黄金生产力布局也发生了极大变化，但在变化中又有不变。

一、黄金生产力布局之不变

1. 我国东、中、西三大经济带黄金生产力依次递减的格局没有变

东—中—西产量依次递减的黄金生产力布局已持续存在了二十年，到 2012 年，上述三大经济带黄金产量比 2001 年分别增长了 1.44 倍、1.47 倍和 1.25 倍，但东、中、西三大经济带黄金产量分别是 167.611 吨、154.971 吨、94.07 吨，仍是依次递减，而未来有中部可能超越东部的发展趋势。

2. 山东、河南黄金生产力优势依旧，黄金产量仍居各省市冠亚军

山东 2012 年黄金产量比 2001 年增长了 1.93 倍，是唯一一个产量超百吨的省份，达 121.458 吨，占全国总产量的近三成（29.15%）；河南 2012 年比 2001

年黄金产量增长了1.33倍，达到了46.783吨，是唯一一个黄金产量接近50吨的省份（2013年已突破50吨，为55.785吨），为全国总产量的11.23%。

3. 黄金生产力分布广泛的格局没有变

我国几乎所有的省区都有黄金资源赋存，因而黄金生产具有广泛性，2012年有27个省区有黄金产量报告，占我国除港、澳、台之外省区建制的90%，黄金生产力分布如此广泛的国家并不多。主要产金国如南非90%的黄金生产集中于兰德远西地区、奥兰治和克莱斯多；美国50个州，黄金生产主要集中于加利福尼亚、内华达、蒙达拿三个州，加拿大50%以上的黄金生产集中于安大略和魁北克边界地区，俄罗斯黄金生产主要集中于远东西伯利亚地区。我国黄金生产省区市比2001年减少了一个，但黄金生产力分布广泛的特征没有变。

黄金产量2012年比2001年有9个省区市黄金产量下降，即三分之一的地区不增反降，但总产量却翻一番多，增加了121.86%，由181.67吨增长到了403.047吨。这是因为我国黄金资源赋存的广泛性为我国黄金生产提供了更大的发展调整空间，因有20个省区市增长，即可以实现“堤内损失，堤外补”，保持产量的增长。

二、黄金生产力布局之变

从2002年至2012年的规模扩张发展战略期，我国黄金生产力规模达到了世界级，成为全球黄金生产的领军者，在规模扩张的进程中，黄金生产力布局发生的调整变化，调整如下。

1. 新兴产金区崛起

经过规模扩张期之后，除山东、河南稳居产量前两名外，之后的排序发生了很大变化，一批新兴产金区崛起，它们是江西、云南、内蒙古和甘肃。

江西，2012年黄金产量比2001年增长14.09倍，由2.259吨增长到了34.093吨，仅居山东、河南之后全国第3，排序跃升了15位。江西产量增加的最大推动力是有色副产金的增长。

云南，2012 年黄金产量 25.007 吨，排在江西之后的全国第 4 位，比 2001 年产量增长了 6.98 倍，排序上升了 9 位。云南黄金生产还有潜力。

内蒙古，黄金产量 2012 年比 2001 年增长了 3.81 倍，由 4.18 吨增长到了 20.094 吨，排序由第 9 位上升到第 5 位。

甘肃，已经进入我国黄金生产第一集团军，2012 年产量 19.426 吨，增长了 2.28 倍，排序上升 1 位，由第 7 位上升到第 6 位。

2. 东北黄金产区生产力排序下滑

东北地区是我国传统黄金产区，一直到 20 世纪 90 年代中期，东北黑龙江、辽宁、吉林三省产量排序分别是第 5、第 6、第 9 位，是重要的产金区，而辽宁 2012 年虽比 2001 年增长了 35.88%，但排序下跌 7 位，到 12 位；吉林增长了 1 倍，但排序仍下降了 5 位，由第 10 位下降到了第 15 位；黑龙江黄金产量下降 41.44%。因而排序下滑 12 位，由第 8 位下滑到 20 位。总之，从现状看，东北三省的黄金产量排序已全部退出了前十，已成为我国黄金生产的第二集团军，表现出了一个全面的后退。尤其是在资源的突破上，东北地区也没看到大的进展，因而东北地区黄金生产基地再振雄风可能会有待时日。

3. 部分省市已无黄金工业

由于资源或环境因素，2012 年西藏、江苏、北京、天津四省区市无黄金产量报告，但上海、宁夏增加了黄金产量报告，我国黄金产区由 2001 年的 28 个下降到 2012 年的 26 个。北京、天津、江苏已无工业开采价值的黄金资源，也无黄金冶炼厂，所以黄金产量为零，西藏黄金资源已探明储量已超 300 吨，因而西藏黄金工业未来有一定的发展空间。

这 11 年的发展，我国黄金生产力布局出现了以下明显特征：

（1）山东省黄金生产力优势持续增强，是这一时期黄金产量增长最多的地区，是我国唯一一个产量过百吨的省份，已超过全国总产量的三成。

（2）中部黄金产量日益接近东部，具有了挑战东部的潜力，从而将使东、中、西部黄金生产力长期依次递减的分布格局发生改变。

（3）传统的东北黄金生产基地因新兴产金区的崛起而地位下降。而东北黄金基地的振兴以资源的突破为基础，因而加强地质勘探，发现大金矿是其首要工作。

2012 年与 2001 年我国黄金产量各省区市比较见表 8-7。

表 8-7　　2012 与 2001 年黄金产量各省区市比较

排序			省区市	产量		变化	
2012 年	2001 年	排序升降	名称	2012 年（吨）	2001 年（吨）	± 量（吨）	± 率（%）
1	1	—	山东	121.458	41.518	79.94	192.54
2	2	—	河南	46.283	20.109	26.174	130.16
3	18	15	江西	34.093	2.259	31.834	1409.21
4	13	9	云南	25.007	3.133	21.874	698.18
5	9	4	内蒙古	20.094	4.180	15.914	380.72
6	7	1	甘肃	19.426	5.925	13.501	227.86
7	6	-1	福建	17.987	6.679	10.788	159.37
8	11	3	湖南	17.506	3.605	13.901	385.60
9	3	-6	陕西	17.134	14.134	3	21.23
10	14	4	安徽	14.319	2.965	11.624	431.32
11	12	1	新疆	13.733	3.400	10.333	303.91
12	5	-7	辽宁	12.091	8.898	3.193	35.88
13	15	2	湖北	10.908	2.531	8.377	330.98
14	16	2	贵州	10.794	2.988	8.366	337.07
15	10	-5	吉林	7.693	3.838	3.855	100.44
16	25	9	浙江	6.511	0.884	5.627	636.54
17	4	-13	河北	6.011	10.827	-4.816	-44.48
18	20	2	青海	3.920	1.359	2.561	188.45
19	19	—	四川	3.860	1.896	1.964	103.59
20	8	-12	黑龙江	3.010	5.138	-2.128	-41.44
21	17	-4	广西	1.989	2.40	-0.411	-17.13

续表

排序			省区市名称	产量		变化	
2012 年	2001 年	排序升降		2012 年（吨）	2001 年（吨）	± 量（吨）	± 率（%）
22	22	—	海南	1.003	1.123	-0.12	-10.59
23	24	-2	广东	0.743	1.340	-0.594	-44.55
24	23	-1	山西	0.580	1.108	-0.528	-47.65
25	—	—	上海	0.246	0	0.246	100
26	—	—	宁夏	0.200	0	0.200	100
—	27	—	江苏	0	0.230	0	-100
—	26	—	北京	0	0.705	0	-100
—	28	—	天津	0	0.005	0	-100

2002 年至 2012 年是我国黄金生产力发展的历史高峰期，不仅实现了历史的自我超越，而且走到全球的前列而成为引领者，但发展是人类永恒的主题，因而我国黄金工业达到这一历史高度并不是发展的终点，我们还要继续前行。规模扩张发展模式的阶段性成功，也不意味着其具有终极价值，因为一切都在变化，探索不会终止，我国黄金工业的发展又将进入一个历史新阶段。

第九章 黄金工业发展又一次再出发

（2013—　　）

2013年开始我国黄金工业发展要再出发，直接的原因是黄金市场由牛市转熊市，黄金企业现金流大幅萎缩，以现金流支撑的规模扩张戛然而止，但更为深层的内涵是揭示了规模扩张战略的局限性，而必须进行发展战略的升级，这就是发展的目标追求要从规模扩张转到质量提升上来，这也是我国黄金工业从国际黄金生产跟随者向引领者角色转变的现实要求，具有鲜明的时代性。

这一黄金工业发展的历史时期，与之前的11年同样是在一个全面市场化环境中，要依靠黄金企业内置发展动力的历史时期，但不仅发展目标和手段要有变化，而且所选择的发展路径也呈多样化。这将是一个竞争升级的历史时期、文化引领的历史时期、手段金融化的历史时期和追求价值增值历史时期。这一发展历史时期刚刚过去了3年时间，转变已经发生，但结论尚早，所以任何描述都更具有讨论性质，是我们未雨绸缪之举。

2012年4月，金价一次悬崖式的下跌，曾使人们惊呼“狼来了”，但全年国际金价仍上涨6.19%，人民币金价上涨了3.75%，黄金牛市得以持续进入了第11个年头，而2013年“狼”终于来了，黄金工业的“冬天”成为现实。

黄金工业的“冬天”

2013年国际金价由涨转跌，当年下跌15.4%由2012年的每盎司1660.82美元下降到了1411.03美元，人民币金价由每克334.99元下降到了270.6元，下降了18.01%，持续11年的黄金牛市宣告结束，因而产生的直接后果是黄金资产下跌，使规模扩张战略推进时增加的资产大幅贬值，而增加了企业经营风险；另外，趋利的资本也因此外流，使黄金工业资金流迅速收缩，支撑规模扩张战略的市场条件也消失了，所以立即使黄金企业由扩张发展，变为了收缩求存，抱团取暖，这一变化并非是一个暂时的现象，而将可能是一个持续的过程，黄金工业因而要进入一个新的发展历史时期。

金价由涨转跌，对于黄金工业规模扩张战略的实施产生了立竿见影的负面影响，甚至威胁到黄金企业的生存，先看国际的情况：

据美国CPM集团出版的《黄金年鉴》提供的数据，2013年全球黄金开发项目增加的产能为181.33吨，而2014年下降了近七成（69.21%），为55.83吨，2015年又下降到了33.08吨，减少了81.75%，之后虽有所回升，但又很快转跌，预计到2019年之前都没有反转的迹象，表明全球黄金矿业开发进入了一个低潮期。此期间黄金开发项目产能增加情况如表9-1所示。

表9-1　　近期黄金开发项目产能增加情况

年份	2013	2014	2015	2016	2017	2018	2019
新增产能（吨）	181.33	55.83	33.08	79.36	47.22	47.92	26.11

资料来源：《CPM黄金年鉴2015》

造成这一状况的主要原因是金价下跌，黄金生产边际效益下降，造成黄金企业流动资金减少，没有更多资金用于扩大再生产，所以企业由扩张变为收缩。据同一信息源的数据，2002年全球黄金项目投资为8亿美元，而随金价持续上涨到2012年全球42%的矿业开发资金集中于黄金项目，达92亿元，增长10多倍。但2013年金价出现拐点，当年黄金开发资金占比便下降到了20%，下降到了66亿美元。2013年1月美国CPM集团分析预计，2013年至2016年全球新增生产能力709.16吨，但金价转跌，2014评估下降了近一半，仅为398.2吨，表明生产力增长萎缩明显。

再看我们的情况：已习惯于享受牛市红利，处于对外扩张冲动的我国黄金工业，对市场由牛转熊的准备是不足的而缺乏紧迫感，因而2013年金价下跌对于黄金工业发展立即造成了重大冲击。金价走低黄金资产贬值，一些黄金企业不良资产增加造成沉重的财务负担，在边际效益下降的同时财务成本上升，挤压和蚕食了企业效益。2013年黄金产量增长了6.33%，达到了428.163吨，但是全行业盈利大幅下降了近六成（59.44%），由350.41亿元下降到了142.132亿元；行业销售利润率下降了40.68%，由10.47%下降到了6.21%；亏损企业增加了1.94倍，达到汇总企业数的20.47%。

2014年国际金价又下降10.2%，国内人民币金价下降了10.44%，黄金工业并没有提高应对金价下跌冲击的抗击力，因此这一年黄金行业盈利又下降25.07%，由142.132亿元下降到113.619亿元；行业销售利润率下降17.71%，由6.21%下降为5.11%；亏损企业为21.24%，比2013年增加了0.77个百分点。2015年国际、国内金价持续下跌，黄金生产边际效益也持续下滑，黄金行业盈利下降到85.936亿元，又下降了24.38%。亏损企业占比又增加了7.48个百分点，达28.71%。未来是否会持续恶化还有待观察。显然面对金价下跌而收缩求生并非黄金企业的本意，而是环境之变使然。

紧缩也并不是黄金企业度过“冬天”的灵丹妙药，但如果市场环境进一步恶化，黄金企业的倒闭、重组还会加剧，然而“冬天”的来临也并不是发展的终结，所以我们必须调整发展战略，探索出一条新的发展之路。

2013年之始黄金熊市来临，现金流骤减使我国黄金工业规模发展战略终结，而开始了一次黄金工业发展的再出发。再出发在我国黄金工业发展史上并非是首次，1957年、1963年、1975年、1986年就已多次发生，而这一次再出发是在市场化发展环境中由企业而不是国家主导下推进的。黄金工业发展再出发的工作实践虽刚刚迈步，“小荷才露尖尖角”，但新的发展方向已见端倪。

面对相同的冬日严寒会有不同的应对行为，有积极应对和消极应对之分；有收缩求生和发展求生之分。当然，后者是要在“冬天”也要有所作为，但这并不意味仍要在规模扩张发展模式上继续前行，而需给发展注入新的内涵和对发展路径做出新选择。

2014年8月在北京举行的“中国国际黄金大会”中有一场中外黄金矿业巨头对话会，面对市场变化，大家一致认为形势严峻而需做收缩，但在发言中表明中外黄金企业家存在着微妙的差异，国外企业家更多表现出了无奈，而国内黄金企业家们在谈到困难的同时也讲发展，并没有泯灭发展之火熄灭。这种差异的原因从消极方面的解释是在成熟的市场经济国家中社会资源的流动性很强，国际黄金企业可以方便地选择是进入还是离开，因而面对黄金工业的“冬天”可以一走了之，而在我国黄金企业承担着更多的社会责任，不能一走了之，而必须要有坚持长期应对挑战的准备。从积极方面的解释是经过多年的发展我们拥有了一定竞争的优势，在困难情况下多了些从容。其中一个重要的方面是我们在黄金牛市的 11 年打造出了一个多元化经营体系，具有了“东方不亮，西方亮”的转移能力，拥有了更大的对冲金价下跌风险的能力。而国外黄金企业基本走的是专业化之路，金价下跌对黄金矿业冲击最大，而且对金价下跌风险对冲能力因专业化生产而较弱，只能收缩或撤退。所以曾被长期仰视的国际黄金巨人面对金价下跌是十分脆弱的。

进入 21 世纪初的 10 多年里，黄金规模战略的推进使我国黄金产业的面貌发生了极为深刻的改变，多项指标都已进入了世界前列，而这一历史时期黄金规模战略取得成功的一个重要条件是黄金市场由熊转牛，创造了高达近 600 亿元人民币（597.54 亿元）的市场红利，以及受趋利因素影响而有大量社会资金流入，使黄金产业发展拥有充裕的资金流，但 2013 年黄金牛市终止，由牛转熊，这一发展的推动力消失了，从而终止了黄金工业规模扩张战略而开始了一次发展再出发，但我国黄金工业发展需要再出发的原因不只是金价由牛转跌，原因更为深层次这只不过是再出发的一个触发点。

黄金工业发展再出发的内在逻辑

黄金市场由牛转熊对黄金产业的影响是极为深刻的，不仅是我国而是全球黄金产业都由扩张变为收缩，变为第一位的是生存，而扩张发展是第二位的，在这种情况下，以外延扩张为特征的规模战略已不合时宜而走向了终点，但是我们说黄金市场的牛转熊只是我国黄金工业发展规模扩张战略终结再出发的触发点。因为熊市仅是一个短暂的时期，牛市还会出现，而我国黄金工业发展的内在逻辑是规模扩张战略合理性的前提条件已经或正在消失，因而调整已势在必行，这是其内在的合理性。

一、环境容量已不宽裕

使外延扩张为特征的规模发展战略终结的原因是已无足够的资金支持，这可能是一个暂时性因素，而环境客观发展容量的限制是一个更为根本性的长期的因素。人类生产活动要受到环境空间容量的限制，但在人类生产规模不大时不会感觉到这种限制条件的存在，而是当人类经济规模不断扩张达到环境容量或接近环境容量“天花板”时，环境容量的制约性就会显现出来，而过度地透支环境资源就会产生严重的环境危机而威胁到人类的生存，便会成为一个重要的事关人类种族安全的社会问题。

19 世纪工业革命的完成，标志着人类生产力的大突破，人类生产活动进入到一个历史空前的活跃期，100 年的生产规模超过了之前的数千年，而 20 世纪战后的近 70 年，人类的经济活动更达到人类历史的高峰，经济规模又增长了一个数量级，从而经济规模扩张带来的环境问题也日益突出，人为环境灾难频出。因人类经济活动造成的全球温度上升更成为当今人类必须共同应对的环境课题，因而保护环境、建立环境友好型经济成了日益增多的国家的经济发展战略，并成了一种汹涌的社会潮流。曹雪芹在《红楼梦》中写道“大有大的难处”，环境问题就是扩大经济规模而产生的一个大的难处，因而引起了人类对经济发展规模和发展模式的反思，“环境第一，发展第二”的原则为日益增多的人类所认同，这也是人类环境意识的觉醒。

这样的变化离我们的生活也并不遥远，因为环境危机已在我们身边发生。由于我国物质短缺的长期存在，发展经济、保障供给成为我们行动的律条，为此，增加产量是发展经济的首要目标，因而要追求经济规模扩张。而长期政治运动的干扰使对经济规模的追求几经挫折，“超英赶美”不仅是共和国缔造者们的理想，也是几代后来者们的孜孜追求，甚至成了一个重大的政治问题，成为国富民强的标志，所以甚至认为为达到此目标暂时牺牲环境利益也是必要的。

1978年党的十一届三中全会进行拨乱反正，确立了以经济建设为中心的党的工作战略，此后开始推进改革开放，使中国经济走向了持续发展之路。经过30多年的努力我国已成为世界加工厂、生产制造中心：全球500种工业品有220种居世界第一（包括黄金产量），2013年全球220个国家总计产钢16亿吨，而我国一家即占50%强，达8.9亿吨。这或许是许多人梦寐以求的。2008年超过德国成为全球最大的商品出口国；2009年超过美国成了全球最大的贸易国；2010年我国成为第一大工业国，工业总产值和工业净增加值超过了美国；经济总量超过日本而次于美国居全球第二位。而2014年世界银行以购买力评价计算认为中国经济总量已超过美国而成了全球第一。同时，我们积累了超过4万亿美元的全球第一的外汇储备，我们先辈的理想已经或正在变为现实。

可以说，我国经济规模已发展到了一个世界级的规模，但产生了两个问题，一就是透支了自然环境，二是市场容量不够。市场问题后面论述，先说环境问题日益成了困扰经济发展的不能忽视的问题，水和土壤的重金属及有害物质的污染，大面积雾霾的出现已危及中华民族的生存安全，发展经济不能毁掉青天绿地碧水的要求成了全民的意志。为此，2012年在将增长速度由8%下调到7.5%，到2014年再下调到7.4%，这个速度为2009年初全球经济危机以来历史最低水平，而国务院总理李克强在政府工作报告中确定2015年增加为7%，实际为6.9%，并且被视为了新常态。降增速除市场因素外的一个重要原因是环境容量已接近饱和，必须改弦易张探索新的发展之路。

环境容量趋于饱和，为此国家降低了发展速度，因而黄金企业以规模为发展战略目标的扩张外延之路也必然会受到影响，我国黄金生产规模扩张已让位于环境保护，因此20世纪90年代末已禁止开采草原和河床中赋存的砂金矿，2013年的数据表明，我国已探明砂金储量占总储量的5.2%，为472.93吨，预计因环保要求绝大部分已探明砂金储量不能开采。黄金生产是一种矿业开采活动，必然会对自然界的地形地貌产生影响，而且在生产的过程中使用氰化钠剧毒对环境也有潜在风险。在环境意识增强的情况下，黄金生产不仅要增加环保投入，从而增加成本，而且一些资源还会被禁止开发。更多更高的环境条件的出台，标志着国家为黄金开发设置了更高的门槛，黄金生产扩张空间受到挤压，这是现实，必然会给规模战略的实施带来挑战。环境容量的有限性是对规模发展战略最大的制约条件，并非大才是美，要求人类寻求更好的发展之路。人类对经济发展的追求一定要以资源的节约为原则，建立在资源耗用增长基础上的规模扩张战略不能持续，因而要探讨新的发展模式。当然对规模发展战略的挑战不仅来自环境，还来自市场。

二、黄金已非皇帝女儿不愁嫁

当代产品更新换代频繁，原因就是人类生产力规模空前，产能巨大，所以商品供给很快就可以使市场饱和。因而生产者必须推出新产品，满足新需求。因此企业研发费用很大，而且也并不是每一种新产品都可以在市场上获得成功，这也是一种市场风险，因此而倒闭的企业并非罕见。另外一个选择是将产品出口到国外，当代一些发达国家为保护本国的环境和资源而将一些产业外移，而需进口以满足产能外移而减少的商品供应，因而从20世纪70年代开始，一些后发新兴国家和地区乘机建了创汇出口型经济，拉动了本国经济总量的增长，并被作为经验为我国所吸取。我国目前三分之一以上的商品是输往国外，但是，国外市场需求也不是无限的。目前出口疲软已连续3年没有完成出口预定增长目标，不仅影响了经济的增长，而造成了严重的生产力过剩和产品库存积压。我国之所以降低增速，调整结构除环境容量的制约外，市场容量的限制也是一个重要原因。

商品生产的目的是用于变换，如不能完成交换过程，商品的持续简单生产和扩大再生产就不能进行，这就是市场需求对生产的约束力，因而被马克思称为商品生产者的惊险一跳，我们国家经济发展已受到这危险一跳的严重困扰。但黄金数千年来以来总是“皇帝的女儿不愁嫁”，产品更新换代对于黄金生产者来说只是听听而已的故事，感觉与市场条件约束距离很远，因而黄金企业不需要营销，无须做拓展市场工作是长期的主流观念。而实际黄金市场的需求容量也不是无限的，由供给不足到黄金需求不足的这种变化已经发生。

黄金的短缺首先是因为在人类漫长的历史中黄金生产力非常低，产地少而且产量小，在 19 世纪中叶以前 5000 多年里总计只生产了 1 万多吨黄金，每年平均产量仅为 2 吨左右，所以只能为社会少数权贵所专有，或用于祀祠的神器，或用于权力象征物，神秘而稀贵，远远满足不了需求，因而成为争夺的对象，而对于一般民众来说是只听其名，难见其容。19 世纪后半叶黄金生产力出现突破，50 年产量超过了之前的 5000 年，达到了 1.52 万吨，全球年均产量达到了 304 吨，是之前的 152 倍。但因此时金本位的建立，黄金作为货币的需求极大增加，所以并没有因生产量的大增而改变供给不足的现状。而之后的 20 世纪，1972 年前的 72 年中黄金总产量达 6.52 万吨，年均产量 905 吨，比 19 世纪后半叶又增长了近 2 倍，但都被作为货币储备由各国央行所储藏，黄金成为各国政府严把死守的战略性资产，为此甚至争夺之战此起彼伏大动干戈。因而也没有因生产能力的提高、供给量的增加而改变供给不足的局面。

1972 年因美国停止履行以 35 美元兑 1 盎司黄金的国际义务，使国际货币基金组织开始推进黄金非货币化，一个立竿见影的变化是各国央行不再增加而是开始减持黄金储备。1970 年全球央行及官方组织的黄金储备量为 3.66 万吨，即使从 2009 年开始央行成为黄金的买家，黄金储备增加，但到 2014 年为 3.16 万吨，但仍下降了 0.50 万吨，为 –13.66%，而历史低点是 2007 年仅有 3.0 万吨，下降了 18.03%。黄金储备占总外汇储备的份额由 1971 年的 34.9% 下降到 2014

年的 9.1%，2015 年再下降到 8.9%。43 年来中央行黄金储备量只减不增，因此传统的第一大需求市场的增长空间已变得狭小。

黄金失去了官方外汇储备市场增长动力之后，变为主要面向黄金工业制品加工市场和民众投资市场，成为黄金需求主市场。总的来看，40 多年来这两个市场的需求是呈增长之势，特别是进入新世纪以后的 10 多年，需求较 20 世纪 90 年代又增长了 1 个千吨级，由 3000 吨级上升到了 4000 吨级，这是新世纪第一个 10 年信用货币危机爆发而拉动黄金投资的结果。2012 年黄金工业加工用金量 2655.5 吨，比 1977 年 1411.13 吨增长了 88.18%，而民众黄金投资用金由 154.31 吨增长到了 1552.79 吨，增长了 100.63%，为总增长量的 52.92%。投资需求增长高于工业制造用金需求增长。

民众与工业的黄金需求也面临两个方面的制约，工业需求因黄金价格昂贵，基于降低成本的要求，面临替代品的竞争而投资需求面临其他投资标的竞争。随着美元逐步由弱转强，以避险为目的的黄金投资需求便由增转跌，使 2013 年投资需求比 2012 年下降了 16.1%，虽黄金工业制品加工用金增加了 11.3%，但总需求仍下降了 5.7%，又退回到 2009 年的水平。如果从一个 10 年区间观察，从 2004 年至 2013 年的 10 年间年均环比增长率仅为 0.86%，市场需求增长势头很弱，后势也不乐观。

21 世纪的第一个 10 年全球黄金年均需求比 20 世纪 90 年代的 10 年增长了 25%，而矿产金供应只增长了 16%，低于需求增长 9 个百分点，但也没有出现供给的不足，原因是人类存量黄金日益增多，矿产金减少并不会使供应量减少这是黄金仍出现供大于求的更重要的原因。

黄金优良的化学物理特性使黄金的物质结构十分稳定，所以人类数千年生产的黄金中的 97% 以上还存留于世，而且越积越多，到 2013 年已达 17.23 万吨，相当于当今 40 多年的需求量。除央行储存的 3 万多吨黄金比较稳定外，另外超 10 万吨的黄金由民众持有，随时可以进入市场成为供应量，所以当今巨大的黄金存量已成为全球改变黄金短缺、供不应求矛盾的结构性因素，使黄金已不再是“皇帝的女儿不愁嫁”了。

中国的市场情况似乎与此不同，因进入新世纪中国黄金市场日益向民众开放，有日益增多的民众进入了黄金市场参与黄金投资活动，从而拉动了黄金需求量的增长，当全球黄金需求增长停滞时却表现亮丽。从2004年至2013年的10年间，黄金需求量增长了8.08倍先后突破300吨、500吨、1000吨、2000吨关口，2013年到达了2198.84吨，2014年有小幅回落，为2016吨，2015年又回升到2239吨。致使从2007年开始成为黄金进口国，而且进口量不断攀升，到2013年超千吨，达1523.75吨，2014年为1294吨，2015年为1390吨，分别为全球总供应量的35.12%、29%和31.97%，分别是我国当年黄金产量的3.56倍、2.86倍和2.69倍，呈现的是供不应求的状态。

中国的个案不具备扭转全局黄金需求不足局面的力量。黄金具有统一价格和全球交易市场，因而即使黄金需求旺盛的中国也必须要为全球需求相对疲软的市场格局买单，也要面对金价下跌的挑战，并没有因中国需求旺盛而改变。由于我国黄金企业日益转变为多元化经营，成为多金属生产者在一定程度上缓解了黄金市场规模对规模扩张战略实施的约束力，但非金金属也有一个市场容量问题，近年来铜、铅、锌等金属也出现了量缩价跌的情况，产品多元化对黄金工业规模扩张战略贡献锐减。也就是所有商品都有一个市场容量问题，不是无限的，因而规模扩张战略的实施是有条件的，具有一定局限性。

环境空间和市场空间的有限性是约束规模扩张战略的两大客观条件，规模扩张战略只有在具有环境空间和市场空间的基础上才能实施，然而我国黄金工业发展的环境空间和市场空间红灯频闪。因而我国黄金工业发展必须改变规模扩张战略，以突破环境空间、市场空间日益突出的发展瓶颈，这是2013年开始的黄金工业再出发的核心任务。我国将面对的是一个与之前有很大不同的历史发展时期，开始了新的发展之路的探索。

竞争从广度到深度，再到高度的全面升级时代

我国黄金工业由扩张转为收缩，在很大程度上，反映了黄金工业发展客观环境条件的日趋严峻，扩张的空间缩小，求生存的难度加大。在这种情况下，国家间、行业间、企业间生存竞争加剧，因而我国黄金企业必须打造更强大的竞争力才能获得发展的优势，获得生存的主动权。从这个意义上讲，我国黄金工业历史新阶段的首要任务是打造竞争力实现竞争力升级，为此，我们必须要站在更高的层次上看问题。

一、竞争由国内发展到国际

今后中国黄金产业的发展必须要有更大更高的国际视野，无论是资源的配置，还是产品市场布局。一方面有日益增多的中国黄金企业“走出去”，进入国际市场；另一方面也会有日益增多的境外黄金投资者进入中国市场。而这种双向开放的结果是中外投资者日益广泛地在一个市场平台上相遇，相互的竞争是必然的，但竞争追求的最佳结果不应是你死我活而是合作双赢，因而双方如何沟通了解是一个新课题，但目前极缺中外双方能深入交流的平台和固定的通道，所以加强这方面的工作是打造黄金产业发展升级版的重要内容。

“打铁还需自身硬”，这句谚语告诉我们当前紧缩局面是中外双方共同面对的难题，但我们要有比国外同行更好的表现，才能将这次紧缩危机变为境外低价扩展的时机，因而黄金工业发展新战略的一个重要内容就是增加中国黄金企业的国际化程度和提高中国黄金企业的国际竞争力，在中外竞争的平台上实现国际逆向发展。

中国黄金企业国际竞争力提高的标志是在这期间建成一个或数个进入全球

前十，甚至前五的大型国际性黄金企业；出现一个或数个国际黄金制品品牌，形成一批支撑国际品牌的文化创意企业；建成新型的国际黄金物流中心，在全球黄金市场交易体系中成为独立的一极，在价格形成中要有更多的人民币金价的成分；更为重要的是，要成为国际市场规则制定的参与者，并逐步成为国际市场规则的制定者。

中国黄金工业在国际比较中实现逆周期成长有两个基本条件：一是建立在内涵挖潜的基础上量力而行，不能因造成现金流中断，在紧缩的环境中对现金流管理尤其要慎之又慎；二是能够对市场风险有足够的市场掌控力，“智者千虑，必有一失”，再好的谋略也有疏漏，因为计划赶不上变化而存在不确定风险，只有当出现风险时可以掌控化解才能保证目标的达成。一句话，逆周期成长绝不是一种冒险家的事业，而是要有更强的应对风险能力才能实现。

紫金矿业是逆周期发展战略的践行者，也是成功者。它的实践表明这一战略成功是建立在能做别人不能做的事的能力基础上的，也就是要有别人所没有的核心竞争力，因而竞争力的锻造是关键。

二、竞争从企业内部延伸到市场

今后企业竞争更多要由现场管理的比拼延伸到市场掌控博弈，这并不是说现场管理已不重要，而是企业管理必须向外延展。当前市场由牛转熊，市场红利消失，因而黄金企业为了生存就必须加强现场管理，大练内功，降低生产成本。当别人对低金价难以承受时，而因自己的生产成本低仍能生存，便赢得了生存的优先权，所以低成本是竞争的要素和手段，但低成本具有更广泛的内涵。练内功只是资源使用的优化，即通过对现场管理的加强减少浪费，或通过技术改革提高资源使用效率，从而降低生产成本，增加低成本竞争力，但企业资源使用成本还有采购成本。资源采购的质量、价格、数量、时机都会对成本造成影响，而采购获得资源过程发生在市场，所以降低生产成本仅有现场管理力还是不够，还必须具有市场掌控力。

企业所需资源获得皆源于市场，而市场充满变数，并且资源是在平等竞争机制下获得的，所以市场掌控力十分重要，这是获得企业资源优势的关键，是企业竞争力的一部分和企业管理的一部分。另外，黄金企业生产的产品全部由企业在市场上销售，而在什么价位上完成交易，能否完成交易都是事关企业生存发展的大事。也就是市场不仅是企业发展所需资源的源头而且是归宿，所以要求企业管理由内部的现场延伸到外部市场，企业间的竞争也由企业内部管理比拼延伸到了市场竞争博弈。企业管理外延要求企业不仅要拥有现场掌控力，而且还要求企业要拥有市场掌控力。

市场变化具有众多的不确定性，这些不确定性就是市场风险，所谓市场掌控力本质就是发现和化解市场风险的能力。由分析 2013 年由于金价由升转跌而产生数亿元巨额亏损的企业案例可知，这些企业内部现场管理并没有出现重大问题，而主要在市场风险的控制上出现了问题。面对的市场风险是相同的，但对企业的影响具有相对性而是不同的，也就是面对同样的市场风险，一些企业因此而遭遇灭顶之灾，而一些企业确可以转危为机，原因就是企业对市场风险的掌控能力不同。在当前市场紧缩的情况下，只有市场掌控力强的企业才能得以生存发展，而掌控力弱的企业最先被淘汰，现在我们要实现逆向发展的内涵就是推动优胜劣汰，而非机遇的普惠。

三、竞争由生产效率的追赶扩展到社会美誉的努力

按照传统的认识，企业是以盈利为目的的生产组织，因而企业间的竞争胜负的关键是生产效率，因为高效率可以产生低成本和高盈利以及高产量，所以推进技术进步，采用高效设备成为竞争的主要手段。但是，当经济规模发展到足够大并日益接近环境容量时，环境就成了紧缺资源，但要获得这种紧缺资源仅有先进的生产技术是不够的，而要求企业也要推进社会人文建设，实现企业

与社会的和谐及环境的和谐，为此甚至也可能要降低规模和减少盈利。这就是要求企业不仅是物质财富的生产者和提供者，还要是精神财富的生产者和提供者而要承担起更多的社会责任，因此现代企业观使许多教科书上的对企业定义和理论是需要修正的。

企业生存发展所需的资源来自于社会和大自然，但企业不能是只知索取的利己者，一定要懂得回报，有感恩之心。于是企业的社会美誉度成为企业发展的要素，不能与社会和大自然构筑和谐关系的企业就不能发展。首先遭遇挑战的是我国首批走出去的企业，近来我们经常看到在国外开发项目受阻的报道，多数是因对项目破坏环境的质疑和居民的反对，这些阻力的产生与我们不重视或不善于建立社会和谐关系有关。所以我们国家主管部门一再要求走出去的企业必须加强这方面的工作。而在国内，企业履行社会责任也已成为了一个热点话题，为此，国资委将履行社会责任列入对央企考核的内容，这也是国家加强企业社会责任意识的一项举措，2009 年特别下发《关于中央企业履行社会责任的指导意见》。

企业的社会责任的主要任务是建立和谐的社会（环境）关系与建立和谐的人际关系，前者是企业要推进绿色矿山建设，将环境保护置于发展的首位；与社会共享发展成果，诚信经营。后者是要建立积极向上的企业文化，体现员工关怀。黄金企业社会责任的系统理念建立是进入新世纪以后的事了，而之前是碎片状的，进入新世纪则开始进入一个理论和实践提升期。2013 年中国黄金集团公司社会责任发展指数进入全国前十，山东黄金集团获“2013 中国上市公司最具社会责任感企业”，紫金矿业 2012 年获“最具爱心捐赠企业”。他们是履行社会责任走到了前面的企业，也是 10 多年来发展最好的企业，这恰好也揭示了形成社会美誉度与发展存在着内在的逻辑关系。

积极履行企业的社会责任，提高企业社会美誉度，是当今增加企业竞争力的手段，从而也改写了企业的传统定义，这是因为在环境成为稀缺要素之后，企业社会责任的履行可以缓解企业发展与环境的矛盾而在竞争中赢得优势。因而黄金企业竞争力升级版也应是黄金企业履行社会责任的升级版，以良好的社会美誉获得社会的认知，从而筑牢黄金产业发展的社会基础，而且黄金企业不仅要注意国内社会美誉度的提升，在走出去的潮流中还要注意创建国际美誉度，这是黄金企业社会美誉度的升级版。

四、竞争由物质的层面上升到精神层面

企业家精神及人性的升华成为发展的关键。我国企业改革的目标是使企业成为自主经营、自负盈亏、自我发展的商品生产者，这一目标虽尚有欠缺，但基本上已经实现，因而企业发展不再是国家的安排，而成为企业自我要求，这就使居于企业决策者地位和运营指挥者地位的企业管理层，尤其是“一把手”成为企业发展的关键。企业发展在很大程度上取决于企业家的能力和状态，因而企业家精神的培养就成了至关重要的问题。

企业家精神就是追求进取，勇于创新，律己包容，坚守道德底线的精神。在同样的条件下，或是机遇相同，或是挑战相同，但企业领导班子，尤其“一把手”企业家精神的差异就会使企业发展出现完全不一样的结果，尤其是黄金企业推进逆向发展具有开创性和风险性，只有具有企业家精神的企业领导才愿意和勇于承担风险向前推进，所以有意愿或能够推进黄金企业逆向发展的不是全部而只能是一小部分企业家。他们是黄金企业家的代表，但他们是我们发展大厦的栋梁，代表了行业发展的方向。

企业家精神是人性的精粹和升华，这是一个自我修养和实践磨炼的过程。人性具有恶与善的两面，因而企业家精神培养就有一个扬善抑恶的修炼过程，但这个过程并不是所有的企业家能够坚持到底，中途折戟者并不少见。近十年黄金行业中屡有各层级的企业领导者折戟沉沙，他们不仅不能推进发展，反而大肆地破坏了发展，但他们不是天生的恶人，也曾做出许多奉献而被认可，因而他们的人生价值才得到提升，但终不能善终。不要说他们没有坚持住党性原

则，就是人性道德底线也没有坚守住，而滑向了犯罪的泥潭。因而企业家自觉的个人自持和人性的淬炼就成了一个重要的问题。时代需要企业家，企业家需要人性升华。

信息互联网 + 生产自动化，黄金工业步入 4.0 时代

技术进步是黄金企业的核心竞争力，而当代企业技术进步的标志是信息互联网 + 生产自动化，黄金生产进入了“工业 4.0”时代。

19 世纪工业革命使人类生产力发展到了一个空前的历史高峰，但工业革命仍在不断发展之中，工业革命在经历了以蒸汽机为动力的机械化时期、以电力为动力的电气化时期和以电子芯片为基础的自动化时期之后，近期又拉开了第四次工业革命的帷幕。2011 年德国首开先河，这就是以互联网技术为基础的“工业 4.0”，“工业 4.0”是互联网出现后信息科技对人类生产活动产生的直接影响的产物。

一、工业 4.0 的特征

“工业 4.0”就是以信息通信技术和网络技术相结合为工具，实现信息技术与工业生产的深刻融合，促进制造业向智能化转变，实现生产过程中的设备与设备之间、人与设备之间、人与人之间、服务与服务之间的信息互联互通形成一个智能网络。通过这个智能网络将生产、设计、市场、物流各环节连为一体，使生产系统可迅速根据变化做出调整，成为能满足个性化需求的生产系统。从而极大地增强了对迅速变化的市场适应能力而增加了产品的竞争力。

“工业 4.0”是利用互联网技术将生产过程中的全部信息集成为一体，并使用计算技术迅速做出处理，不仅大大缩短了信息的处理时间，从而使生产系统调整的时间大大提高，更大程度地适应了市场变化，而且大大降低了信息处理

成本，使企业结构由集中型向分散型变化具有了可行性，因而为避免大企业病和进一步挖掘专业化的贡献提供了一条新的道路选择，因而“工业 4.0”将极大地改变当代工业的形态。

“工业 4.0”主要是立足企业内部信息的互联互通，进一步的“物联网”，则是实现内部生产系统与外部市场系统的信息互联互通。制造业可以借助这一网络收集市场需求变化信息，为新产品研发和改进服务收集数据，并准确确定自己客户群体，了解他们的偏好。而只有了解市场和客户的企业才能具有核心竞争力，才能在最佳的时间提供最好的产品和服务，并进行生产过程的适时管理控制。同时利用这一网络与供应商信息共享建立适时供应制，从而大大减少库存。将供应链上的多个环节、多个企业连为一体，统一成一个工作节奏，从而大大节约企业的物流成本。

在一个更高层面上是建立产业互联网。这是多个行业的信息的互联互通，实现全产业的智能化融合，因而是信息互联网化的升级，比“工业 4.0”和物联网的覆盖面更为广泛，从而在更广更大的社会层面上的资源要素实现适时配制，因而可以为制造业提供更大智能化支持，实现企业生产过程的横向与纵向全价值集成，使每一个与生产有关的领域都被赋予了“智慧”，使社会资源的使用效率得到全面提升。

二、信息互联网的影响

信息互联网技术的发展和应用将对我国黄金工业发展产生深刻的影响，这是一次重要的产业变革。面对变革，我国黄金工业既有挑战也有机遇。未来互联网技术的应用的影响将会在以下几个方面表现出来，当然这是一个不断提高的渐进过程。

1. 物流的网络化

黄金企业的采购和销售将由传统的面对面、点对点的采购交易方式更多地改为“电商”方式，下单、结算、交割都将使用网络完成，供给与需求可以实现零距离，并实现交易过程的透明化。

2. 管理的网络化

工业生产过程中的每一个工作环节中的人与人、人与设备、设备与设备之间的现状信息用网络连为一体，就可以通过网络对生产过程实行远程管理控制，甚至可以自动调整对生产过程实现适时管理。

3. 决策的网络化

生产与市场通过网络网形成信息一体化，黄金生产企业可以通过互联网直接进行市场信息的收集处理并做出决策，从而网络化技术将成为黄金企业核心竞争力的一部分。企业决策更迅速、更准确。

4. 生产的网络化

信息网络化可以使需求者的信息及时、迅速地使生产者获得，不仅使生产环节实现无库存，而且可以使生产与需求无缝衔接，使个性化定制生产成为可能，从而可以极大地促使黄金产品的丰富和多样化，并为生产者带来更大的产品增值空间。

三、我国黄金信息网络化现状

我国黄金产业信息化和网络化发展晚、差距大，但进步快。在 20 世纪 80 年代，我国还有许多手工方式的黄金生产者，到 90 年代中期，计算机才进入黄金企业，而且当时主要是用于办公文字处理的简单的 PC 机，这时的进步主要是生产过程的机械化，而不是生产过程的自动化，信息网络化尚未提上日程，因而信息呈点状分布。之后计算机技术才首次进入了黄金企业的办公室和财务核算领域，而生产管理的网络化的推进是进入新世纪之后的这 10 多年，而信息网络建设全面启动则刚刚开始。

21 世纪的第一个 10 年黄金生产过程的信息管理取得进步较大的有两个方面：一是基于黄金生产安全的要求而对地下采掘、运输系统的信息的收集与处理管理；二是基于生产自动化的要求而对设备运行信息的收集与处理管理。这两个方面信息自动化收集与处理有了很大的进步，存在的问题是这个进步仍处于企业局部的信息自动化收集处理，而未形成企业统一的信息网络，更没有实现与外部网络的联通，因而其功能是点的信息互通，而未形成完整的企业信息收集合成、处理。

进入“工业 4.0”时代的黄金企业必须高度重视信息技术和互联网技术。如果把研究地质资源赋存规律和采选冶方式的技术称为企业的“硬技术”的话，那么信息技术和互联网技术可称为企业的“软技术”，主要的功能是确定资源最佳的组合方式，提高资源使用效率和改进管理效能。因而是对企业经济效益有重要影响力的技术。现状是黄金企业信息技术研发和推进已经有所收获，但互联网技术的研发和推进基本上还是处于一穷二白状态。

对我国黄金产业来说，产业互联网的建设是一个很大的薄弱环节，基本上还处于无人关注的状态，原因可能是产业互联网的建设已超越了企业层面，需在一个更高的社会层面上推进，而现在在一个更高社会层面上推进产业联系网建设的主体显然还未明确。但从发展趋势上看这是必然而且必须要做的。所以随着社会条件的成熟，黄金产业互联网建设是一定要推进的，目前信息收集处理系统建设滞后已经成为我国黄金产业发展的软肋，没有互联网这样一个信息基础平台，任何决策都还停留于跟着感觉走的水平，而缺乏对环境变化的准确把握。

互联网信息技术是一种工具，它的使用可以使黄金工业在获取资源、生产管理、组织结构、物流形态等诸多方面产生革命性变化，因而我们必须高度关注重视。

天堂与地狱同在的黄金金融时代

黄金管制解除进入市场 10 多年后，才有日益增多的人认识到解除管制，黄金走向市场，并不是黄金商品属性回归，而是黄金财富属性的回归。民众开始自由拥有黄金，但无论是拥有金饰还是金币都主要用于财富储藏和财富保值。

在当今信用纸币成为人类财富的主导形式而又持续贬值的情况下，有内在价值的黄金财富成了规避纸币贬值风险的选择，所以黄金成为一种绝对财富而被人类所重视。黄金虽然已不是货币，但作为投资标的仍是当代金融市场的重要存在，所以黄金生产者进入的是一个金融属性主导的市场。这意味黄金生产者社会功能定位的变化，即从商品生产者变为了金融产品的生产者，而且是特殊的金融产品生产者，对于这一点我们还缺乏深刻地认识和感知。

黄金工业进入了一个黄金金融时代对我国黄金工业发展的影响巨大。这也是我国黄金工业发展再出发的原因之一，因此黄金企业不仅需要树立黄金金融运营的发展理论，而且需要掌握在黄金金融时代生存的金融工具，对于黄金企业而言，这个课题虽已破题，但尚未完成，航船只是刚刚起航。

一、认识黄金金融时代

当代金融是由纸币及其衍生物主导，因而黄金金融与一般金融相通，但又有自己的有别于一般金融的特殊性。一般金融是纸币标的的流通，是一种虚拟财富交易；黄金金融是黄金的流通，黄金是一种实体财富，并且黄金金融具有实体财富与虚拟财富适时转换的功能，而成为对冲信用标的贬值风险的选择，因而黄金标的在金融市场中具有唯一性。黄金金融化使黄金生产企业面对许多新情况，而需新的思维和新的选择，因而产生了更多的机遇，同时也产生更多的不确定性，即市场风险。

1. 资源金融化

黄金地质资源是进行黄金生产的前提条件，是黄金企业一种基础性原材料，但现已变为一种具有金融属性的交易标的，也可以被视为埋在地下的潜在黄金财富。在开放的市场环境中，这种潜在的黄金财富金融化也成为投资标的进行流转在市场中买卖，但因黄金地质资源深埋地下，具有很大的不确定性，黄金资源投资则成为一种风险投资。

在风险投资市场中，黄金资源交易标的主要有两类：一类是矿权，即国家相关部门以法律文件形式所赋予的探矿权和采矿权，可按照法律规定的程序进行一次转让或多次转让，因而矿权可以交易买卖；另一类是已探明资源，企业已探明资源可以作为生产原料，自己开发使用，也可作为交易标的入市交易。

资源金融化给我国黄金产业发展带来以下变化：

（1）出现了一个新兴的矿权市场。市场中汇集了大量的风险投资者，成为黄金产业投入资金的一个重要的来源，促进了黄金地质勘探业发展成为了一个独立的矿业部门。

（2）扩大了黄金企业可变现的资产构成。这种尚未开采的资源也可以买卖而诞生了提前销售，为黄金企业筹集生产建设资金和规避金价下跌风险提供了一个新途径。

（3）资源的金融化为黄金企业的资产增值保值提供一个新选择，即在企业产能之外，没有加工开采的地下资源也可以增值，从而可提高黄金企业的总资产数量，实现企业发展。

（4）我国黄金企业走出去在开发黄金之外又有了一种新选择，即进入国际资源风险市场而不是黄金交易市场，这对进入对黄金自由化有所限制的国家和地区有更积极的意义。

2. 产品金融化

黄金企业的产品无论是金锭还是再加工后的黄金制品都具有不同的金融属性，或可直接作为投资标的，或可间接作为投资标的并可以变现，而与货币有很好的互通性。因而多数黄金产品都是可以成为民众的财富储藏的选择。所以黄金及黄金制品除一手交钱一手交货的一般商品交易方式外，还可以像货币一样进行借贷交易，而在所有权不发生变化的情况下或在流动中产生利息，或实现与货币的互换，而给黄金企业提供了更多选择。黄金产品金融化为黄金提供了除交易外的更多种流通方式：

（1）黄金质押：以黄金占有权的暂时让渡，实现黄金与货币的转换，合约到期收回黄金，归还资金并付出利息。黄金质押已成为黄金生产者获得流动资金的一种手段，往往是金价偏低不愿卖出而又需要流动资金时使用；或者是机构为了解决出现的现金短缺而采取的一种融资方法，甚至国家之间的融资也会采用黄金质押。

2013 年我国商业银行黄金质押业务累计近 40 吨（39.85 吨），以质押价值的 70%～80% 发放贷款，贷款总额约为 90 亿元人民币，这是我国商业银行只有数年历史的新业务。

（2）黄金拆借：以黄金所有权和使用权的暂时让渡，收取利息收入。黄金拆借与资金拆借一样，一般多是在商业银行之间进行，民间小规模的黄金拆借也是存在的。黄金拆借主要是用于临时订单的出现而对黄金原料的需要，或最终头寸交割的需要。2013 年商业银行拆借总计达 407.23 吨，比 2012 年增长了 643.12%，表明了黄金拆借需求具有巨大的潜力。

（3）黄金租赁：以黄金使用权的暂时让渡，获得利息收入。由于黄金与货币具有良好的互换性，对商业银行来说，黄金租赁实际上是卖出一个即期合约，买入一个远期合约。卖出一个即期合约是一个黄金物的交易过程，而买入一个远期合约是一个货币的流转过程，从而获得服务费。而对于黄金的提供者来说，黄金租赁是增加黄金资产的流动性而获得利息的一种方法。在国外，商业银行租赁黄金的来源是各国央行的黄金储备，在我国还没有国家黄金储备租赁的确切信息，而主要是商业银行从国外借贷市场上获得。在中国，黄金租赁还有一个特殊价值，因我国商业银行贷款有额度限制，而黄金租赁并不受贷款额度的限制，故是商业银行增加贷款总额的一个现实选择。

为了规避价格风险，黄金加工商一般不会进入黄金交易市场，而是进入租赁市场，是黄金租赁的最大客户群体。2013 年商业银行黄金租赁业务 947.65 吨，金额超过了 2000 亿元。

3. 市场金融化

当代黄金市场已由黄金实物市场发展成为资金流转主导的市场，每年黄金交易量中实金交易占比不足 1%，99% 以上的交易量是虚拟交易，产生的是货币流而不是黄金流，因而当今黄金市场交易已货币化。

2013 年全球黄金总交易量达 40.1 万吨左右，其中实金交易量不足 4000 吨（3826 吨），为总交易量的 0.95%，衍生品交易量占 99.05%。2013 年我国总交易量 3.11 万吨，衍生品交易量 2.95 万吨，为总交易量的 94.86%，实金交易占 5.14%，高于国际平均水平，但仍是衍生品交易主导。

市场金融化的另一个标志是出现了日益增多的黄金衍生品。我国已有在即期金价基础上交易的 T+D 合约、提前销售合约、以远期价格交易的黄金期货合约、黄金期权合约及互换合约。黄金衍生物交易不产生物的交割，或只有极少的物的交割，而是货币的流转。因而当代黄金市场成为黄金交易与衍生品交易平行发展的两元结构，但衍生品交易得到了更快的发展。两元结构是黄金市场的重要特征，也是黄金市场金融化的结果。

黄金市场两元结构的形成扩大了市场服务功能，在交易功能之外，又有了投资、融资和借贷功能，适应了参与者多元化需求，从而扩大了参与者群体，使市场交易规模的扩大有了更大的社会推动力。当代黄金市场的发展主要是建立在资金流增长之上，而不是物流增长之上。黄金市场交易虚拟化的发展在增加交易量的同时也对黄金市场的稳定性产生了消极影响，黄金不再是货币和汇率的稳定基石，而变为了与其他市场相同的价格频繁波动的市场，价格波动具有不确定性，而这种不确定性就产生了参与者的市场交易风险。

二、市场风险成了交易标的

市场交易风险是客观存在，不能消灭但必须能够分散、转移，从而化解市场风险的冲击，这对于保持市场的稳定和运行意义重大，而市场交易风险的分散、转移是通过市场交易完成的，于是交易风险也成了交易标的，出现了风险交易市场。

市场交易风险可以作为交易标的是因市场交易者存在着风险偏好差异和对事物的认知差异，于是有人不愿承受风险而卖出风险，因而可能失去机会利润；而有的或者是基于不同的判断认知认为不是风险而是机遇，因而买进风险；或者因是自身条件具备更大承受能力也可以买入风险，赌一把赢得机会利润。于是市场风险（金价变化不确定风险）也成了交易标的，所以当代不仅有黄金交易市场，又出现了市场风险交易市场，这是黄金金融化时代的显著标志。

分散、转移市场交易风险的市场功能主要由黄金衍生品交易市场承担（只有极小量实金是在这个市场中交割），黄金衍生品市场是交易市场风险的市场。其发展的逻辑是：

黄金市场交易风险是客观存在，所以在转移和分散的过程中可能产生新的风险，因而对新的风险进行再分散和转移，黄金市场衍生品创新也正是沿着这样一个思路向前推进的。为了分散、转移现货交易市场风险而推出了黄金期货衍生品远期黄金期货合约和提前销售合约；而为了分散、转移黄金远期交易风险，又推出了黄金期权合约；进而为了分散、转移黄金期权市场风险，又推出了互换合约及为分散和转移黄金交易市场风险而创立黄金借贷市场等。正是层层分散、转移黄金交易风险而不断扩大了黄金衍生品交易市场规模，因而也使黄金市场充满了交易风险，投机者成为最活跃的市场参与者，甚至成了交易主体。

进入黄金金融化时代的黄金企业不仅面对的是一个黄金自由交易的市场，而且是一个充满交易风险的市场，这是与黄金管制时最大的变化，发展的风险空前增加了，今后发展一定要在风险可控的前提下进行，这是必须树立的发展新理念，然而并不是所有的黄金企业都能控制风险，最终的结果将有天壤之别：或上天堂，或下地狱。

三、天堂乎，地狱乎

黄金金融化的本质就使黄金这种自然界的物具有了钱的功能，因而极大地增加了黄金的流动性，因价格的波动而产生了时间上和空间上的价值差，而成盈利为目的的投资标的。显然，黄金金融化使黄金生产者有了利用黄金标的流动性实现盈利的机会，这是在黄金管制缺少流动性历史时期所没有的，这种新机会是黄金市场化带来的，但这是问题的一面，而另一面是黄金流动性增加和交易的频繁使金价不确定性风险成为一个十分重大的风险，稍有不慎即可深陷泥潭不能自拔，甚至产生的损失足以使其破产。所以，进入了黄金金融化时代的黄金企业要发展不仅要有过硬的黄金采、选、冶技术，同时还必须有过硬的市场风控能力。

黄金市场参与者因在市场中的追求目标存在差异性，所以市场交易风险的影响不同，对市场交易风险的应对策略有别。黄金生产者是一个长期投资者，一个金矿山从勘探到建设再到生产而最终闭坑，往往要持续数年、数十年，甚至上百年，并且投入资金巨大，多年才能收回，而价格是影响投资效益和资本回收安全的重要因素，因为金价的高低是黄金生产者现金收入多少、边际效益大小的直接影响因素。金价下跌现金收入减少，企业亏损而使投资无法回收，这就意味着投资失败，然而金价变化的不确定性使任何情况都可能发生，黄金企业在黄金金融化时代发展的首要工作是要避免这种情况的发生，要努力保证实现金价的长期稳定，所以需要将金价下跌风险转移出去，但因此可能牺牲可能出现的金价上涨而产生的机会利润。

投机者与黄金生产者不同，他们是随时进入又可以随时退出市场的短期投资者，他们是以承受市场不确定风险为代价获取可能出现的机会利润，而且无论金价涨跌，只要操作正确都可获利，所以他们是“火中取栗者”，唯恐天下不乱，是金价波动的始作俑者，所以投机者是市场风险的购买者和承受者与制造者，因而投机者必须要有极大的承受风险的能力，因而特别是要量力而行，否则很快就会成为市场中的失败者。

基于不同的目的，在风险交易市场中的交易者有着明显的市场定位区隔，黄金生产者一般情况应是以规避风险为目的的风险卖出者，因此可能会丧失机会利润，也就是规避风险是有代价的。正是因为如此，黄金生产者往往会因利润的诱惑而发生角色的混淆成为一个以盈利为目的的投机者，不仅没有规避风险，反而放大了自己承受的风险，而造成了重大经济损失。对于黄金企业的风险控制，首先从自身开始，黄金企业要建立有效的风险制度，而且不能是局部的，而是一个系统控制，企业的每一个工作环节都应作出明确的规范和衔接，这是一件重中之重的大事。

在黄金金融化环境中发展，必须把风险控制放在工作的首位。风控的目标一是安全回收投资，二是实现投资的适度增值，而要抑制的是对利润最大化的追逐，这需要对传统经营理念的修正。但是，受人类贪婪之心驱使对利润最大化追求永远具有巨大的吸引力，甚至是前仆后继，为此，正确的做法是黄金企业建立两支功能有别的工作团队，实现生产运营团队与市场风险团队运营分设，各行其司，从而在实现生产运营稳定的同时也可追求超常利润。现在一些大型企业集团纷纷组建独立的财务公司，投资公司进入证券业、基金业就是这一努力的表现，并已有成功案例出现。

功能创新：提高黄金价值之路

黄金企业规模战略的终结，则意味着以产量为中心的发展之路要转移到以价值为中心之路上来，黄金增值即将提高黄金产品的价值量作为生产追求目标。从不同的角度对黄金的价值和增值会有不同的诠释。从本质上讲，商品的价值源于商品对于人类的有用性，失去了有用性也就失去了现实的价值，黄金同样如此。有用性也就是满足人类的需求，而人类的需求是不断变化的，因人类需求变化而不再具有有用性的东西，也就不再具有价值，如贝币，因它失去了交换工具的有用性，于是也被清除出了人类财富体系之外。而黄金在与人类为伍的数千年里，社会功能不断地随人类需求的变化而变化，因而始终保持了有用性而成了人类的绝对财富，从而也使黄金的价值永恒，因而拓展和维护黄金的有用性是保持和提高黄金价值的根本之路。

黄金的社会功能可以继承，因而黄金有用性可以持续保持；但也可以扬弃，所以黄金有用性又可能丧失，黄金有用性的这一发展规律告诉我们，要保持黄金有用性永续就必须推进有用性的创新。而在当今信用财富主导的大势中，有一股很强大的力量在推动黄金无用趋势，因而黄金有用性创新具有更为紧迫的现实意义。

当今黄金的有用性表现为具有多元社会功能。这些多元的社会功能在一些方面表现亮眼，但也有一些方面需进一步挖掘、拓宽，而一些方面已经开始衰微。黄金在当代的有用性不再是神秘和神圣的，而是要在人类现实的生活中扎深根基，因而黄金有用性的维护和创新与人类的生活息息相关。

一、黄金商品功能创新

黄金是一种具有优良特性的有色金属，因而可以制造多种人类有用的器皿和饰品，并可用作原材料加工多种产品器件。当代第一大黄金使用领域是生产黄金首饰。2001 年至 2013 年黄金首饰制造用金平均占全球总需求的 67.3%，但不论是需求量还是占比均呈下降趋势，2013 年需求量比 2001 年下降 23.95%，占比下降了 21 个百分点。这表明黄金在首饰制造领域的有用性在下降。

制造首饰是一个黄金传统的有用性，已传承了数千年，而在工业上尤其是在电子工业上的应用是新兴的黄金有用性，只有数十年的历史。2001 年至 2013 年的 13 年间，全球工业用金量平均为总用金量的 8.28%，占比最高的是 2007 年，为 10.18%，需求量最高的是 2008 年，为 360.82 吨，因而无论是占比还是用量，现在都还是一个非主要的有用性，而从 2008 年以后的 6 年间基本上是一个徘徊状态，2013 年用金量仍低于 2008 年，增长乏力。

黄金商品需求是当代黄金有用性最大表现领域，占总需求 60% 以上的份额，但是，首饰和制造这两个最主要的需求都增长乏力，因而也影响全球黄金总需求的增长，2001 年至 2013 年的 13 年间，全球需求年均增长仅为 0.66%，也可以说是基本持平，也就是商品黄金的有用性在衰退，黄金已不再是“皇帝的女儿不愁嫁”了，这是当代黄金市场的一个明显变化，因而黄金有用性拓展已成为一个重要发展问题而要给予重视。

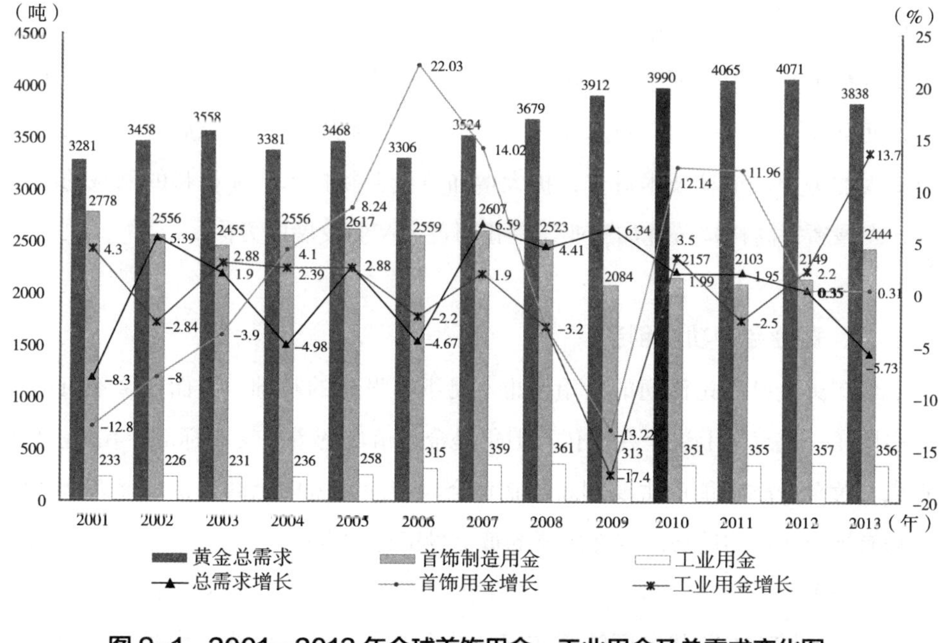

图 9-1　2001—2013 年全球首饰用金、工业用金及总需求变化图

金首饰最主要的有用性是装饰，但在我国又被赋予了投资的有用性，因而以重量计价的24K足金首饰主导市场，但随着黄金市场的日益开放，黄金投资产品日益丰富而降低了金首饰投资的有用性，造成了金首饰市场需求增长乏力，因而强化金首饰装饰的有用性，实现与黄金投资品的进一步差异化市场定位是其根本出路。增强金首饰装饰的有用性，不仅是可以避开投资品同质竞争，更为重要的是，可为黄金首饰价值增值开拓新途径，有利于黄金首饰加工业的发展转型。

黄金管制的解除，从而使黄金得到解放，可以在更广阔的社会层面释放其有用性，随着技术进步的推进，黄金在当代前沿工业中得到应用，被称为高端产业发展的“稀土”，具有了不可或缺的战略性，将黄金的商品功能提升到了一个新高度。黄金的高科技适用现在主要是在电子工业，成为航空、航天、通信、手机、计算机产品的配套器件。这是近20多年来科技进步的成果，并在未来环保、化工行业的应用上展示出良好的前景。但从发展的总势态看，黄金的有用性在工业上的发挥空间还比较狭小，而有迹象表明在一定程度上出现了停滞，而且在这方面是西方技术先进国是引领者，我们作为一个后进者必须要付出更大的努力，推动技术进步，扩大增加黄金在新技术、新材料的领域的有用性，发展新兴高科技黄金加工业，是我国黄金产业发展的方向。

二、黄金金融功能创新

现在黄金已不是流通的货币，也不是纸币发行的基础，因而在金融市场的有用性在一定意义上讲是在弱化，但仍是金融市场的重要交易标的。在近30多年来，黄金金融功能的主要创新都在黄金虚拟交易方向上获得的，而黄金实物交易有被边缘化的趋势。现在主要的黄金投资标的有：

1. 金币

从20世纪30年代各国陆续实行了黄金管制，禁止民众自由买卖黄金，因而当代的金币是以突破管制于1973年南非克鲁格尔兰德金币的发行开金币投资先河。随后又有多个国家发行了自己的金币，目前的美国鹰扬金币、加拿大枫币金币、澳大利亚袋鼠金币、奥地利音乐金币和中国熊猫金币为国际五大投资金币。金币在20世纪70年代，年均需求超过了200吨，达223.48吨，占总需求的14.40%，但很快便出现了萎缩，到90年代下降到不足百吨，新世纪有所回升，年均需求上升到145.06吨，但仅为70年代的六成多。金币需求量变化情况见表9–2。

表9–2　金币需求量变化

项目＼时间	20世纪70年代（1973—1980年）	20世纪80年代	20世纪90年代	21世纪初（2001—2013年）
年均总用金量（吨）	1551.5	1875.95	3158.52	3656.19
年均金币用金（吨）	223.48	177.18	96.14	145.06
金币用金占总用金（%）	14.40	9.44	3.04	3.97

金币是最早出现的民众的黄金投资标的，40多年发展已成为了一个需求稳定的投资产品家族，但已从20世纪70年代的高峰期下滑，今天仍然没有看到更大的发展前景，因而金币不是黄金投资的主导性产品。

2. 小金条

俗称“小黄鱼”，曾是20世纪二三十年代流行的民众黄金投资标的，实行黄金管制后在市场绝迹，市场开放后成为需求量最大实金投资品种。2003年全球达到了创纪录的1209.7吨，占当年总需求的34%，但此后增长势头终止。全球小金条投资需求2014年比2013年下降了39.91%，由709.08吨下降了426.07吨，而且这是2011年以来持续3年下跌，表明小金条投资功能呈萎缩状态。新世纪小金条用金变化见表9–3。

表 9-3　　2001—2014 年全球小金条需求

年份	2001	2002	2003	2004	2005	2006	2007	2008	2009	2010	2011	2012	2013	2014
年黄金总需求（吨）	3281.05	3458.32	3557.84	3380.57	3467.65	3305.93	3523.63	3679.13	3912.38	3990.13	4064.77	4070.99	3837.74	3835.52
年小金条需求（吨）	366.98	836.59	1209.79	837.91	976.54	419.6	777.3	391.86	556.69	733.96	954.77	911.23	709.08	426.07
小金条需求占需求（%）	11.18	24.19	34.00	25.85	28.16	15.05	22.06	10.65	14.23	18.39	23.49	22.83	18.48	11.12

资料来源：《世界黄金年鉴》

3. 黄金 ETF

黄金 ETF 是 2003 年才推向市场的一种交易所内交易的实金标的，其创新价值是以实金为基础，交易过程虽不进行实金交割，但每一个合约都意味一份相应的黄金存在，而非空买空卖，为人们黄金证券化交易提供了一个新的创新方向。2012 年 12 月全球黄金 ETF 总量达 2682.43 吨，是 2003 年 12 月份上市时的 114.59 倍，因而可以说发展迅速，但很快便迅速下跌，一年后的 2013 年 12 月份黄金 ETF 总量只有 1821.73 吨，下降了 32.08%，到 2014 年同期又持续下跌 9.71%。2013 年至 2015 年的 3 年黄金 ETF 分别减仓 916 吨、185 吨和 134 吨。此时期全球 ETF 年底月持金量变化见表 9-4。

表 9-4　　全球 ETF 年底月持金量变化

年份	2003	2004	2005	2006	2007	2008	2009	2010	2011	2012	2013	2014
持金量（吨）	43.71	176.56	383.78	624.94	898.00	1222.09	1830.02	2195.94	2406.42	2690.03	1821.73	1645.1
增减（%）	—	303.94	117.37	60.84	43.69	36.69	49.75	20	9.58	11.82	-32.3	-9.71

资料来源：《世界黄金年鉴》

黄金 ETF 是 21 世纪初上市的一种创新型黄金投资产品，从 1975 年美国黄金管制解除到 2003 年的 28 年间，黄金金融投资工具创新基本上是不断地推进黄金虚拟化，因而将实金标的交易挤压到了不足 1% 的空间，实现了黄金市场交易功能异化，金价开始成为美元价值变化的指示器不再能反映真正的黄金市场供求面变化。因而如何挣脱这个魔咒是一件颇为困难的事。而 ETF 的问世可以给我们一些创新启示：实金投资标的也可以具有和其他信用投资标的一样的流动性和一样的交易便捷性。

黄金金融功能标的与金融市场信用资产标的比较，其流动性差而被广为诟病，从而影响了黄金金融有用性的发挥。我们必须要用竞争的视角将黄金金融有用性的优势发挥到最大，而把其劣势压缩到最小，黄金投资的价值才能最大化。但是，我们的分析表明，黄金金融的有用性出现了相对萎缩，这是一个重要的警示，黄金投资功能呼唤创新，只有创新才能走出“围城”，实现黄金金融有用性的维持与强化。

三、黄金财富功能创新

黄金的稳定的化学属性造就了黄金的千年不朽之身，数千年来人类生产的黄金只有不足 3% 已无踪影，而 97% 以上的黄金仍“有案可稽”，因而是人类财富的最高形态。到 2015 年人类生产黄金总计已达 18 万吨，分别以金条、金首饰、金制品的形态储藏于官方及民间，黄金财富功能是黄金最重要的有用性，在经历了 20 世纪 70 年代黄金非货币洗礼之后，黄金财富功能不仅没有泯灭，反而又有了新的光彩。

各国央行官方黄金储备 2015 年为 3.32 万吨，比 2014 年增加了 900 吨，增长了 2.71%，这是从 2008 年以来官方黄金储备连续 8 年增长。而从历史发展过程看，1965 年官方黄金储备是一个历史的高点，达到了 3.83 万吨，而此后一直呈下降趋势，最低点是 2007 年，仅为 3.05 万吨。经过连续 8 年增长之后，

2015 年官方黄金储备量仍比 50 年前的 1965 年低 13.32%。因而官方黄金储备虽然很稳定，但数量增长乏力，甚至时有减持，黄金储备在国家外汇储备中的占比也下降到 10% 以下，这并不是福音，推动黄金储备增长，延续官方储备增长发展趋势是黄金财富功能创新的重要内容。

黄金储备对各国央行而言更多是一种政治选择，是相信黄金，还是相信美元？这是需要做大量的文化创建工作，过了这一关，官方黄金财富储藏需求还有很大的潜力，因为在庞大的外汇储备中增加 1% 的比重就意味按现价计可增加 370 吨黄金储备，虽然作为黄金财富储备的主力军是民众而不是官方，但官方增储是一种政策宣示，可以稳定市场人气，增加黄金财富的有用性。

过去黄金财富储藏的主体是国家，而现已变为民众，官方储备仅为人类黄金存量的 18%，而 80% 以上的存量黄金由民众储藏，总量达 14 万多吨，估计我国民众藏金已达 8000 吨左右，仅占全球民众藏金量的 5.5% 左右，因而我国民众藏金还有倍增的潜力。随着民众储金的增加，民众储金的流动性应纳入黄金财富功能创新的视野，即要提高藏金的流动性，从而增加藏金的经济性和变现的便捷性，以克服藏金不能盈利，并且保管存在风险和不便移动的弊端。

存金就是存钱，钱可以借贷为息，金也可以借贷生息，为此应建立商业银行民众藏金收存业务，形成自己黄金池，与商业银行已开展的黄金借赁业务相融合，使日益增多的民众藏金可以流动生息，从而进一步调动民众藏金积极性，同时可以使大量的沉淀资金变为可用资本，增加贷款头寸，而且还可以回避超发货币之困。

黄金财富功能创新具有重要的现实意义，一方面可以进一步推进全社会的黄金财富文化的发展，促使形成有利于黄金产业发展的社会氛围；另一方面是增加黄金需求的现实拉动力，而需求的旺盛就可以为市场注入活力。

四、黄金文化功能创新

黄金是一种具有文化属性的金属，在与人类为伍的数千年中沉积了丰富的文化遗存，并不断被人类赋予丰富的文化内涵。因而黄金价值由实金价值和黄金文化价值两部分组成，甚至文化的价值会远远超过黄金的价值，所以提高黄金文化的价值也可以大幅提升黄金产品的价值，这是黄金的增加值。通过提高黄金附加价值，可以在金价下跌的情况下保持甚至增加黄金产品的价值，因而黄金文化是黄金工业发展的重要社会资源，黄金文化的挖掘与创建是黄金工业发展升级版的重要工作内容。在黄金产业发展遭遇瓶颈之时，文化创新更具有拨云见日和另辟蹊径的意义。对于黄金产业的发展而言，文化先行事半功倍，黄金文化创新是提升黄金价值升级的重要推手。

1. 黄金文化功能创新从社会权势高端切入

黄金崇拜的存在就是因黄金文化创建之始就是和社会高端权势相联系。从此，在人类社会权势中心的变迁中再也没有离开，先后与神权、王权、金权相结合，成为拥有社会权势的金属。当代黄金有用性边缘化的一个原因是回归一般金属而弱化了黄金的社会权势，因而新世纪黄金文化创新的一个重要任务就是重构黄金在当代社会权势中心的牢固地位。

在人类觉醒的大潮中，人类不断追求自我的解放，所以人权成为当代人类最高权力追求，人权的核心是财产权，而在信用资产的汪洋大海中，财富贬值风险极大地增加，而使黄金成为民众财富的保护者和生活安全的捍卫者，这是当代黄金的社会权势定位，并且具有不可替代性而为人类所珍惜、所追求。

2. 黄金文化创新光大社会正能量

黄金文化有精华，也有糟粕。彼德·L. 伯恩斯坦在《黄金简史》中写道：

> 许多国家搜集黄金为的是获取对他人的支配。但其未曾料想的是，黄

> 金却控制了他们的命运。隐匿于彩虹尽头的黄金，是人们心目中幸福的源泉，而矿藏底层的黄金，都似乎采自地狱。黄金激扬了人某些最伟大的成就，也诱发了最为丑恶的罪行。当黄金象征永恒时，黄金将赋予人们的高贵的品质——忠诚、信仰、礼仪，当黄金被视为生活中无尽欲求时，它将驱使人们步入毁灭的深渊。

所以黄金文化创新必须要有继承，也要有扬弃，以光大社会正能量为己任。

拜金主义可能是黄金文化的最大糟粕，毒害至今，形形色色的拜金主义屡屡践踏人类的道德底线，制造了种种人间惨剧。这是我们必须要高度警惕的，但在人类的文明史中，黄金文化中有人类对光明、永恒、富强、忠贞、幸福追求的内容，在当代，这些追求也是社会的正能量而应得到广大。为民众提供更加丰富的反映社会正能量的黄金思想与黄金产品是黄金文化创新所担负的任务。为世界创造更多的黄金文化精品并为历史所铭记是中国黄金人的抱负。

3. 黄金文化创新需要培养一支文化创意专业人才队伍

文化是人类的精神财富，不同于物质财富。其生产过程主要是人类的脑力劳动过程，所以推动文化财富生产需要有专业的文化创意人才队伍，因而推进黄金文化创新就提出了要培养专业人才的要求，这是中国黄金文化产业真正取得进步的关键。而黄金产业未来的发展需要向文化创新领域延伸，发展新兴的黄金文化企业。

我国黄金产业目前已拥有黄金采、选、冶及市场运行专业人才队伍，而缺乏黄金文化创意专业人才，要突破这个瓶颈必须要进行黄金文化创意人才的培养，但这又是一个长期的过程，因而更为现实的选择是与已有的文化企业联合组建联合体，共同推进黄金文化创新。但这同样是一个新的课题、新的尝试。黄金文化功能创新给予了黄金产业发展的新希望，因为在黄金商品功能和黄金金融功能有所弱化和限制的情况下，黄金文化功能的强化将会大大增加当代黄金的有用性，而全面提高黄金的有用性是黄金产业发展内动力的强化和再构，我们应该交出一份令人满意的答卷，文化创意产业的发展也将会深刻地改变我国黄金产业链的形态。

文化的本质是人类行为的指令，黄金文化功能创新就是根据吐故纳新的原则形成具有时代精神的黄金指令体系。这个任务的紧迫性是基于在当前人类的行为选择正面临变革期，在经历了40多年的黄金非货币化的推进之后，发展的现实使人类开始对黄金的有用性重新定位。因而我们应抓住这个历史的机遇推进黄金文化创新建立具有正能量的黄金文化指令体系，构牢新世纪黄金有用性根基，这绝对是黄金工业的战略性任务。当然在战术的层面上，黄金文化创新可以产生黄金产品的价值增值而给生产企业带来现实利润增长。但这个价值与战略上的价值比较则低了一个档次。

冬天里的一把火：逆周期发展

金价由牛市转熊市的2013年至2015年的这3年间，国际金价已下降了32.52%，直接导致了黄金生产者现金流的减少和融资能力的弱化。黄金企业纷纷收缩求存，使业内人士感到阵阵寒意，惊呼冬天来了，但是，在一片萧瑟中紫金集团矿业公司却实现了逆势发展，被业内人士称为“冬天里的一把火”。

一、江河横流方见砥柱真容

2000年紫金山金矿在质疑声中迈开了发展的第一步，很少有人能够预料到15年后一个县级小企业可以发展成为一个国际性的大黄金矿业集团，并是我国效益最好的黄金矿业集团。其已冲出福建，在河北、内蒙古、河南、青海、西藏、新疆、福建、广东、贵州、云南、甘肃、吉林、黑龙江13个省区建立了矿山或企业，成为一个跨行业的产业链完整的大型企业集团。其发展具有明显的逆周期特征，因而在金价由牛转熊的大势中又一次有亮丽的表现。

紫金矿业对于发展他们的认识是在熊市中发展固然会遇到更多的困难，但也有许多比发展高潮期更有利的条件，主要是提供了低成本扩张的好时机。20 世纪末和 21 世纪初是黄金矿业开发的低潮期，许多金矿山经营出现困难，出现了低成本扩张的机会，但许多大企业都避而远之，而这时刚刚起步的紫金矿业却果断出手积极推进低成本兼并，迅速走出福建完成了全国性布局，淘得了发展的第一桶金，奠定了全国性公司的基础和成为国际性公司的起点。因而 2013 年以后出现紧缩，紫金矿业集团在挑战中看到的是更多的机遇，因而并没有停止发展的脚步，有以下数据为证：

1. 产品产量

2015 年紫金矿业集团金、银、铜是主要的产品，这三种金属实现的销售收入占当年总销售收入九成以上，2013 年至 2015 年 3 年中，产量均有了大幅增长，其中：

（1）黄金产量 2013 年为 31.69 吨，2014 年 33.727 吨，2015 年 37.163 吨。2015 年黄金产量是 2012 年的 115.86%，保持了持续增长。

（2）白银产量 2013 年 82.06 吨，2014 年 316.867 吨，2015 年 403.58 吨。2015 年白银产量是 2012 年的 491.91%。白银产量大幅增长。

（3）铜产量 2013 年 20.04 万吨，2014 年 37.36 万吨，2015 年 41.44 万吨。2015 年的产量是 2012 年的 345.93%。期间，铜产量递增率分别为 85.56%、86.43% 和 10.04%。

2. 企业规模

（1）销售收入分别为 2013 年 497.72 亿元，2014 年 587.61 亿元，2015 年 743.01 亿元，2015 年比 2012 年增加了 245.29 亿元，为 49.28%。

（2）净资产 2015 年比 2012 年增长了 24.59%，分别为 2013 年 668.98 亿元，2014 年 751.60 亿元，2015 年 839.14 亿元。其规模持续扩张。

3. 资源占有

在黄金企业纷纷收缩抛售资产之际，紫金矿业资产规模增长，而且资源的占有量也在增长，2015 年的黄金资源占有量比 2012 年增长了近四分之一（24.47%），达到了 1484 吨，而且是呈平稳增长态势：2013 年 1200 吨，2014 年 1342 吨，2015 年 1484 吨。

在黄金工业遭遇“寒冬”时，紫金矿业集团表现出了不一样的景象，其没有收缩还在扩张：产品产量增长、企业资产增加、资源占有增储，而这并不是紫金矿业集团的全部，表现更为亮丽的是走出去战略的收获：2015 年紫金矿业集团境外项目黄金产量已占紫金总产量的 32%，为 11.8 吨，占全国境外矿产金产量的 100%，表明其已完成从国内黄金企业向国际性黄金企业的蜕变，而成为我国黄金企业“走出去”的引领者。

二、黄金走出去战略的践行者

根据逆周期发展思维，紫金矿业集团在国际黄金矿业收缩的大势中加快了走出去战略的推进，成为当今国际黄金矿业兼并重组的重要参与者。走出去在新世纪，特别是在国家“一带一路”战略的推动下已成中国黄金企业发展的潮流，有能力的大企业纷纷加入到了走出去的行列，而向前追溯，在 20 世纪 90 年代末，中国黄金企业就有了走出去的探索实践，而从实际成果看，成功者和佼佼者是紫金矿业公司，是当今中国黄金矿业走出去的代表。

从 2005 年紫金矿业集团公司从收购加拿大顶峰矿业 21% 股权成为第一大股东起，在 10 年内，紫金矿业集团的资本和技术已进入了越南、塔吉克斯坦、吉尔吉斯斯坦、俄罗斯、南非、刚果（金）、澳大利亚、巴布亚新几内亚、秘鲁等多个国家。2010 年紫金矿业集团第一次，也是我们国家黄金企业第一次有了境外的黄金产量，这就是来自紫金矿业在塔吉克斯坦生产的 1.2 吨黄金。到了 2015 年，紫金矿业境外金产量达到了 11.8 吨，增长了 8.83 倍。

紫金矿业集团走出去的10年实践不仅是区域、国家的数量扩大，而且在走出去的实践中不断提升了自己对国际资源市场的把控风险的能力，而成为可以和当今国际黄金一流大企业共舞的国际资源市场上的大玩家，代表了中国黄金企业已达到的国际水准和高度。

1. 与巨擘巴里克公司携手

巴里克黄金矿业是当今全球最大的加拿大黄金生产公司，2014年全球前30大黄金矿山共拥有7个，2015年金产量190.3吨，是当今当之无愧的全球黄金矿业老大，现在已成为紫金矿业集团的重要商业合作伙伴。

2015年5月，紫金矿业集团与巴里克黄金公司签署协议，收购巴里克子公司新几内亚有限公司50%的权益，并于2015年8月正式交割完成。新几内亚有限公司的核心资产是距巴布亚新几内亚西部城市芒特哈根镇以西约130公里的波格拉金矿。

波格拉金矿是一个浅成热液型难选冶金矿，1990年建成投产，已生产黄金585吨，截至2014年，仍有资源量500吨，储量90吨，入选品位3.48克/吨。2014年产量6.2吨，在全球单体矿山中位列第26位。深部及边部储量前景好，整合潜力大，至少还有15年的生产寿命。与全球黄金巨头的携手将极大地提升紫金矿业集团国际化形象，这是其国际化的重要一步。

2. 进军西澳大利亚

金田公司是2014年黄金产量排序第7的国际性南非黄金公司。金田公司的历史非常悠久，在1890年南非开发黄金的起步初期就形成了五大黄金财团，金田公司列兰德矿山司之后的第2位，近年来的黄金产量70吨左右。虽然在20世纪80年代被竞争对手挤压而有所式微，但一直是全球黄金矿业中的重要力量。紫金矿业对金田公司金矿的收购是以小博大。

2012年8月紫金矿业下属境外合资子公司，以场外全面要约的方式收购了金田公司在澳大利亚的诺顿金田89.15%的权益。2015年6月获得了诺顿金田100%的权益，并派出运营班子，全面接管了诺顿金田的运营，并很快大幅降低了生产成本扭亏为盈，成为中国收购海外大型金矿成功的首例。对于紫金矿业而言，这是实现在发达国家进行资本运营和项目运行的里程碑，是对紫金矿业竞争力的诠释。

诺顿金田的核心资产是帕丁顿金矿，位于世界级金矿区西澳洲卡尔古利镇，公司另外拥有 Mount Morgan 尾矿再利用项目。帕丁顿地区黄金开采历史超过百年，20 世纪 80 年代开始大规模露天开采。帕丁顿金矿到 2014 年已累计产金超过 100 万盎司，现年产量超过 0.55 吨，是澳大利亚大型黄金矿山之一。拥有约 322 吨资源量，资源储量 35 吨左右，并在其矿权内有可观的资源前景，因而诺顿金田项目使紫金矿业同时获得了扩大西澳大利亚地区黄金资源开发的立足地和推进基地。

2013 年 4 月 17 日，紫金矿业即通过诺顿金田公司与卡尔古利矿业有限公司签署收购协议，通过场外要约方式收购其全部发行股票；2015 年 5 月又通过诺顿金田公司以每股 0.10 澳元现金，共 4500 万澳元（约 2.05 亿元人民币）收购澳大利亚凤凰黄金公司 17.94% 的相关权益。该公司在西澳洲卡尔古利附近有 600 多个矿权，黄金资源总量 125 吨，储量 36 吨。因而，可以说紫金矿业集团通过收购诺顿金矿在澳大利亚的黄金矿业开发已从点逐步发展成面。

3. 间接控制世界十大未开发特大型铜钼矿

2007 年紫金矿业与安徽铜陵有色集团、福建厦门建发集团联合组建了厦门铜冠投资发展有限公司，收购了英国蒙特瑞科金属股份有限公司 89.99% 的股权，2015 年完成小股东股权收购，现持有蒙特瑞科 90% 股权，另外 10% 股权出让给了韩国 LS–NIKKO 铜业有限公司。

蒙特瑞科的核心资产是白河铜钼矿。其位于秘鲁北部的皮乌拉省东部，与厄瓜多尔接壤。该矿经评估资源量 12.6 亿吨，其中铜金属量为 713.9 万吨，露天开采，矿山服务年限 20 年以上，为世界上十大未开采铜矿之一。

4. 走进南非，进入铂金开发业

南非是全球金与铂金属资源赋存最丰富的国家之一，以黄金生产起家的紫金矿业在南非也找到进入铂金矿业的机会。这就是通过对恩科维公司的股权控制，获得了南非拉陶项目的开发控制权。

恩科维公司在百慕大注册，在澳大利亚证券交易所上市的勘探公司，在南非拥有多个铂族金属矿权。该公司旗下的拉陶项目拥有铂资源量 2330 万盎司（约 725 吨），入选品位 4.9 克 / 吨。2014 年紫金矿业获得了利恩科维公司约 26.35% 的权益，2015 年又增长到 60.47%。董事 CEO 已派出，已开始该项目建设的前期准备工作。

5. 在世界第三大铜矿带上的斩获

赞比亚 – 刚果（金）铜钴成矿带，是仅次于南美安第斯山铜矿带和美国西南部 – 墨西哥铜矿带的第三大铜矿带。刚果（金）穆索诺伊矿业简易股份有限公司的科卢韦齐铜矿项目就处在这一矿带上，地处刚果（金）加丹加省卢韦齐市西侧。该矿铜金属量 153 万吨，平均品位 3.91%，为高品位矿。

2014 年 12 月，紫金矿业集团收购了穆索诺伊矿业简易股份公司 51% 的股份成为控股股东，该项目已进入了现场建设阶段，预计 2017 年 7 月投产。2015 年 12 月，紫金矿业又获得与该矿相邻的卡莫拉铜业公司 47% 的股权。卡莫拉铜矿拥有资源量超过 2400 万吨，设计服务年限 45 年。一期工程计划 2018 年投产，生产规模 600 万吨 / 年；二期工程计划 2022 年完成，生产规模 1200 万吨 / 年。其建设的前期准备工作已经开始。

6. 做“一带一路”战略推进的先驱

推进“一带一路”建设是我国的发展战略，而陆上“丝路”国家有着丰富的黄金资源赋存，大约全球 20% 的黄金资源储量分布在沿路国家，因而黄金矿业是推进陆上“丝路”的先导产业，而紫金矿业集团成为推进这一战略的先驱者。

（1）紫金矿业集团与塔吉克斯坦共和国合资兴办的中塔泽拉夫尚有限公司于 2007 年 7 月注册成立，分别持有 75% 和 25% 股份。该公司拥有吉劳、塔罗、谢尔斯洪娜、奥林匹克 4 个矿的采矿权，其中前两个为已生产矿山，2014 年产金 2.1 吨。自 2007 年紫金矿业集团控股后，逐年快速发展，已成为塔吉克斯坦的经济骨干企业，不仅是塔吉克斯坦共和国的最大黄金矿山，而且其税收贡献跻身该国前三。

（2）2006 年 4 月，奥同克有限公司在吉尔吉斯共和国楚河州克明区奥尔洛夫卡镇注册成立，紫金矿业集团收购了该公司 60% 的股份，另外 40% 由吉尔吉斯黄金公司持有。该公司旗下的左岸金矿是该国第三大金矿，该金矿位于吉尔吉斯斯坦首都比什凯克以东 120 公里，奥尔洛夫卡市以南 12 公里处。矿区长 4～5 公里，宽 2 公里，金属储量 77 吨左右。

从 2011 年紫金矿业主导奥同克有限公司工作以来，左岸金矿建设顺利，矿区与社区关系稳定和谐，合作方吉尔吉斯黄金公司给予了高度评价。2015 年 7 月 29 日，吉尔吉斯总理亲临现场为金矿剪彩，标志着金矿由建设全面转向生产，为当地带来了 1200 多个就业机会，而且创造的税收贡献巨大，成为吉尔吉斯斯坦的重要企业之一。

（3）2005 年，龙兴有限责任公司在俄罗斯图瓦共和国克兹尔市注册成立，紫金矿业持有 70% 股份，另外 30% 由黑龙江国际资源开发集团持有。该公司拥有克兹尔－塔什特克铅锌铜多金属矿，该矿有铅储量 20.29 万吨、锌 129.48 吨、铜 8.23 吨。由紫金矿业集团主导开发工作，露天开采，生产规模 100 万吨，分两期建设，2014 年 9 月建成试生产。

三、逆周期发展底气从何而来

2013 年黄金市场由牛转熊，但紫金矿业集团国并没有停止内外的扩张，特别是在国外的扩张于 2013 年以来却迈出了更大的步伐。当多数黄金企业收缩之时，紫金矿业集团却开始了低成本扩张逆势发展，对此，董事长陈景河这样评价说："在全球矿业行业，矿业高潮时期大量的顺周期投资造成了今日的'矿殇’。紫金矿业目前重点矿山大多在矿业低潮期进入，代价低、风险小，正是逆周期投资成就了紫金矿业并使公司在矿业严冬下具备了相当的竞争优势。”

陈景河的评价是对紫金矿业发展道路的总结，紫金矿业作为一个后起地方企业，没有显赫的名声和强大的资源支撑，但在其起步发展的初期就超越了区域的局限，而把眼光投向了全国。在20世纪90年代后期黄金熊市阴影仍未消退，黄金矿业仍困难重重之时，紫金矿业迅速地低价扩张收购了大量黄金资源，从而奠定了在新世纪黄金大牛市中迅速崛起的基础，那时并购的吉林珲春曙光金铜矿、新疆阿舍勒铜矿至今仍是紫金矿业盈利的贡献大户。

低成本扩张降低了运行成本，使紫金矿业集团的综合生产成本一直处于行业的低水平，从而造就了紫金矿业集团是我国盈利性最好的企业。由于金价及运营环境的变化紫金矿业的利润总额有升有降，但从2008年至2014年的7年间紫金矿业一家盈利平均占全行业的三成多（30.65%）。这是一个让人印象深刻的数字，表明紫金矿业盈利能力不仅独占鳌头，而且拥有一个数量级的优势。因而当大多数黄金价格下跌资金流萎缩不得不收缩时，紫金矿业仍有资金流支撑其持续扩张。2015年现金流达102.65亿元，比2014年大幅增长了62.47%，是其他黄金企业难以比肩的。陈景河指出：“更重要的，是应时刻对市场保持高度敏感，及时控制投资，调整企业产能，避免出现产能已严重不足但人员仍严重富余的局面。”在取得大幅进步时，紫金矿业仍保持着清醒。

逆周期投资是紫金矿业发展的经验，但并不是每一个黄金企业都可以实施逆周期投资战略，因为逆周期投资战略的成功需要必要条件，而不是每一个企业都具备这样的条件。

1. 资金

走出去实现扩张从表面上看是企业走出去，而本质是资金走出去。紫金矿业走出去进行的每一个项目签约和实施一定要以相应的资金为基础。2013年以后，多数黄金企业因金价下跌而现金流萎缩，或是因盲目扩张，不良资产增加而使资金无效耗用增大，致使企业资金流已无力支撑扩张战略。而因紫金矿业因有很强的盈利能力，使其这时仍有足够的资金流支撑扩张战略，实施逆周期投资。

2. 能力

即企业有能做别的企业做不了的事的能力，也就是要有高人一筹的核心竞争力。逆周期投资就是别人退却我前进，是能做别人遇到困难做不了的事，就可以变包袱为机遇。因而逆周期投资成功的另一个重要条件是有能做别人不能做的事的能力。

2012 年金田公司之所以低价将澳大利亚诺顿金田转让给紫金矿业是因为生产成本居高不下，而金价呈跌势，是要甩包袱，而紫金矿业接手后把现金成本下降了三分之一，不仅由包袱变为了盈利的贡献者，还成为延伸扩展西澳大利亚黄金矿业开发的基地。通过诺顿金田又并购了周边的几个项目，黄金资源储量已达 356 吨，已是紫金矿业国际化的重要平台。

贵州水银洞金矿是典型的卡林型难选冶金矿，一家加拿大公司工作了两年，投资 2000 万，仍不能攻克选冶技术关，只能放弃由紫金矿业接手。紫金矿业自主研制的“加温常压化学预氧化工艺”用于该项目使综合回收率提高到了 95% 以上。2014 年该矿产量为 1.897 吨，在全国金矿排序中列第 23 位，进入了中国大型金矿山之列，其生产技术获国家专利及中国黄金协会科技进步一等奖。

堆浸提金工艺是当代最主要的低品金矿提金法，是 20 世纪 90 年代我国重点引进和发展的新技术，但这一技术主要是在温度适中的干旱少雨地区使用。紫金矿业首创并成功地在中国南方潮湿多雨的环境下开展大规模露天堆浸提金，使曾被视为不具开发价值的紫金山金矿成为目前产量最大、经济效益最好的金矿，是我国目前年产量唯一过 10 吨的单体金矿山。

因为紫金矿业有做别人做不了的事的能力，所以就有比别人更多的发展机遇，不论是市场的扩张期还是市场的收缩期都是如此。以上的案例正是说明这一点。而之所以多数企业不能实施逆周期发展，就是没有比别人做更多事的能力，只能随波逐流而陷入同质化竞争的泥潭不能自拔，消极地等待市场周期的转变。

3. 人才

事要人做，能做别人不能做的事，关键是人。没做事的人，任何正确的发展战略都是空谈，我们的人不少，缺的是做事的合格人才。能做事的人是在实践中成长起来，做事能力和学历、学位并不一定成正比，所以企业要有做事的文化，要有不拘一格让人才成长的机制，这些非常重要。好的企业文化可以使能做事的人越来越多，坏的企业文化可以使能做事的人越来越少。对于这一点，每个企业家可以说都懂，但并非都能做到。

紫金矿业并非天然具有人才优势，作为一家县属小型矿产公司初创期白手起家。与当时大型国营企业相比，人才储备显然不能望其项背，正是因为如此，发展的初期只能在社会和业内广泛高薪招揽人才，从而建立了开放的人才观，广揽社会人才。但是，仅有开放的人才观还不够，还要有能进能出、能上能下的人才成长机制。适者重用，不适者淘汰。从而建立了一支高水平的高级管理人员队伍，其高管人员大多是矿业专业出身，具有较高的专业能力和执行力。紫金矿业的团队优势是其核心竞争力的重要组成部分。

逆周期发展战略实施的特殊条件的要求决定了这一战略不是目前能普遍性实施的发展战略，但紫金矿业也不是唯一而是一个代表。在普遍处于发展守势的今天，以紫金矿业为代表的一个黄金企业逆势发展，特别是在 2013 年以后，走出去迈出了更大步伐，这是国际比较优势的表现，表明中国黄金工业逐步具有了国际比较优势，因而也证明了我国黄金工业的全面进步，预示中国黄金工业的发展将进入一个新的发展升级阶段。冬天来了，春天还远吗？新的希望已在孕育，我们要为发展时期的到来有所准备。

雄关漫道真如铁，而今迈步从头越

2013 年我国黄金工业发展再出发，进入了一个新的发展历史时期，我们将交出一份什么样的成绩单，今天还不能定案，这将是一个长期实践的结果，而到 2015 年仅有 3 年时间，只能是刚刚起步，还难以对未来做出全局性的准确描述，但也可以看到一些端倪：

（1）2015 年我国矿产金 515.879 吨，同比增长了 0.61%，虽增幅不足 1%，但仍然是正数而保持了从 2000 年以来的持续增长，持续增长了 16 个年头，但低于 1975 年至 1993 年连续增长 19 年的历史记录。但要看到 2015 年国产矿产金连续 16 年增长是依靠国外资源支撑实现的，国内资源生产的黄金为 450.053 吨，同比下降了 0.39%，而因使用的国外资源产金增长了 7.95%，达到了 65.862 吨，为总产量的 12.77%，才使总产量由负变为正增长。

对于境外黄金资源的产量持续增长，2012 年为 13.62 吨，2013 年为 17.254 吨，2014 年为 60.976 吨，2015 年为 65.862 吨。在一定程度上，这表明国内资源已难以支撑我国黄金工业发展需求，这一现实促使我国黄金工业要进一步开放，走向国际化道路。这不仅是发展的需要，而且也是生存的需要。

（2）黄金金融化对黄金工业发展产生的影响巨大，习惯于使用采、选、冶技术手段生产黄金的黄金企业面对黄金金融市场环境必须要学会和掌握金融工具，使之成为与采、选、冶技术一样重要的必备技术。因而黄金金融专业人才和机构将会成为黄金生产企业的必配。这是现在大型黄金企业纷纷建立财务公司、证券公司、期货公司、投资公司及准黄金银行的原因。对黄金生产企业而言，这些都是新兴的企业形态，其运作这些金融企业需要引入和培养自己的专业队伍。新型专业人才的培养已经成为一个非常紧迫的任务。

如果说过去黄金生产者与银行主要是资金借贷关系，而在黄金金融时代则是战略伙伴的关系，从资源管理、企业重组、市场融资、产品交易都需使用金融工具而需与金融业结盟，而且黄金生产企业今后将会拥有日益增多的金融资产，其管理更离不开金融业的介入，未来黄金工业发展面临的是一个产融结合的时代，而如何实现产融的最佳结合是我们面临的课题。这个课题完成的过程将是改变我们发展观念、创新管理手段、改造黄金产业链结构、形成新兴企业的过程。黄金金融化是我国黄金工业发展升级的核心内容之一。

（3）黄金工业发展日益面临环境与市场瓶颈，因而发展的目标要由黄金产量转变为黄金价值，追求价值的增加。价值的表现形式是价格，而当代商品价格的本质是交易者的意愿，是人类的购买行为，这种购买行为来源于人类的文化指令。所以，从人类社会行为学的角度看，黄金价值的提升是黄金文化指令的再构，而当前对人类经济模式反思给予了黄金文化指令再构提供极佳的机遇，可以使黄金的社会财富指令得以强化而提升黄金的价值。

从产品的战术层面看，增加文化在黄金产品中比重，可以满足更多人类的精神需求而增加有用性实现产品价值的增值，从而提高生产者的边际效益。这是在黄金熊市中应对金价下跌挤压的出路之一，因而在近年来出现了日益增多的黄金文化产业园，涌现出了一批黄金文化品生产企业、黄金文化设计创意企业，而且黄金产业链也开始向黄金文化领域延伸，而出现了黄金矿业文化旅游、黄金博物馆、黄金主题公园……甚至提出文化兴金发展战略，总之，文化业已成为黄金工业发展的资源要素，但是，文化兴金同样是我们没有解决而正在求解的课题。

国际化、金融化、价值优先将可能是我国黄金工业发展的三大潮流，未来的今天将会有很大的不同。未来我们将面对众多的课题去求解、去探索。探索的道路将是多样化的，因而会形成多元化的发展战略。今天我们已是全球黄金工业发展的引领者，这是我们先人还从未达到的高度，如何前行没有现成的答案，而具有探索性。60 多年来，我国黄金产业发展走的是一条不断试错的曲折道路，未来同样没有明确答案，现在探索已在路上而具有不确定性，所以挫折在所难免，倒在探索之路上的先行者也比比皆是，然而正是这些奉献者的存在，我们才完成了一次又一次的创新、发展历程。我们的时代强烈地呼唤着这种奉献精神。

附　录

国务院关于加快发展黄金生产的决定

一九八六年十二月三十日

国发〔1986〕111号

黄金是贵重金属，在国民经济中占有重要地位。发展黄金生产，不仅可以增加国家的外汇收入和黄金储备，而且对于促进黄金产区广大群众脱贫致富，发展经济，具有重要作用。我国的黄金资源比较丰富，具备发展黄金生产的有利条件。"六五"期间，由于党中央、国务院采取了一系列正确的方针政策，各地区和各有关部门办黄金的积极性空前高涨，全国的黄金产量平均每年以10%以上的速度递增，从地质勘查到采矿、选矿、冶炼等各项工作都有很大进展，从而为黄金生产的大发展积蓄了力量，锻炼了队伍，创造了条件。目前，我国的黄金生产已进入新的发展时期，我们必须因势利导，采取有力措施，加快发展黄金生产的步伐，力争用五年左右的时间，使我国的黄金产量在一九八五年的基础上翻一番。为此，特作如下决定。

一、发展黄金生产要全面贯彻"放开、搞活、管好"的方针，进一步调动各方面的积极性，实行"群众采、定点收、集中选、国家炼"的办法。要提倡和推行各种形式的联办。在有条件的产金地区，经过批准，可实行投入产出包干。

二、加快发展黄金生产，一方面要依托现有矿山和基地，大力进行改造、扩建，挖掘潜力，扩大生产能力；另一方面又要在做好地质勘查工作的基础上，有计划、有重点地开发建设新矿山、新基地，形成新的生产能力，逐步展开我国黄金生产新的布局。要注意发挥现有国营矿山（包括有色冶金矿山和核工业的矿冶系统）在技术、设备、管理和人才上的优势，开展多种形式、多种层次的服务和联合，逐步形成一批有活力的以骨干矿山、冶炼厂为中心的黄金生产群体。要把地质勘探、工程设计和矿山建设紧密地结合起来，改革不适应新情况的规章制度，缩短建设周期，加快建设速度，提高经济效益。

三、加强黄金地质勘查工作，是发展黄金生产的基础，必须放在首位。要调动中央和地方、专业地质队、矿山地质队和群众探矿的积极性，充分发挥各自的优势。对地质队实行金矿地质项目管理、部分储量承包和超交储量奖励的政策。各产金省、自治区、直辖市人民政府要加强领导，搞好协调，及时解决本地区地质勘查工作中的问题，为地质勘查工作的正常进行创造必要的条件。在成矿条件较好的地区要加快勘查，对于一些重点矿区要集中力量打歼灭战，及早提交地质勘查报告，为黄金产量翻番提供足够的工业储量。要注意搞好普查和老矿山接续资源的勘探工作，为今后的发展创造条件。要保护和合理利用黄金矿产资源，禁止乱采滥挖。

四、国家对发展黄金生产实行扶持和鼓励政策。要根据市场的变化情况，合理地调整黄金的收购和销售价格，并理顺各种金矿产品的价格，鼓励生产，限制消费。为保证黄金生产持续稳定地发展，每交售一两黄金，由中央财政补贴一百元，人民银行拨付三百元，共四百元，专门用于加速黄金地质勘查和扩大再生产。其中，一百元作为黄金地质勘查基金；三百元作为黄金生产开发基金，实行部分有偿使用。具体使用和管理办法，由国家计委、国家经委、财政部、人民银行会同有关部门制定。要改进现行黄金外汇的留成办法。

五、要进一步搞活黄金企业，增强其自我改造和自我发展的能力。对金矿产品（含伴生金），继续免征产品税。对黄金企业要加强管理，实行和完善企业内部的经济责任制，对黄金矿山试行“两金工资含量包干”。要努力减轻企业负担，不准以任何名目向企业摊派。

六、国家对黄金行业实行计划单列。黄金生产建设所需要的主要统配物资，要按国家物资分配体制规定的范围进行安排，保证供应；发展黄金生产所需贷款资金，除由人民银行根据国家确定的项目专项下达，直接发放外，各专业银行也要积极给予支持。有关部门和地区，要在电力、运输、物资等方面给予优先安排。国内难以解决的黄金生产建设所需要的主要物资，经过批准，可用留成外汇进口或串换解决，并按规定减免进口税。

七、加强金矿地质科学和黄金生产技术的研究，搞好技术改造，大力推进全行业的技术进步。要围绕提高找矿效果和提高选矿回收率、冶炼回收率以及降低采矿损失贫化率，加快设备的更新改造，特别是陈旧的重选设备的更新改造。对涉及全行业的找矿方法、生产工艺、技术装备和应用理论等重大问题，要列入国家和有关部门的科研计划，组织有关单位开展科技攻关，积极引进适用的国外先进技术，大力推广科技成果。

八、搞好环境保护，防治环境污染。黄金企业的建设和管理，要执行国家关于环境保护的各项规定；老企业要限期解决严重的污染问题；个人和未经批准的单位，一律不准采取小氰化、混汞等方式提取成品金、半成品金，以免污染环境，浪费资源。砂金矿的开采，必须有组织、有领导地进行，并合理地提留复田、复林费等。

九、加强黄金收购工作。人民银行要根据国家黄金生产计划，相应地下达收购计划，并逐步增设收购网点，充实收购力量，改进收购办法，努力完成和超额完成收购任务。人民银行暂时难以设立收购网点的地方，应委托专业银行，黄金主管部门或国营黄金企业代购。

十、加强黄金产品管理，坚决打击非法收购、盗窃、倒卖和走私黄金活动。各级公安和黄金主管部门要加强对剧毒物品（氰化物、汞）和爆破物品的管理，整顿和加强重点产区的治安、内保和缉私力量，重点矿区可以设立公安派出所，对黄金生产秩序混乱的地区，要限期进行整顿。要切实加强对黄金生产要害环节的组织管理和安全防范工作，严防黄金流失，确保生产的矿金、砂金、成品金、半成品金全部交售给国家指定的部门，不准藏匿、留用和私自加工。要严厉打击走私和私自贩卖黄金产品的犯罪行为。

十一、加强人才培训，提高队伍素质。要在充分发挥现有技术和管理人员作用的同时，加强人才培训工作。要充分发挥有关部门、科研单位和国营大中型企业的人才优势，有计划地向中小企业和新建企业输送技术和管理人才。有关部门要会同地方政府制定层次的人才培训计划，采取多种渠道和多种形式培训人才，特别要注意实行定向培训。有关大专院校要加强和有计划地增设黄金勘探、采矿、选矿、冶炼、加工和管理方面的专业，也可以与有关部门联合办学。

十二、加强行业管理，健全各级黄金管理机构。全国金矿地质工作领导小组负有组织、规划、协调、指导各方面黄金地质勘查力量的责任，要会同有关部门和地区搞好黄金地质勘查工作。冶金部黄金局，是我国黄金生产行业的主管部门，要简政放权，集中主要精力制定黄金生产发展的方针、政策、计划，做好协调和咨询、服务工作，并负责进行监督、检查，加强宏观控制，搞好行业管理。各产金地区要加强黄金管理工作，其管理机构如何设立，请当地人民政府自行确定。各级黄金公司要充实技术和管理力量，以适应黄金发展的新形势。

国务院各有关部门和各产金地区要根据本决定精神制定具体实施办法。

后 记

2015年，南昌海昏侯汉墓考古挖掘工作成果公布，专家评价夜以继日工作的考古工作者成了当代名副其实的“摸金者”，先后有近400件与马蹄金、麟趾金、金饼、金镶玉以及金制品出土，仅出土的60枚金饼的重量就达百余公斤，现价即超过了300万人民币。海昏侯墓大量黄金遗存表明正如史书记载，汉朝是一个多金的朝代，但是，汉朝以后我国2000多年的历史中再也没有大量使用黄金的记载。汉朝的黄金哪里去了竟成了千古之谜。而之后的多数朝代的黄金产量大多仅有数万两（折合为两三吨左右），进入了一个贫金时代。

中国贫金的帽子一直戴了2000年才在我们这一代被摘掉，其标志是2007年我国黄金产量超过百年之冠南非成为近200年的第五个黄金生产冠军国，并已保持了9年，在可以预见的10年里仍可保持冠军之位。这是一个由贫金到多金的千年之变，故应在中华民族的发展史上留下浓墨重彩的一笔，但由于种种原因，在社会上还没有看到对黄金工业发展有关专业的研究成果问世。我写作本书的起因，就是尽一个“老黄金”的责任，做一点抛砖引玉的工作，为千年之变留下一点记录而已。

我写作本书的开始动机就是对66年来我国黄金工业发展历程做一梳理。重点是对所发生事件的记述，而这一写作过程也成了我重新认识学习的过程，至此我才发现看似平凡事件的背后竟有让人深思的发展脉络，因而就有了更多的评述成分，但基于作者个人感知的评述是否恰当和准确则交由读者评述了。所以本书虽是新中国黄金工业发展历程的记事册，但并不是严格意义上的中国黄金工业发展编年史。

2011 年，我开始本书的写作，但只写了 3 万多字便停顿了下来。主要原因是 2012 年是中国黄金市场发展十周年，是中国黄金市场发展的大日子。为此，我放下了本书的写作，忙于黄金市场十周年研讨会的筹备，并开始了《破茧——解密中国黄金市场化历程》一书的写作，该书于 2013 年 10 月出版。但之后面对出现的“文化兴金”思潮，2014 年我又开始了《黄金之惑——对几个黄金现实问题的理性追索》一书的写作，直到该书于 2015 年出版。这时候我才得以继续本书的写作，并在 2016 年 5 月完稿，至此，时光蹉跎已经历了长达 6 年的时间。我此时不胜感叹自己以过古稀之年完成了 3 本书的写作，这也是对自己四分之一世纪从事黄金经济研究生涯的一个总结吧！

在学术研究与学术成果商品化日益相联系的当下，书的发行量因素远胜于世人对学术水平的评价，所以没有足够大的发行量的著作很难得以出版，只有极少数的名人除外。当然，本书作者并非“除外”之列，故而发行量就成了一道要迈过去的坎。黄金工业虽是国家的战略性行业并受到持续关注，但在国民经济中它仍然是一个小行业，黄金经济在经济学中也还是一个小分支，因此出版社对于对本书的发行量评估偏低而对本书的出版前景十分担忧，直接影响了其对出版本书的决断，故提出需要有出版资助，方能出版本书。对于作者而言，这确实是一个难题，在此为难之时，中国黄金协会施予援手，经慎重考虑不仅为本书的出版提供了资助，而且宋鑫会长还为本书作序，并给予了高度评价，所以我要向中国黄金协会表示深切的谢意。与此同时，我还要感谢为本书顺利出版而付出辛勤劳动的特约编辑，北京大学政府管理学院博士生丁肇启，以及中国财政经济出版社的同志们。

刘山恩

2016 年 6 月